2019年教育部人文社会科学研究一般项目《乡村振兴中兼顾效率与公平的西部城乡物流协调发展研究》（项目编号：19YJA790015）资助

2017年重庆市社会科学规划项目《重庆物流业与制造业融合水平测度及协调发展策略》（项目编号：2017YBJJ042）资助

2018年重庆市教育委员会人文社会科学研究一般项目《产业融合趋势下重庆物流业与制造业协调发展的影响因素及政策创新》（项目编号：18SKGH160）资助

2017年重庆第二师范学院科研重点项目《产业融合背景下重庆物流业与制造业协调发展的实现途径》（项目编号：KY201707A）资助

国 | 研 | 文 | 库

物流业与制造业的
产业融合及协调发展

弓宪文 ————— 著

光明日报出版社

图书在版编目（CIP）数据

物流业与制造业的产业融合及协调发展 ／ 弓宪文著
. --北京：光明日报出版社，2021.4
ISBN 978 - 7 - 5194 - 5880 - 5

Ⅰ. ①物… Ⅱ. ①弓… Ⅲ. ①物流—关系—制造工业
—产业融合—研究—中国 Ⅳ. ①F259. 22②F426. 4

中国版本图书馆 CIP 数据核字（2021）第 057536 号

物流业与制造业的产业融合及协调发展
WULIUYE YU ZHIZAOYE DE CHANYE RONGHE JI XIETIAO FAZHAN

著　　者：弓宪文	
责任编辑：曹美娜	责任校对：袁家乐
封面设计：中联华文	责任印制：曹　净

出版发行：光明日报出版社

地　　址：北京市西城区永安路 106 号，100050

电　　话：010 - 63169890（咨询），010 - 63131930（邮购）

传　　真：010 - 63131930

网　　址：http：//book. gmw. cn

E - mail：caomeina@ gmw. cn

法律顾问：北京德恒律师事务所龚柳方律师

印　　刷：三河市华东印刷有限公司

装　　订：三河市华东印刷有限公司

本书如有破损、缺页、装订错误，请与本社联系调换，电话：010 - 63131930

开　　本：170mm ×240mm

字　　数：253 千字　　　　印　　张：15

版　　次：2021 年 4 月第 1 版　　印　　次：2021 年 4 月第 1 次印刷

书　　号：ISBN 978 - 7 - 5194 - 5880 - 5

定　　价：95.00 元

前　言

物流业和制造业联系紧密，制造业是国民经济的基础性战略性产业，是物流业发展的需求基础，物流业是融合运输、仓储、货运代理、流通加工、信息技术等产业形成的复合型服务产业，是提升制造业核心能力的有效途径。物流业和制造业产业联动（以下简称"两业联动"）、融合发展，是我国现阶段优化调整产业结构，转变经济增长方式的重要手段。

2009 年国务院印发《物流业调整和振兴规划》，将物流业与制造业联动发展工程列为物流产业振兴的九大重点工程之一，明确指出要制定鼓励制造业与物流业联动发展的相关政策，组织实施制造业与物流业联动发展的示范工程和重点项目，促进现代制造业与物流业有机融合、联动发展。

2005 年，由国家发改委经济运行调节局牵头，国家 15 个部门和单位共同参与组建成立了全国现代物流工作部际联席会议（以下简称"物流部际联席会议"），负责统筹协调全国物流业发展的政策、战略和规划等各项工作，定期组织分析物流业发展情况，解决物流业发展中存在的重大矛盾和突出问题，推进物流业标准化、信息化建设。2010 年物流部际联席会议办公室印发《关于促进制造业与物流业联动发展的意见》，明确了两业联动的指导思想和基本原则，提出了推动制造业物流需求社会化，支持物流企业增强一体化服务能力等两业联动、有机融合的有效措施。

2014 年 9 月 12 日，国务院国发〔2014〕42 号文件正式发布

《物流业发展中长期规划（2014—2020 年)》，指出要提升物流业信息化和智能化水平，创新运作管理模式，提高供应链管理和物流服务水平，形成物流业与制造业、商贸业、金融业协同发展的新优势。这是继《物流业调整和振兴规划》之后，国务院在指导物流业发展方面出台的又一个纲领性文件，体现了国家层面对推进两业联动、融合发展的意志和决心。

为了贯彻落实国家政策，进一步深化两业联动、融合发展，国家各部委和地方各级政府又陆续颁布了多项配套政策。在政策指导和推动下，学术界关于两业联动的研究热情日益高涨，产业界开展两业联动的呼声不断增强，两业联动融合发展的实践活动在全国范围内迅速开展，取得显著成效，但同时也面临诸多问题和挑战。如何抓住良好的政策环境和外部发展机遇，有效应对面临的困难和挑战，进一步深入推进物流业和制造业联动融合，实现协调发展，已经成为一项需要业界和学界共同思考探索的重要课题。

本书以两业联动融合、协调发展为研究对象，阐述了物流业与制造业联动融合的研究背景，运用信息熵理论建立综合评价模型，分析了物流业、制造业在投入水平、产出效率、发展规模、产业结构及成长能力等方面的发展特征及发展趋势。基于耦合理论、协同理论的分析方法建立两业融合协同发展模型，对全国不同地域两业融合协同发展的空间分异特征进行了实证研究。运用协同论分析物流业—制造业复合系统协调发展的内涵和机理，建立两业协调发展模型，实证分析不同时间点物流业—制造业复合系统协调水平的时序发展态势，以及制造业子系统和物流业子系统的有序发展趋势。基于信息经济学的信息不对称理论建立物流业和制造业互动博弈模型，比较完全信息理想状态和信息不对称状态下两业关系的均衡效率。从市场机制和非市场机制的角度，分别探讨信号发送、信息甄别、激励机制和政府干预等对策措施。从动态联盟角度分别探索股权式、契约式、虚拟式等物流业和制造业融合的实现途径，运用

Shapley 值法建立两业融合利益分配模型，分别探讨考虑贡献和考虑风险情况下，两业融合的利益分配策略。运用波特价值链分析物流业与关联产业融合的价值链模型，对物流业与关联产业融合发展的风险进行评估，识别融合的风险因素并提出风险控制策略。

本书对国内外学术界在物流业与制造业关系、两业联动及两业融合等相关领域的研究文献进行梳理，分别以协同理论、共生理论、产业关联理论、交易费用理论、核心能力理论等为基础对两业联动融合进行理论分析，尽量做到理论研究与实证研究相结合，定性研究与定量研究相结合，不同学科不同视角交叉研究相结合。

由于作者学识水平不足，加上时间和精力所限，书中难免有不妥之处，甚至存在错误和疏漏，敬请读者批评指正，也衷心希望各界人士对本书提出宝贵意见。

弓宪文

2019 年 12 月于重庆

目　录
CONTENTS

第一章

绪　论

第一节　研究背景及问题的提出

20 世纪六七十年代，通信技术、信息技术等高新技术的迅猛发展，成为全球价值和经济增长的主要动力，工业经济时代以分工为主的传统产业边界逐渐模糊，彼此交叉、渗透融合，并出现了一些新的产业形态，引发了产业融合现象。这一现象最开始出现在服务业，逐渐延伸发展到制造业和农业领域，引发了一场新的产业革命，推动了全球服务业的迅猛发展，产生了深刻的社会和经济影响，引发各国学术界、产业界和政府部门的广泛关注。

产业联动、融合发展是产业发展的大势所趋，不仅是产业理论研究的热点，也是产业发展的现实选择。作为典型的生产性服务业，物流业与关联产业的融合也不例外，如物流业与第一产业农业的融合、与第二产业工业的融合以及与第三产业服务业的融合，而其中物流业与制造业（简称"两业"）的联动融合格外引人注目，主要原因在于物流业作为生产性服务业之一，与制造业的发展有着密不可分的联系。

一方面，物流业是制造业发展和升级的重要保障，有统计显示，一个制造业的产品，其物流与销售利润占总利润的 90%，而生产利润只占总利润的10%；其生产成本只占总成本的 10%，而物流与采购成本占到总成本的90%；生产时间只占全部生产流程的 10%，而物流环节占用 90% 左右。从中不难发现，物流业特别是现代物流业对于制造业的发展具有举足轻重的作用。制造业物流业务应当通过分离外包，逐渐向专业化、社会化发展，不断提高服务水平和服务质量，为制造业的发展提供优质的服务和强有力的支撑。但长期以来，我国物流企业存在专业能力薄弱，服务水平有限等问题，不能有效地满足制造业的物流需求，成为制造业发展的制约因素之一。

另一方面，制造业是物流业发展的基础和前提。制造业是满足人类及各经济主体物质需求的最重要的部门之一，是一个国家国民经济发展的重要支柱，是创造国民收入的重要源泉，它直接体现了一个国家的生产力水平，制造业的发展为物流业提供了需求基础和技术设备保障，随着经济全球化和改革开放的深入发展，中国制造业发展已经取得巨大成就，中国已经成为全球"制造中心"。但长期以来，中国制造业发展中存在"重生产、轻服务"等问题，制造业在服务上的缺失，使整个产业链的附加值不高，导致了我国制造业大而不强的现状。全球范围内制造业的价值正在迅速向产前的研发、产后的分销及服务领域转移，国内正面临制造业产业结构的重大转型、产业转移与升级等一系列艰巨任务。

两业联动融合发展，不仅是提升制造业竞争力的重要途径，也是实现物流业转型升级的有效途径。国家和各级政府对此高度重视，陆续出台多项政策措施，旨在推动物流业与制造业的联动融合、协调发展。2007年9月25日，国家发改委在上海组织召开了首届全国制造业与物流业联动发展大会，旨在推动制造业和第三方物流业有机融合、紧密渗透，引导制造业物流整合、分离、外包，释放物流需求，提升物流业服务能力，营造联动发展的外部环境。2009年2月25日，国务院审议并通过了《物流业调整和振兴规划》，确定了振兴物流业的九大重点工程，其中第五个重点工程即为"制造业与物流业联动发展工程"。要求制造业加强物流业务的外包，改造业务流程，以提高核心竞争力；培育一批适应现代制造业物流需求的第三方物流企业，提升物流业为制造业服务的能力和水平。2009年10月29日，第二届全国制造业与物流业联动大会在昆明举行，大会总结了首届全国两业联动发展大会以来的经验，针对两业联动发展遇到的问题、制造企业与物流企业联动发展的经验等热点话题进行了深入探讨。2010年全国现代物流工作部际联席会议发布了《关于促进制造业与物流业联动发展的意见》，指出现代物流是提升制造企业核心竞争力的重要手段，制造业是物流业发展的需求基础。制造业与物流业联动发展，有利于制造业降低成本，提高效率，促进产业升级；有利于释放和集聚物流需求，整合社会物流资源，提高物流业的整体服务水平；有利于调整优化产业结构，促进经济发展方式转变；有利于提高企业应对国际金融危机的能力，促进国民经济平稳较快发展。

物流业与关联产业特别是制造业联动融合的实践还存在诸多亟待解决的问题，从制造业物流来看，存在现代物流理念缺失，一体化物流和供应链管理应用程度较低，物流费用较高，运营效率偏低等问题，影响了制造业企业竞争力的提升，同时，制造业企业自营物流居多，物流设施利用率低，存在物流外包资产退出障碍。物流业务外包发展速度较慢，一体化外包比例较低。企业物流专业人才缺乏，物流人员业务素质较低。从物流业发展来看，我国物流企业的主营业务附加值低，增值服务少。多数从事物流服务的企业只能提供单一运输和仓储服务，缺乏流通加工、物流信息服务、库存管理、物流成本控制等增值服务，特别是在物流方案设计以及全程物流服务等高附加值服务方面还没有全面展开，导致物流企业经营长期处于低水平的粗放阶段。物流组织布局分散，物流资源条块分割；地方封锁和行业垄断对物流资源的整合和一体化运作形成体制性障碍。从制度环境来看，物流企业普遍反映，许多地方对本地企业和外地企业不能一视同仁，存在地方保护的问题。我国物流法律体系和诚信体系的建设滞后，也影响着物流市场的发展和正常秩序的建立。

物流业与制造业的联动融合、协调发展是一项系统工程，受产业发展、技术进步、产业规制、产业关联等多重因素的制约，基于此，本书以物流业与制造业的产业联动、融合发展为主线，运用经济学、管理学、系统论等不同学科的理论和分析方法，从不同视角对物流业与关联产业融合的内涵、机理、发展水平和特点、影响因素等问题进行分析，这是一种新的尝试。

第二节　研究意义

国务院印发《物流业发展中长期规划（2014—2020年）》明确指出，物流业是融合运输、仓储、货代、信息等产业的复合型服务业，产业关联度高、吸纳就业能力强，是支撑国民经济发展的基础性、战略性产业。促进物流业与制造业、金融业、地产业等关联产业联动融合发展，对促进相关产业升级，转变经济发展方式具有重要意义。

物流业与制造业的产业关联度高，现代物流是提升制造企业核心竞争力的重要手段，制造业是物流业发展的需求基础。国务院《物流业调整和振兴规划》提出，积极扩大物流市场需求，大力推进物流服务的社会化和专业化，推动物流企业与生产企业互动发展，促进供应链各环节有机结合。制造业与物流业联动发展，有利于制造业降低成本，提高效率，促进产业升级；有利于释放和集聚物流需求，整合社会物流资源，提高物流业的整体服务水平；有利于调整优化产业结构，促进经济发展方式转变；有利于提高企业应对国际竞争的能力，促进国民经济平稳健康发展。

一、对物流业发展的意义

（一）是促进物流业供给侧结构性改革，提升物流业有效供给能力的需要

统计显示，我国物流业仍然处于粗放式发展阶段，成本偏高与效率低下并存，物流业供给侧结构不合理，有效供给能力不足。以 2013 年为例，全社会物流总费用与国内生产总值的比率高达 18%，高于发达国家水平 1 倍左右，也显著高于巴西、印度等发展中国家的水平。两业联动融合发展，有助于加快传统物流业转型升级，建立和完善社会化、专业化的物流服务体系，大力发展第三方物流。形成一批具有较强竞争力的现代物流企业，扭转"小、散、弱"的发展格局，提升产业规模和发展水平。有助于物流业实现创新驱动，协同发展。加快关键技术装备的研发应用，提升物流业信息化和智能化水平，创新运作管理模式，提高供应链管理和物流服务水平，形成物流业与制造业协同发展的新优势。有助于物流业节能减排，绿色环保，优化供给侧产业结构。通过采用制造业先进的节能环保技术、装备，提高物流运作的组织化、网络化水平，降低物流业的总体能耗和污染物排放水平。

（二）是促进制造业物流有效需求释放，提升物流业专业化水平的需要

制造企业自营物流退出成本较高与物流外包比例偏低并存的矛盾制约了制造业物流有效需求的释放。物流产业的发展离不开制造企业物流社会化，近年来国内专业物流业在管理上和业务上也有创新，但仍然存在需求不足的缺陷，主要原因是制造业物流需求释放程度还不够。受观念、风险等因素的影响，我国制造企业普遍拥有仓储、运输等一定数量和规模的物流基础设施，制造企业在自营物流上投入了大量的财力物力人力，如果退出自营物流模式

转而实施外包，存在很高的退出成本。同时对于制造业而言，选择物流外包的风险较难控制，从委托代理角度来看，制造企业在进行物流外包时，与第三方物流供应商之间构成了委托代理关系。委托代理双方存在信息不对称，作为代理人的第三方物流供应商具有信息优势，而制造业企业作为委托方处于信息劣势。博弈论和信息经济学的基本原理告诉我们，在信息不对称状态下，作为代理人的物流服务商会利用信息优势，从自己的利益出发，做出有损制造企业利益的事情，即所谓的道德风险；而作为委托人的制造业企业事先就知道这一点，会进行逆向选择，在某种情况下进行理性决策，退出物流外包的交易市场，进而选择自营物流模式。目前，国内制造企业普遍缺乏对物流外包风险进行控制的有效手段，这也是物流外包比例偏低，两业联动融合缓慢的原因之一。

（三）是转变物流业增长方式、提升物流业服务水平的需要

在物流业粗放式增长模式下，随着社会物流规模的快速扩大，能源消耗和环境污染形势的加重，物流业面临的资源环境约束日益显著，物流业依靠数量不断增长的运作模式已难以为继。两业融合、协调发展，需要运用先进运营管理理念，不断提高信息化、标准化和自动化水平，促进一体化运作和网络化经营，实现物流业的内涵式发展。同时，随着国际产业转移步伐不断加快和服务贸易快速发展，全球采购、全球生产和全球销售的物流发展模式正在日益形成，迫切要求我国形成一批深入参与国际分工、具有国际竞争力的跨国物流企业，畅通与主要贸易伙伴、周边国家的便捷高效的国际物流大通道。两业融合协调发展，正是形成我国物流业国际影响力，提升物流业服务水平的需要。

二、对制造业发展的意义

（一）有助于降低制造企业成本，提升制造业盈利能力

随着物流需求的增加和市场竞争的加剧，制造业所面对的资源要素约束日益显现，制造业综合成本不断攀升。我国物流要素出现了全面紧缺的态势，物流成本全面上升。在高成本运行环境下，制造企业物流运作成本不断增加，影响了产品利润的提高。同时，由于单一制造企业物流运作网络范围和运作规模的缺陷，制造企业很难降低物流运作成本。

两业联动、融合发展，将制造业企业的物流业务分离、整合和外包给物流企业，利用物流企业的网络化、规模化和集约化经营，可有效降低物流运作成本，使制造业企业在两业联动融合中形成更为专业化的运营和管理手段，减少制造企业内部的交易成本和交易费用，提高物流运作效率，增强制造企业的盈利能力。

（二）有助于促进制造业转型升级，转变增长方式

推动制造与物流等生产性服务业的融合协同发展，有助于推动制造业整体向价值链中高端迈进。将物流服务融入制造业价值链，发展服务型制造业。引导制造业企业增加物流服务环节投入、延伸服务链条，发展个性化定制服务、全生命周期管理、网络精准营销和在线支持服务等，实现由主要提供产品向提供产品和服务转变。融入集成化物流服务后，制造业企业由原来的设备供应商向系统集成总承包服务商转变，由提供产品向提供供应物流、生产物流、销售物流和售后服务一体化整体解决方案转变，通过业务流程再造，面向行业提供社会化、专业化服务，实现增长方式的本质转变。

（三）有助于提高制造业生产效率，增强制造业核心能力

制造企业将可以通过外包获得物流企业的专业化服务，制造企业内部物流资产和业务的剥离，可以在不增加固定资产投资的情况下提供高质量的物流服务，有助于制造企业将主要资源集中于生产制造环节。物流业的发展缩短了制造业生产周期，提高了生产率，推动了制造业专业化发展。物流业服务于制造业生产经营的采购、生产到销售等各个环节，优质高效的物流服务可使制造业提高生产的连续性，大大缩短制造周期。在电子数据交换、物料需求计划、高效客户反应等物流技术和服务的支持下，制造企业的运行效率大幅度提升，有利于培养核心能力。

第三节　文献回顾

一、物流业与制造业关系

对两业关系的研究可以追溯到 20 世纪 70 年代对生产性服务业与制造业

关系的关注，围绕这一问题国内外学者进行了广泛而深入的研究，形成了以下几种代表性的观点。

（一）需求论

在物流等生产性服务业和制造业互动的两业关系中，物流业居于附属地位，即所谓的需求遵从论。该理论认为制造业是物流等生产性服务业的基础，生产性服务业则是制造业的补充（Cohen & Zysman，1987；Rowthorn & Ramaswamy，1999）。制造业的发展为物流等生产性服务业创造了巨大的市场需求（Christian Schulz，2005），生产性服务业的发展处于一种需求遵从地位，只能通过制造业扩张所引致的服务需求来产生影响，附属于制造业（Klodt，2000；Guerrieri & Meliciani，2003）。国内学者中，张世贤（2000）认为只有工业化和城镇化都达到了一定水平，才能形成对生产性服务业的需求和市场，生产性服务业才有可能获得高的要素投入回报。江小涓、李辉（2004）认为，我国经济能够在过去的二十几年保持全球最高的增长速度，生产性服务业发展滞后并没有成为增长的障碍。说明我国经济还没有进入需要生产性服务业迅速增长的阶段，也隐含着生产性服务业发展是经济增长附属物的假设。刘培林、宋湛（2007）通过对服务业和制造业企业法人绩效比较发现，目前我国生产性服务业部门是一个相对"昂贵"的产业，其财务效应和经济效益比制造业差，而进入这些服务业的投资门槛却不比制造业低，将大量资金投入生产性服务业的机会成本大于投入制造业的机会成本。

（二）供给论

两业关系中物流业作为供给方居于主导地位，即供给主导论。该理论认为物流等生产性服务业是制造业生产率得以提高的前提，没有发达的生产性服务业，就不可能形成具有较强竞争力的制造业部门（Hansen N，1994；Juleff - Tranter，1996；Pappas & Sheehan，1998；Karaomerlioglu & Carsson，1999；Faeeell & Hitchen，1999）。物流生产性服务业的发展可以提高社会分工程度、延长产品的生产链条、降低社会经济运行的交易成本，从而有助于经济增长（Eswarran & Kotwal，2001）。也有利于制造业建立比较优势，形成产品竞争力，提高生产率，推动制造业专业化发展（Grubel，1988；Dnniels，1999）。就我国的实际情形来看，江小涓和李辉（2004）指出，我国生产性服务业发展滞后、效率较低，已经成为制约我国未来经济增长的重要因素。他们对跨国公司在华投资企业进行的一项调研表明，生产性服务业发展滞后已成为影响制造业竞争力的重要因素。特别是分销、物流、融资和其他生产性服务业发展明显滞后，成为影响其中国投资企业竞争力最主要的原因之一。

（三）互动论

认为物流等生产性服务业和制造业表现为相互作用、相互依赖、共同发展的互动关系，即互动发展论。制造业部门的扩大，对生产性服务业如物流、金融等的需求会迅速增加；而物流等生产性服务业的发展，会刺激制造业部门的中间投入增加，提高制造业部门的生产率。生产性服务业的发展会提高生产性服务业的专业化和规模化水平，提高生产性服务业的服务质量，降低生产性服务业的服务成本和交易成本，从而增加制造业生产性服务外部化的意愿并促进制造业的升级与发展，使得制造业企业的生产性服务外包数量增加、种类增多、质量要求提高，进而反过来增加了生产性服务的市场需求并促进生产性服务业的升级和发展。随着服务经济的发展，服务业尤其是生产性服务业和制造业已经进入了高度相关和补充的发展阶段。物流业等生产性服务业与制造业相互作用、相互依赖，是一种共同发展的互补性关系。随着经济发展程度提高，两业之间彼此依赖的程度逐渐加深（Bathla，2003；Shugan，1994；Payne，1998；Park & Chan，1989；Diaz & Francois，1998）。我国学者顾乃华（2006）认为，同发达的工业化国家已经建立起成熟的市场经济体制不一样，我国正处于经济体制的转轨阶段。在这个特殊的阶段中，体制改革相对滞后的服务业正承担起破除制造业体制改革"瓶颈"、减轻改革阵痛的功能。生产性服务业的发展可以为制造业转移剩余劳动力提供一个合适的渠道，从而有利于解除制造业企业深化产权改革的瓶颈限制（顾乃华，毕斗斗，任旺兵，2006）。

（四）融合论

物流等生产性服务业与制造业在联动中融合渗透，即产业融合论。随着信息通信技术的发展、经济全球化进程的加快，为提升制造业价值链的竞争力，生产性服务向制造业的各环节进行着全面渗透，两业的边界逐渐模糊，相互之间出现了融合互动趋势（Lundvall & Borras，1998；植草益，2001）。两者的融合可以提升制造业产业链的竞争力，实现各产业的协调发展（Dirk Pilat & Anita Wölfl，2005；张小兵，2008）。这一观点体现了生产性服务业和制造业关系的最新发展趋势，也是未来两业关系的发展方向。主要表现为制造业的中间投入中服务的投入大量增加，制造服务化的趋势显现。产业融合导致了许多新产品与新服务的出现，开辟了新市场，使更多的新参与者进入，增强了竞争性和新市场结构的塑造，促进了资源的整合，带来了就业增加和人力资本发展，并派生出信息产业发展的巨大增值机会（周振华，2003）。朱瑞博（2003）、马健（2002）等从电信、电视和出版等部门中出现的产业融合典型案例出发，对产业融合的基本理论进行了探索。制造业功能日趋服务化主要表现在三个方面：一是制造业部门的产品是为了提供某种服务而生产，二是随产品一同出售的还有知识和技术服务，三是服务指导制造业部门的技术变革和产品创新（聂清，2006）。

二、物流业与制造业产业联动

（一）供需视角的两业联动

供需关系是物流业与制造业的基本关系，制造业的发展壮大为物流业创造了必不可少的需求，正是制造业这种对物流业的需求，推动了物流业的发展和繁荣，围绕物流外包形成了供需关系。Maltz（1993）发现资产专用性频率的高低决定了是否为自营物流系，而频率较高意味着专用性较强，导致外包。从 Williamson 和 Coarse 的交易费用理论来看，制造业是否进行物流外包的权衡依据在于是否能够通过物流外包降低交易费用。物流外包会对制造业产生劳动节约型的影响，Sink 等（1996）、Razzaque 和 Sheng（1998）对物流外包的跟踪调查表明，物流外包可以减少所需的物流劳动力，这有利于提高制造业的劳动生产率。Skjoett-Larsen（2000）认为服务的不确定性制约了企业的物流外包。

制造业不断运动和发展的过程中，对物流业提出了不同层次的多样化需求。制造业的繁荣扩大了物流业的社会需求的基础，制造业物流的外包刺激了物流业的发展，从物流外包的趋势来看，不仅销售物流的外包比例增强，而且外包越来越向采购和生产的过程渗透。物流业的中运作模式与制造业物流外包程度密切相关，这对物流业的发展有直接影响，面向制造企业的物流服务主要有三种运营模式，即制造企业自营物流的模式，制造企业外包给物流企业运营的模式，制造企业与物流企业合作运营的模式。

（二）分工视角的两业联动

物流等生产性服务业是分工发展的结果，同时生产性服务业对分工又起到促进作用。Riddle（1986）认为服务业主要指生产性服务业，是促进其他部门增长的过程产业，是经济的"黏合剂"，是便于一切经济交易的产业，是刺激商品生产的推动力。Francois（1990）指出，制造业内部服务需求分离从而形成生产性服务业，这是专业化分工的一种结果，生产性服务业专业化分工可以大大节约成本，提高生产效率。格鲁伯等（1993）基于奥地利学派的生产迂回理论指出，生产性企业外包物流业务是专业化分工深化的结果，同资本一样也可以提高生产力。陈宪等（2004）在总结国内外学者的观点后，指出"社会分工"是服务业"外在化"趋势发展的必然结果。企业为能更好地在需求多样化的竞争环境下生存会舍弃规模经济而选择专业化。郑吉昌等（2004）指出生产性服务的发展是企业依据自身比较优势进行社会化分工的结果，生产性服务业可以提高生产率，并反过来推动分工的深化，促进经济的增长。顾乃华（2006）同样基于分工视角，根据"斯密定理"和"杨格定理"的经济学内涵，描绘了生产性服务业与制造业互动在不同地区的不同表现。

（三）产业关联视角的两业联动

制造业和物流等生产性服务业联系紧密，产业关联度很高。生产性服务业与消费性服务业的服务对象不同，消费性服务业主要服务于消费者，生产性服务业是生产其他产品（或者服务）时中间投入的服务，生产性服务业主要服务于生产制造产业，连接着生产和消费（Greenfield，1966；Daniel，1985）。Grubel 等（1989）综合了 Greenfield 和 Daniel 的观点，指出生产性服务业服务于生产者，是生产者顺利完成生产过程、获得财富的中间投入。Markusen（1989）利用 D – S 模型，对生产性服务业作为中间投入产品对产业和经济发展的促进作用进行了分析。制造业的全球化发展离不开物流业的支持，依赖具有一定市场竞争力和高效率的物流水平以及充足的资源，物流的有效支持是实施全球化战略的基础（Stanley & Fawcett，1993）。从我国来看，制造业与物流业的发展存在着长期协整的关系，制造业不同子行业与物流业的关联程度存在差异，物流业各衡量指标与制造业发展的关联程度存在差异，制造业各衡量指标与物流业发展的关联程度存在差异，其中制造业全员劳动生产率与物流业的关联程度最大（王珍珍、陈功玉，2010）。韦琦（2011）运用格兰杰因果检验对中国 1978 年至 2009 年的制造业与物流业相关统计数据进行检验，检验所得出的结果同样认为长期并且稳定的均衡发展关系同样存在于中国的两业发展中，且研究结果还进一步表明，物流业的快速发展成为制造业发展的格兰杰原因。梁红艳、王健（2013）基于 OECD‑STAN 数据库投入产出数据，采用投入产出法与比较分析法分析了 8 个典型国家（或地区）1995、2000、2005 三个年度的物流业发展水平及其与制造业的产业关联。研究结果表明，发达国家物流业发展平缓，而发展中国家物流业仍处于快速发展阶段，发达国家信息业与物流业的融合度明显高于发展中国家。

（四）竞争力视角的两业联动

核心竞争力又称"核心能力""核心竞争优势"，指的是组织具备的应对变革与激烈的外部竞争，并且取胜于竞争对手的能力的集合（Prahalad & Hamel，1990）。企业竞争力中那些最基本的能使整个企业保持长期稳定的竞争优势、获得稳定超额利润的竞争力，是将技能资产和运作机制有机融合的企业自身组织能力。因此企业通常会集中优势资源发展主营业务，选择服务外包分散经营风险，从而应对市场由于不确定性产生的风险，提高企业的核心能力（Ochel & Wegner，1987；Perry，1990；Coffey，1991；Eswara，2002）。众多学者围绕这一问题展开研究，如 Tschetter（1987）以美国制造业为研究对象，他认为美国生产性服务业能得以快速发展的原因，是美国的制造业为了降低成本，提高核心竞争力，将服务外包给外部专业厂商。这也影响到了美国的产业结构变化。Grubel 和 Walker（1989）也认为生产性服务业所提供的高效服务是提升制造业核心竞争力的重要保障。Geo（1991）指出了制造业选择服务外包是由于其缺乏相应的技术支持而促使实现外部购买。Glasmeier 和 Howland（1994）研究发现一个地区内生产性服务业的发展将促进该地区其他产业的竞争效率。Harrington（1995）认为作为一种重要资源投入的生产性服务业将提升制造业竞争力，并且能够改变我国制造业"大而不强"的局面。Guerrieri 和 Meliciani（2005）认为在经济转型和市场化程度较高的情形下，生产性服务业的发展有利于制造业竞争力的提升。

社会分工是制造业将物流等非核心业务由内在化到外在化转变的推进剂，制造业与物流业联动最终的共同价值是获得核心竞争力（戴建平，骆温平，2017）。制造业物流发展的程度和水平，直接关乎制造企业的效率和效益，因而制造业与物流业的融合渗透、协调发展，是调整产业结构、转变经济增长方式的重要途径，是提高制造业核心竞争力的关键所在（张快娟，2011；杨勇，2012）。

（五）其他视角的两业联动

从产生来看，两业联动是专业化分工和产业发展的必然结果，有利于提高生产率。制造业发展初期包含了物流环节，随着制造业规模的扩大和专业化分工的加深，物流业从制造业内部剥离，逐渐从"内部化"走上"外部化"。在降低交易成本的驱使下，增强制造业与物流业产业协同的呼声日益高涨，两业联动提高生产率已是大势所趋（何明珂，2007；刘志彪，2006）。

从机制来看，两业之间并非简单的分工关系，而是相互影响、共同发展的动态关系。理论和实证研究结果表明，物流等服务业与制造业的联系日趋紧密，是一种相互作用、相互依赖、共同发展的动态联系（陈宪，黄建锋，2004）。联动关系一般遵循物流环节分离、物流产业分离、两业集聚联动、两业扩散联动的演化路径（韦琦，2011），生产性服务业的发展程度，在很大程度上决定了制造业的竞争力，大力发展生产性服务业有助于提升制造业的竞争力（顾乃华等，2006）。

从模式来看，基于不同理论形成了多种两业联动模式，交易成本则是选择的决定性因素。从关联因素角度，可以将两业联动模式分为一次性合作模式、短期合作模式、实务运作模式、管理合作模式及战略联盟模式。选择何种模式应考虑两业联动发展的不同阶段、不同层次和环境条件，关键在于对物流管理是自营还是外包之交易成本的权衡（王佐，2009；王晓艳，2009；郭淑娟，董千里，2010）。

从实践来看，现阶段我国两业联动面临诸多问题，联动发展任重而道远。表现为物流业与制造业处于非均衡融合状态，联动发展还存在诸多瓶颈，不可能一蹴而就（何黎明，2009；苏秦，张艳，2011）。一方面，制造企业自营物流退出成本较高，物流外包风险较难控制，物流外包比例相对较低，制约着制造业的转型升级（王茂林、刘秉镰，2009；黄福华、谷汉文，2009）；另一方面，物流业一体化服务能力不足，创新能力不强，服务层次较低，物流等服务业发展滞后已经成为影响制造业竞争力的重要因素（江小涓、李辉，2004；王珍珍、陈功玉，2009）。此外，联动发展的市场机制、信用机制还不健全，联动发展环境尚需改善（刘秉镰，2011；黄有方、严伟，2010）。

从实现途径来看，两业联动应当建立政府引导、企业主体的运作机制，强调因地制宜、分步推进的实施策略。要走出两业联动中对制造业与物流业地位等问题的认识误区，针对两业联动发展的现状、问题及制约因素，因地制宜提出解决措施（王茂林、刘秉镰，2009）。两业联动应该首先从制造业突破，加速第二产业的"第三产业化"进程（丁俊发，2007），同时物流业也要深入了解制造业供应链生产模式和物流模式，积极开发综合物流服务能力和一体化物流解决方案，实现从传统物流向现代物流的转变（何黎明，2009）。

三、物流业与制造业的产业融合

（一）两业融合条件

由于技术进步和放松管制，发生在产业边界和交叉处的技术融合，在经过不同产业或行业之间的业务、组织、管理和市场的资源整合后，改变了原有产业产品和市场需求的特征，导致产业的企业之间竞争合作关系发生改变，从而导致产业界限的模糊甚至重划，以及为了适应产业增长而发生的产业边界的收缩或消失（Yoffie，1997；Greensteina & Khanna，1997；马健，2006）。

技术革新和放松管制是产业融合的主要原因。技术革新是产业融合的内在原因，技术革新开发出了替代性或关联性的技术、工艺和产品，这些替代性或关联性的技术、工艺和产品，渗透、扩散和融合到其他产业中，改变了原有产业生产的技术（植草益，2001）。产业融合发生的前提条件是产业之间具有共同的技术基础，能够首先发生技术的融合，即一产业的技术革新或发明开始有意义地影响和改变其他产业产品的开发特征、竞争和价值创造过程（Lei，2000），因而产业融合一般发生在产业之间的边界和交叉处，而不是发生在产业的内部；发生产业融合的产业，相互之间具有一定程度的产业关联性（Fai & Tunzelmann，2001）或技术与产品的替代性（Gaines，1998）。Lind（2005）引入产业生命周期理论，指出产业融合的必要条件是技术变革，产业融合是指由技术变革引发的产业边界重新界定。Tien（2011）认为随着从大规模生产到大规模定制模式的转变，新的生产制造方式如柔性制造等促进了服务和制造的结合，使货物和服务变得难以区分，出现了产品与服务相互渗透融合的所谓"服务型产品"（Servgoods）。王成东等（2015）认为，装备制造业与生产性服务业通过技术创新开发出替代性产品，并逐渐渗透到对方产业领域，从而改变自身产品的技术路线和生产函数，为两大产业的技术和产品融合提供了动力。而技术和产品的融合导致了装备制造业与生产性服务业之间的技术壁垒消失及产业边界模糊,最终促使两大产业融合。市场对个性化和定制化产品的需求促进了装备制造业研发、设计、物流及售后服务等生产性服务环节的内部化进程,有效促进了装备制造业与生产性服务业的融合。为了获得生产制造环节的优势,装备制造业致力于制造效率的提高和制造质量的改善,追求规模经济和范围经济效应,从而促进装备制造业、入厂物流及设备维护等生产性服务业的融合发展。

（二）两业融合过程

从过程来看,技术的融合并不意味着产业的融合,产业融合应以市场融合为导向（Alfonso & Salvatore,1998）,一般要经过技术融合、业务与管理融合、市场融合三个阶段,最后才能完成产业融合的全过程。产业融合的结果是改变了原有产业企业之间的竞争合作关系,从而导致产业界限的模糊化甚至重划产业界限（植草益,2001;Greensteina & Khanna,1997）。李美云（2011）通过对制造业和服务业融合过程中的价值链的分析,认为融合是两大产业全部价值活动的有效组合及对这些价值活动所涉及的全体利益方进行优化整合而实现的有效制度安排的总和。周志丹（2012）从信息服务业与制造业在价值链与产业链上的融合、区域内的融合以及信息服务业带动提升制造业、制造业支持促进信息服务业两方面分析了两大产业的融合过程,并提出了促进信息服务业与制造业融合发展的对策。

（三）两业融合的影响因素

Ulaga 和 Reinartz（2011）对产品和服务融合的关键成功因素进行了研究,指出制造业与服务业都具有自身的独特资源和独有能力,在融合的过程中要注意相应资源和能力的整合运用,做好有形资源、制造能力、市场能力和售后服务能力的整合,重点培养数据处理与分析能力、风险评估与规避能力、服务设计能力、产品服务一体化能力和部署能力五个关键因素。Lin（2012）基于创新视角,以我国台湾地区的制造业为例,对其生产性服务业融合问题进行研究,指出制造业与生产性服务业的融合受两大产业研发联盟的推动,而研发联盟又受到企业规模和行业竞争水平等因素的显著影响。Leiponen（2012）对芬兰制造业和服务业的研发决定因素进行对比性分析,指出服务业的研发更有效率,两大产业研发效率的差异使得服务业不断通过研发介入制造业之中,在一定程度上促进了两者的融合发展。

王成东、綦良群、蔡渊渊（2015）利用中间投入率和中间需求率指标构建融合水平综合测度模型，依据 SFA 方法和 Cobb – Douglas 生产函数构建装备制造业与生产性服务业融合影响因素的评价模型，基于中国 30 个省市截面数据进行实证研究，发现装备制造业与生产性服务业的融合发展受市场需求、技术创新和自身竞争力等多层次因素共同驱动，融合过程由技术融合、产品融合、市场融合和组织融合等阶段有机构成；产业融合受产业技术能力因素、产品能力因素、市场能力因素、管理能力因素和环境因素的共同影响。桂黄宝、刘奇祥、郝铖文（2017）在对河南省生产性服务业与装备制造业融合发展深入分析的基础上，构建影响因素理论模型，并采用问卷调查和探索性因子分析方法对两者融合发展影响因素进行探索，指出河南省生产性服务业与装备制造业融合发展受到政府政策、产品研发水平、企业创新能力以及竞争力 4 个因素的影响但影响程度不同。綦良群、张庆楠（2018）认为我国装备制造业与生产性服务业融合趋势日渐明显，且逐渐呈现复杂性融合态势，因此选取网式融合影响因素测量指标，运用结构方程模型实证检验网式融合影响因素，发现两业网式融合的影响因素是装备制造业竞争力水平、生产性服务业动态匹配性、创新驱动、网络能力，且影响强度和方向各不相同。

（四）两业融合实现途径

制造业服务化和服务型制造是物流等生产性服务业与制造业融合发展的重要模式，Kucza 和 Gunther（2011）对制造业企业如何在全球范围内实现服务化的模式进行研究，提出多种制造业服务化的模式。Baines 等（2012）分析了企业成功实施制造业服务化的建设情况，探讨了通过制造业服务化实现制造业与服务业融合发展的内部运行机理。简兆权、伍卓深（2011）提出制造业企业实现服务化可以依循下游产业链服务化、上游产业链服务化、上下游产业链服务化和完全去制造化四条路径。

而服务型制造是制造与服务相融合的新产业形态，是一种新的制造模式，本质上是基于生产的产品经济和基于消费的服务经济的融合。Garcia 等（2010）对面向服务的制造业发展模式进行了研究，指出模块化与协同化发展是制造业与服务业融合发展的有效模式。汪应洛（2010）指出，实现制造业与服务业的融合发展，推行服务型制造，是推进中国产业结构调整的必由之路。何哲和孙林岩（2012）强调在当前阶段中国仍然需要大力发展制造业，并密切关注制造业空心化和制造业大规模对外转移的风险，同时应大力发展以服务为导向的服务型制造模式，推动和实现中国制造的转型。

同时，学者也积极探索了不同的两业融合途径，如 Jergovic 等（2011）的研究表明制造业与服务业融合发展模式不是简单的在制造业产品基础上增加服务，而是要在战略高度，从组织变革、产品核心价值增加等方面进行制造业与服务化的融合发展。刘明宇等（2010）认为生产性服务业分别以关系性和结构性两种方式嵌入制造业价值链中，从而形成不同的网络关系。童洁等（2010）提出了制造业与生产性服务业融合发展的三种模式——基于共生性的融合模式、基于内生性的融合模式、基于互补性的融合模式。

综上所述，国内外学者在相关领域已经进行了大量研究，取得了诸多有益成果，这些成果是本书进一步探索的研究基础。

第四节　研究思路与研究方法

一、研究思路

本书的研究思路如图 1－1 所示。

二、研究方法

（一）理论与实证研究相结合

运用协同理论、共生理论、产业关联理论、交易费用理论、核心竞争力理论、战略联盟理论及委托代理理论等对两业联动融合进行理论分析，从不同理论视角探索两业联动融合的理论基础。同时，综合运用经济学、管理学的理论构建相关指标体系，建立两业融合、协调发展的相关模型，基于不同时间和不同地区的统计数据，对两业融合协调发展进行实证研究。

（二）定性和定量研究相结合

运用经济学、管理学、系统科学的基本理论对两业融合的理论基础进行分析，对两业融合协调发展的相关内容进行定性研究。同时对物流业、制造业的发展现状、两业融合程度、两业协调水平、两业融合中的风险控制等问题，结合统计数据进行定量描述和分析，建立数学模型进行刻画和计算，尽可能做到定性与定量研究的有机结合。

```
┌─────────────────────────────────────────┐
│              第一章 绪论                   │
└─────────────────────────────────────────┘
                    ↓
┌─────────────────────────────────────────┐
│         第二章 联动融合的理论基础           │
└─────────────────────────────────────────┘
        ↓                        ↓
┌──────────────────┐    ┌──────────────────┐
│  物流业与制造业    │    │  不同理论视角下    │
│  联动融合的基本理论 │    │  两业联动融合的机理 │
└──────────────────┘    └──────────────────┘
        ↓                        ↓
┌──────────────────┐    ┌──────────────────┐
│  第三章 物流业发展现状│    │  第四章 制造业发展现状│
│     分析与评价     │    │     分析与评价     │
└──────────────────┘    └──────────────────┘
                    ↓
┌─────────────────────────────────────────┐
│        第五章 两业融合协同的空间分异        │
└─────────────────────────────────────────┘
┌──────┬──────┬──────┬──────┬──────┐
│指标体系│融合协同│融合协同│空间分异│融合协同│
│构建   │模型构建│实证研究│比较分析│对策措施│
└──────┴──────┴──────┴──────┴──────┘
                    ↓
┌─────────────────────────────────────────┐
│        第六章 两业联动协调的时序演化        │
└─────────────────────────────────────────┘
┌──────┬──────┬──────┬──────┬──────┐
│联动协调│协调发展│协调发展│时序演化│协调发展│
│内涵机理│模型建立│实证研究│趋势分析│对策措施│
└──────┴──────┴──────┴──────┴──────┘
                    ↓
┌─────────────────────────────────────────┐
│         第七章 两业互动关系博弈分析         │
└─────────────────────────────────────────┘
┌────────┬────────┬────────┬────────┐
│博弈论   │理想状态下│信息不对称│效率比较 │
│建模     │的效率   │下的效率 │及启示   │
└────────┴────────┴────────┴────────┘
                    ↓
┌─────────────────────────────────────────┐
│      第八章 两业融合的实现途径及利益分配     │
└─────────────────────────────────────────┘
┌────────┬────────┬────────┬────────┐
│不同形式的│利益分配 │基于贡献的│考虑风险的│
│动态联盟 │原则及因素│分配策略 │分配策略 │
└────────┴────────┴────────┴────────┘
                    ↓
┌─────────────────────────────────────────┐
│         第九章 融合发展的风险控制          │
└─────────────────────────────────────────┘
```

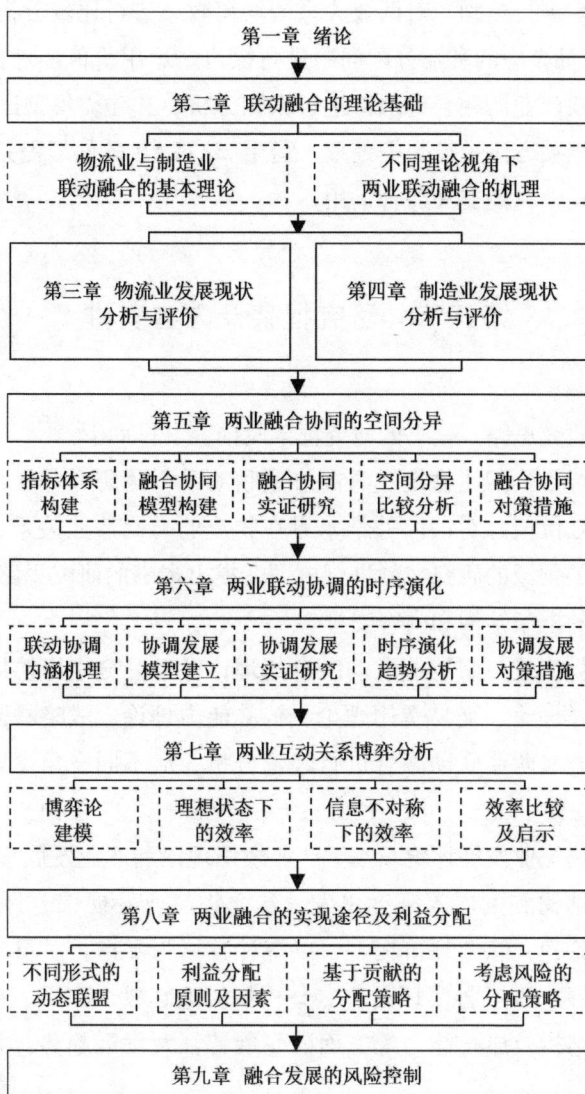

图 1-1 技术路线

（三）不同学科综合交叉相结合

综合运用经济学、管理学、统计学、系统科学等不同学科的基本理论和方法开展研究，如借助耦合理论和协同理论建立两业融合协同模型，基于产业组织、产业发展及产业融合理论构建两业融合指标体系，运用信息熵理论建立熵权模型对序参量指标体系赋权。运用博弈论和信息经济学的分析方法对两业互动关系进行刻画，对两业关系的均衡效率进行比较分析。运用 Shapley 值法对两业融合中的利益分配问题进行探讨。运用价值链理论和分析方法对物流业与关联产业的融合价值链进行风险分析，并建立模型进行风险评估。运用统计学的相关方法进行数据处理，运用 MATLAB 软件编程完成计算过程，尽可能做到不同学科的交叉综合运用。

第五节 研究框架及内容安排

基于上述研究思路，全书的研究框架及内容安排如下：

第一章：绪论。阐述物流业与制造业联动融合的研究背景，论述研究的理论意义和实际价值。对国内外学术界在物流业与制造业关系、两业联动及两业融合等相关领域的研究文献进行梳理，提出本书的研究思路和研究方法，介绍本书研究的框架结构和内容安排。

第二章：物流业与制造业联动融合的理论基础。分别以协同理论、共生理论、产业关联理论、交易费用理论、核心能力理论、战略联盟理论及委托代理理论为基础对两业联动融合进行理论分析，从不同视角探索两业联动融合的理论基础。

第三章：物流业发展评价。基于产业组织理论和产业发展理论，从投入、产出、规模、结构和发展等维度出发，建立物流业发展综合评价指标体系。运用信息熵理论建立综合评价模型，以统计数据为支撑，对重庆 2000—2017 年的物流业发展水平进行实证研究。分析物流业在投入水平、产出效率、发展规模、产业结构及成长能力等方面的发展特征及发展趋势，并提出相应的对策建议。

第四章：制造业发展评价。基于产业组织理论和产业发展理论，从投入、产出、规模、结构和发展等维度出发，建立制造业发展综合评价指标体系。基于建立的综合评价模型，以统计数据为支撑，对重庆 2000—2017 年的制造业发展水平进行实证研究。分析重庆制造业在投入水平、产出效率、发展规模、产业结构及成长能力等方面的发展特征及发展趋势，并提出相应的对策建议。

第五章：物流业与制造业融合发展的空间分异。比较分析不同产业融合程度评价方法的优势和局限，基于耦合理论、协同理论的分析方法建立两业融合协同发展模型，分析两业相互影响、相互制约的互动关系，界定两业融合协同的内涵，揭示两业渗透融合、协调发展的内在机理。从两业融合的内涵和机理出发，运用产业发展理论的相关工具和研究方法，建立两业融合协同的指标体系。以2018年统计年鉴两业截面数据为样本，对全国31个省区的两业融合协同水平进行实证研究。以重庆地区为比较对象，比较不同地区两业融合协调发展的空间差异性。识别重庆两业协调发展的内部关键因素，基于不同地域两业融合协调的空间差异特征，从产业内部、外部环境及产业政策等层面提出两业融合协调发展的策略。

第六章：物流业与制造业协调发展的时序演化。运用协同论分析物流业—制造业复合系统协调发展的内涵和机理，建立两业协调发展模型，以重庆2000—2017年两业统计数据为例进行实证研究。分析物流业—制造业复合系统协调水平的总体发展态势，以及制造业子系统和物流业子系统的有序发展趋势。归纳重庆两业协调发展的内外部影响因素，借鉴国内两业联动协调发展的成功经验，从产业内部、外部环境等层面提出两业协调发展的政策创新思路，并提出具体政策建议。

第七章：物流业与制造业融合发展的博弈分析。分析两业互动合作中制造业物流外包的信息搜寻成本和收益，基于委托代理理论，建立物流业和制造业互动博弈模型。比较完全信息理想状态和信息不对称下两业关系的均衡效率。从市场机制和非市场机制的角度，分别探讨信号发送、信息甄别、激励机制和政府干预等对策措施。

第八章：物流业与制造业融合发展的实现途径及利益分配。从动态联盟角度分别探索股权式、契约式、虚拟式等物流业和制造业融合的实现途径。分析两业融合中的利益分配原则和要素，运用Shapley值法建立两业融合利益分配模型，分别探讨考虑贡献和考虑风险情况下，两业融合的利益分配策略。

第九章：物流业与关联产业融合发展的风险控制。以物流地产为例，从价值链视角分析物流业与关联产业融合的风险评估及控制。运用波特价值链分析法建立物流地产价值链模型，分析物流地产融合价值链中主要价值活动的风险因素。基于信息熵理论进行风险评估，针对融合价值链风险因素提出风险控制建议。

第二章

物流业与制造业联动融合的理论基础

第一节 产业融合理论

产业融合是信息化进程中产业发展出现的一种新范式，正在全世界范围内呈现出蓬勃发展态势，产业融合已经成为经济学、管理学、社会学等众多学科关注的热点之一，引起了全球各国政府和决策部门的极大兴趣。

一、产业融合理论的主要内容

（一）产业融合的内涵

学界对产业融合的研究起源于美国学者罗森伯格（Rosenberg，1963）对美国机器工具产业演化进程的关注。罗森伯格发现同一技术向不同产业扩散的现象，并把这种现象定义为"技术融合"。之后 David B. Yoffie 从产品视角出发，将产业融合定义为"采用数字技术后原来各自独立产品的整合"。也有学者从产业视角展开研究，如植草益（2001）认为产业融合就是通过技术创新和放宽限制来降低行业间的壁垒，加强行业企业间的竞争合作关系。欧洲委员会的"绿皮书"则称"产业融合是技术网络平台、市场和产业联盟与合并三个角度的融合"。该定义的出现使产业融合的内涵得到了拓展性的表述，加上"绿皮书"中对相关产业融合管制问题的提及，也使得产业融合这一定义更加有意义和综合性。

国内学者周振华（2003）较早对产业融合的现象和本质进行了系统研究，

在产业融合这一概念的界定上，他认为"产业融合就是以数字融合为基础，为适应产业增长而发生的产业边界的收缩或消失"。厉无畏等从产业发展的角度，认为所谓产业融合是指不同产业或同一产业内的不同行业，通过相互渗透、相互交叉，最终融为一体，逐步形成新产业的动态发展过程，其特征在于新的产业或新的增长点等融合的结果出现。马健（2002）试图将以上视角综合起来，将产业融合的定义概括为由于技术进步和放松管制，发生在产业边界和交叉处的技术融合，在经过不同产业或行业之间的业务、组织、管理和市场的资源整合后，改变了原有产业产品和市场需求的特征，使产业内的企业之间竞争合作关系发生改变，从而导致产业界限的模糊化甚至重划产业界限。此外，还有一些学者从创新视角、模块理论、产业分离与融合、系统自组织理论等方面定义产业融合。

总之，产业融合（Industry Convergence）是指不同产业或同一产业中的不同行业相互渗透、相互交叉，最终融合为一体，逐步形成新产业的动态发展过程。从不同角度分析产业融合问题会有不同的理解，内涵主要归结为几类。一是从信息通信产业角度看，产业融合是在技术融合、数字融合基础上所产生的产业边界模糊化，最初指计算机、通信和广播电视业的"三网融合"。二是从原因与过程看，产业融合是逐步从技术的融合到产品和业务的融合，再到市场的融合，最后达到产业融合的实现的过程。三是从产品服务和产业组织结构看，伴随着产品功能的改变，提供该产品的机构或公司组织之间的边界开始模糊。四是从产业创新和产业发展看，指不同产业或同一产业在不同行业的技术与制度创新的基础上相互渗透、相互交叉，最终融合为一体的、逐步形成新型产业形态的动态发展过程。

（二）产业融合的形式

一是高新技术及其相关产业向其他产业渗透融合，并形成新的产业。新技术向传统产业不断渗透，成为提升和引领高新技术产业发展的关键性因素，高新技术及产业发展有利于提升传统产业的发展水平，加速传统产业的高技术化。主要体现在促进传统产业的高附加值化，促进传统产业推出新品种和新的产业，促进传统产业装备现代化。如生物芯片、纳米电子、计算机与通信和媒体的融合；信息技术产业以及农业高新技术化、生物和信息技术对传统工业的改造（如机械仿生、光机电一体化、机械电子），电子商务、网络型金融机构等。

二是通过产业间的互补和延伸，实现产业间的融合，往往发生在高科技产业的产业链自然延伸的部分。这类融合通过赋予原有产业新的附加功能和更强的竞争力，形成了融合型的产业新体系。这种融合更多地表现为服务业向第一产业和第二产业的延伸和渗透，如第三产业中相关的服务业正加速向第二产业的生产前期研究、生产中期设计和生产后期的信息反馈过程展开全方位的渗透，金融、法律、管理、培训、研发、设计、客户服务、技术创新、贮存、运输、批发、广告等服务在第二产业中的比重和作用日趋加大，相互之间融合成不分彼此的新型产业体系。

三是具有紧密联系的产业或同一产业内部不同行业之间的融合，是产业内部的重组融合。重组融合的整合过程发生时，原本各自独立的产品或服务在同一标准元件束或集合下，通过再造重组结为一体。通过重组型融合而产生的产品或服务往往是不同于原有产品或服务的新型产品或服务。例如，第一产业内部的种植业、养殖业、畜牧业等产业之间，以生物技术融合为基础，通过生物链重新整合，形成生态农业等新型产业形态。在信息技术高度发展的今天，重组融合更多地表现为以信息技术为纽带的产业链的上下游产业的重组融合，融合后生产的新产品表现出数字化、智能化和网络化的发展趋势，如模糊智能洗衣机、绿色家电的出现就是重组融合的重要成果。

（三）产业融合的动因

技术创新和管制放松是产业融合的基本驱动因素。技术创新是产业融合现象产生的内在驱动力，技术创新在不同产业之间的扩散，使不同产业形成了共同技术基础，并使它们之间的边界逐步趋于模糊，最终导致融合现象的发生（Lei，2000；植草益，2001；周振华，2002；于刃刚、李玉红，2003；胡汉辉、邢华，2003；陈柳钦，2007；朱瑞博，2003）。政府管制的放松是产业融合的外在驱动力，各国政府经济性管制是形成不同产业进入壁垒的主要原因，管制放松导致其他相关产业业务加入本产业竞争中，从而逐渐走向产业融合（Yoffie，1997；周振华，2002；陈柳钦，2007；朱瑞博，2003）。此外，企业跨产业并购、组建战略联盟、经济全球化、需求变化、范围经济等因素也在不同程度上促进了产业融合的发展（于刃刚、李玉红，2003；陈柳钦，2007；郑明亮，2007）。产业融合的产生是多种因素相互作用、相互影响的结果，基本上可以概括为内在因素与外在因素两个方面。外在因素主要有全球化与自由化、产业管制政策的放松、消费需求变化等，内在因素包括技术创新、管理创新或战略联盟、企业基本组织原则的变革（模块化）等。

（四）产业融合的类型

从技术上看，产业融合可以分为技术替代融合与技术整合融合和互补融合（Greenstein & Khanna，1997；Stieglitz，2002；张磊，2001）。从产品角度看，产业融合可以分为替代型融合和互补型融合（Greenstein & Tarun，1997；2001；Stieglitz，2003；周振华，2004）及结合型融合（周振华，2004；胡金星，2007）三类。从市场角度看，产业融合可以分为来自需求方的功能融合和来自供给方的机构融合（M. Penning S & Puranaln，2001；Stieglitz Nils，2002），也可以分为高功能和高机构融合（纯粹的融合）、高功能和低机构融合（需求驱动的融合）和低功能和高机构融合（供给驱动的融合）（Malhotra，2002）。从产业层面上看，包括产业间融合方式和产业间融合程度。在产业间融合方式上，产业融合会以不同的方式演进，构建出新的融合型产业体系，主要表现为三种融合方式（厉无畏，2002；陈柳钦，2006；郑明亮，2007），即渗透融合、延伸融合和重组融合。根据融合后产业对原有产业的替代程度的不同，产业融合包括三种类型（马健，2005），即完全融合、部分融合和虚假融合。

二、融合论视角下的两业联动融合

（一）两业联动融合的内涵

从产业视角来看，物流业与制造业的产业融合是指两业及其子行业之间相互渗透、相互交叉，最终融合为一体，逐步形成新产业的动态发展过程。从技术视角看，两业融合是在技术融合、数字融合基础上所产生的产业边界模糊化，是以数字融合为基础，为适应产业增长而发生的产业边界的收缩或消失。从发展演化看，两业融合是物流业和制造业逐步从技术融合，到产品融合、业务融合，再到市场融合的过程。综合上述观点，两业融合可以概括为由于技术进步和放松管制，发生在两业产业边界和交叉处的技术融合，在经过两业之间的业务、组织、管理和市场的资源整合后，原有产业产品和市场需求的特征被改变，使产业内的企业之间竞争合作关系发生改变，从而导致两业界限的模糊化甚至重划产业界限。

（二）两业联动融合的演进过程

同一般的产业融合历程一样，物流业和制造业的产业融合是一个包含三个具体阶段的动态化过程，即技术融合、业务融合、市场融合，最后才能完成产业融合的全过程。这几个阶段可以前后相互衔接，也可能是同步相互促进的。但如果只有技术融合，而无业务融合特别是市场融合，产业融合就不会实现（Alfonso & Salvatore，1998；马健，2006）。第一阶段存在两个从供给到需求都不相关的产业，融合的过程由外部因素（如新的技术发明、政府管制放松）所激发；第二阶段意味着市场结构和公司行为开始变化的产业发生融合；进入第三阶段，这两个产业从技术或产品市场的角度看具有相关性，并且市场发展趋于稳定化（Stieglitz，2003；陈柳钦，2007）。

（三）两业联动融合的内在动因

技术创新和技术进步是两业联动融合的内在驱动力。技术创新和技术进步是当今产业融合发展的催化剂和黏合剂，在技术创新和技术融合基础上产生的产业融合是"对传统产业体系的根本性改变，是新产业革命的历史性标志"，是产业发展及经济增长的新动力。随着信息技术在各产业的融合以及企业局域网和宽域网的发展，物流业和制造业在顾客管理、生产管理、财务管理、仓储管理、运输管理等方面大力普及在线信息处理系统，使顾客可以随时随地获得自己所需要的信息、产品、服务，使两业产业间的界限趋于模糊。制造业的技术创新开发出了替代性或关联性的技术、工艺和产品，然后通过渗透扩散融合到物流产业之中，从而改变了物流业原有服务的技术路线，改变了物流产业的生产成本函数，为产业融合提供了动力。同时技术创新改变了物流业和制造业市场的需求特征，给原有产业的产品带来了新的市场需求，从而为产业融合提供了市场空间。重大技术创新在不同产业之间的扩散导致了技术融合，技术融合使不同产业形成了共同的技术基础，并使不同产业的边界趋于模糊，最终促使产业融合现象产生。

（四）两业联动融合的外部环境

放松管制和改革规制是两业联动融合的外在驱动力。一般而言，不同产业之间存在着进入壁垒，这使不同产业之间存在着各自的边界，美国学者施蒂格勒认为，进入壁垒是新企业比旧企业多承担的成本，各国政府的经济性管制是形成不同产业进入壁垒的主要原因。在物流业和制造业发展领域放松管制和改革规制，能够为两业的产业联动和产业融合创造比较宽松的政策和制度环境，取消和部分取消物流和制造产业的各种价格、进入、投资、服务等方面的限制，让制造业和物流业企业在国内和国际市场中更有竞争力，产品占有更多的市场份额。从国家层面放松管制和改革规制有助于其他相关产业的业务加入本产业的竞争中，为两业从彼此分离逐渐走向产业融合提供良好的外在环境。

（五）两业联动融合的效应

产业融合不仅影响了企业战略，而且使现有产业间的资源重新整合利用，提高了产业绩效，产生创新性优化效应、竞争性结构效应、组织性结构效应、竞争性能力效应、消费能力效应和区域效应（Malhotra，2001；Broring & Stefanie，2003；陈柳钦，2006；马健，2006；胡永佳，2007；尹洪涛，2015）。物流业和制造业的产业融合，从企业的微观层面上看能够带来成本节约效应，即两业融合能够提高共用资产的利用率，节约交易成本；从产业组织的中观层面上看能够产生竞争合作效应，有利于形成有效竞争的新型市场结构；从经济社会的宏观层面上看有利于产品和产业创新，并积极促进两业产业结构的升级和经济的持续增长。

第二节　协同发展理论

一、协同论的基本思想

协同论（Synergetics）亦称"协同学"或"协和学"，作为系统科学的重要分支理论，协同论是20世纪70年代在多学科研究基础上逐渐形成和发展起来的一门新兴学科，其创立者是德国斯图加特大学教授、著名物理学家哈肯（Hermann Haken）。1971年他提出协同的概念，1976年系统地论述了协同论，发表了《协同论导论》，还著有《高等协同论》等著作。协同论是研究一个系统中各子系统之间非线性相互作用产生协同效应，导致系统结构有序演化的自组织理论，其基本观点是一个开放的、非线性的、远离平衡态的系统，当外界控制变量达到一定阈值时，在随机涨落的触发下可以通过突变进化到新的有序结构。

协同论是一种复杂系统理论，它把一切研究对象看成由组元、部分或者子系统构成的系统，这些子系统彼此之间会通过物质、能量或信息交换等方式相互作用。通过子系统之间的这种相互作用，整个系统将形成一种整体效应或者一种新型的结构。在系统这个层次，这种整体效应具有某种全新的性质，而这种性质可能是微观子系统层次不具备的（宋泽海，2006）。协同论的目的是建立一种用统一观点去处理复杂系统的概念和方法，协同论的主要内容有协同效应、序参量原理等。

（一）协同效应

协同效应是指由于协同作用而产生的结果，是指复杂开放系统中大量子系统及其要素相互作用而产生的子系统层次不具备的整体效应或集体效应。千差万别的自然系统或社会系统均存在着协同作用。协同作用是系统有序结构形成的内驱力，任何复杂系统当在外来能量的作用下或物质的聚集态达到某种临界值时，子系统之间就会产生协同作用。这种协同作用能使系统在临界点发生质变产生协同效应，使系统从无序变为有序，从混沌中产生某种稳定结构。协同效应说明了复杂系统自组织现象的特征。

（二）序参量原理

序参量原理用一句话来概括，即快变量服从慢变量，序参量支配子系统行为，它从系统内部稳定因素和不稳定因素间的相互作用方面描述了系统的自组织的过程。其实质在于规定了临界点上系统的简化原则——快速衰减组态被迫跟随缓慢增长的组态，即系统在接近不稳定点或临界点时，系统的动力学和突现结构通常由少数几个慢变量即序参量决定，而系统其他变量的行为则由这些序参量支配或规定。正如协同论的创始人哈肯所说，序参量以"雪崩"之势席卷整个系统，掌握全局，主宰系统演化的整个过程。

（三）自组织性

自组织是相对于他组织而言的，他组织是指组织指令和组织能力来自系统外部，而自组织则指系统在没有外部指令的条件下，其内部子系统之间能够按照某种规则自动形成一定的结构或功能，具有内在性和自生性特点。自组织原理解释了在一定的外部能量流、信息流和物质流输入的条件下，系统会通过大量子系统之间的协同作用而形成新的时间、空间或功能的有序结构（井然哲，2007）。

（四）不稳定原理

哈肯认为系统自组织取决于少数序参量，涨落在系统结构演化中发挥着必不可少的关键作用，涨落是系统演化的诱因，没有涨落，系统就无从认识新的有序结构，就没有非线性相关作用的关联放大和序参量的形成，也就不可能有系统的进化。不稳定原理揭示了一种模式的形成意味着原来的状态不能够再维持。协同论承认不稳定性具有积极的建设性作用，不稳定性充当了新旧结构交替的媒介（宋泽海，2006；然哲，2007）。

二、协同论视角下的两业联动融合

将协同论理论引入制造业与物流业联动发展中，所指的协同概念是指制造业与物流业相互协作，共享资源、信息和数据，使整个系统的客户价值最大化。作为协同商务环境下物流活动的有效模式，两业协同将会超越点对点模式，实现全面的信息及能力的共享。两业协同实现了制造企业物流资源的最优化，它将自身和物流服务提供商联系起来，共同把握市场需求，形成动态联盟和协同发展，能够很好地解释制造业与物流业的联动融合及协同发展。

首先，协同论是一种复杂自适应系统理论，制造业与物流业联动发展系统就是一个这样的系统，完全符合协同论对研究对象的要求。协同论研究的是开放系统，而与之相同的是，制造业与物流业联动发展系统也是一个开放系统。从制造业与物流业整个大系统来看，具备不稳定性，对制造业与物流业联动而言，起先的合作模式与合作框架会因为影响条件改变而变得不稳定，如市场竞争环境的加剧、消费者消费习惯的改变、国家产业政策的调整，使得孤立的旧结构不能达到其增长目标，导致旧结构失稳，进而促使制造企业转变自己的物流合作方式，重新确定新的、稳定的、符合市场发展的新型物流合作模式体系结构。协同论研究的是系统如何从原始均匀的无序态发展为有序结构，或从一种有序结构转变为另一种有序结构，因而是一种关于结构有序演化的理论。与此类似的是，制造业与物流业联动，结成物流战略联盟也是一种有序结构联盟中独自存在的各个成员同另一种有序结构合作之后的联动发展演化的过程。

其次，从制造业系统来看，具备自组织要求制造业系统首先是个开放的系统，它要不断和外界进行物资、信息的交流；从制造业系统外部环境看，物流企业要持续健康发展，必须解决货源的问题，这对制造业开放自己的系统，进行货源的外包提出了要求；从制造业系统内部环境来看，由于市场竞争的加剧，消费者市场需求的快速变化，制造企业为了快速响应市场降低自身物流成本，寻求专业化物流服务的意识不断加强。制造业系统与物流业系统有着相同的目标，按照协同论的观点，两者必须加强配合，联动发展，协同合作，共同促进整个制造业与物流业系统和谐、健康地向前发展。

最后，从制造业与物流业整个系统来看，两者在实现联动发展之前，旧的孤立结构由于经济上、社会上的外参量变化引起生存或盈利空间的逐步缩小，系统处于失衡状态，必须通过联动发展寻求新结构的建立，以便建立更稳定的系统。在新系统中，制造企业与物流企业协作的效用函数一致，即知识实现互补、信息实现共享、合作实现互助，从而提高各个成员的竞争实力。另外在制造企业与物流企业实现联动发展前后，对系统施加作用的序参量并不一样，序参量在合作的不同阶段表现出不同强度，推动联盟向不同方向演化，并决定了联盟的构建、发展、衰退。在联盟形成初期阶段，制造企业与物流企业对合作的共同利益的预期值为该阶段的序参量，且一直贯穿联盟始终；在联盟联动发展阶段，保证共同利益实现的联盟机制，如利益分配原则、关系资本协同加之此前的共同利益构成了支配制造业与物流业合作联盟的发展序参量（张快娟，2011）。

第三节 共生理论

一、共生理论的基本思想

共生理论最早出现在生物学领域，德国生物学家 Anton de Bary 在 1879 年将共生定义为在一定的共生环境中，生物个体之间存在的永久性物质联系。是生物间为应对客观环境而互通有无、取长补短，或由于不能独立生存而共同生活的一种现象（赵红，2004）。为各共生单元在互惠互利合作中得到优化、进化和发展，揭示了生命世界发展的动力源泉和演化机制。经济学视角下的共生是指各经济主体之间存续性的物质联系，主要表现为共生单元之间在一定共生环境中按某种共生模式形成的关系。产业视角下，产业共生主要具备两种层次内涵。一是差异性的产业共生，即不同类别的产业或同类别产业不同模块形成的共生系统中，在各主体具备相互联系的基础上形成融合、互动和协调的发展状态。二是同类别产业或具备类似业务模块的产业形成的共生系统中，在一些机制牵引下形成融合、互动和协调发展的情况。这样的共生系统的资源在产业横向和纵向、直接和间接配置方面有更高效率。总体而言，产业共生即各产业间通过直接或间接的物质联系而形成互利、互动、互补和协调的合作关系（胡晓鹏，2008）。

依据共生理论，从生态学视角来看，物流业和制造业之间的互动协调可以视为一种产业系统的共生关系。一般来说，共生系统主要包括共生单元、共生模式和共生环境三要素，要素间相互影响和作用，决定了产业共生系统的内部结构和共生关系。信息服务业和物流业为制造业的生产及销售等各个环节提供信息和物流服务，由此形成互惠互利、互动合作、互相依赖的关系，此即以信息服务业、物流业和制造业为纵向关系的共生单元，以在市场化交易中形成长期合作共赢状态的互惠共生行为模式，借助产品市场环境、相关产业政策环境、社会经济发展环境等外部共生环境，各产业共生单元相互作用，协调合作，实现物质、信息和能量交流而形成的紧密共生关系。一方面，信息服务业和物流业为制造业提供中间投入，能够降低制造业的总成本，并集中力量发展核心业务，提升制造业的综合竞争力。另一方面，制造业对信息服务业和物流业的中间需求促进了二者的发展。信息服务业、物流业和制造业通过形成紧密的互惠共生关系、互动合作而获益（黄芳，2018）。

中国学者袁纯清最早将共生理论扩展到经济学领域，指出共生关系在经济学上是一种合作关系的比喻，指经济体间为适应外界环境，达到互利互惠、协调发展的目的而进行合作的这一现象。袁纯清指出共生关系的三要素：共生环境，共生单元，共生模式。共生关系并不是单一的，具有其层次性。根据合作频率的不同划分为点共生、间歇共生、连续共生和一体化共生，根据利益分配的不同划分为寄生、偏利共生，非对称互惠共生和对称互惠共生。共生关系必然存在两个特点，其一，共生单元间存在一定的"渗透""交叉"，这种渗透与交叉可以是短暂的、间歇的或者是连续的，可以是互通有无，或者取长补短等。其二，单元间的互动产生了积极的、正向的效果，不同的只是这种正向效果的分配形式。根据不同的共生单元，可以将共生划分为企业层面的共生、产业层面的共生、区域的或国家的共生（袁纯清，1998）。胡晓鹏（2008）以产业层面为研究对象，将产业共生分为两种：第一种是在细化分工的前提下，同类产业中具有相似业务模块的不同价值模块或不同类产业间的融合、互动、协调（如物流业与制造业）；第二种是因为某种机制，同类产业或相似产业业务模块的融合、互动、协调。两者的不同在于第一种强调共生单元的在共生前的差异性，第二种则是强调共生单元的同质性是其形成共生的前提。产业共生有两大驱动因素，产业链的连续性是产业共生关系形成的内在驱动因素，产业链连接带来的价值增值是形成产业共生关系的外在驱动因素。

产业共生是共生单元间的融合、互动、协调活动，具有融合性、互动性和协调性三大基本特征。一是融合性。在对共生内涵的研究中，总结了共生的两大特点："渗透，交叉"与正向效果。其中"渗透，交叉"是共生关系形成的前提。推广到经济学中的产业共生，这种"渗透，交叉"表现为产业的融合。产业共生的融合性表现为产业间或行业间互相渗透并逐渐融为一体，形成新产业的产业形态。二是互动性。产业融合是产业共生的前提，产业间的互动表现为物质能量的交换，是共生行为的具体表现，是维持共生关系的物质基础。产业间的共生关系带来了正向效果，正向效果的分配影响着产业在互动行为中的主次地位。三是协调性。产业共生的协调性即产业间的均衡度，根据侧重点的不同可分为数量协调和质量协调。数量协调关注的是产业间的数值关系，而质量协调则关注协调在手段选择上是否推动了整个产业的技术进步或是生产效率的提高。此外，产业共生下的协调性还可以分成形态协调和功能协调，集群产业间物质能量的传递、资源的共享属于典型的形态协调。形态协调以一定的空间或具体形态为基础，具有不稳定性。以产业集群为例，当企业外迁时，可能出现三种情况：集群就此消亡；消亡后产生功能更为强大、稳定性更强的新产业集群；集群在空间上消失，而其建立起来的内在联系、经济功能保留在这个空间上。以上三种情况是个体间相互协调后的结果，第一种结果是产业间的抗生发展的结果，第二种是向高级形态的协调晋升的表现，第三种是形态协调向功能协调转变的表现（胡笑婷，2013）。

二、共生理论视角下的两业联动融合

两业共生关系的演化过程与两业共生体的发展过程具有某种统一性。从寄生到对称互惠共生、从点共生到连续共生以及一体化共生的演化过程，也是两业共生体的发展过程。这里试图结合两业共生体的发展过程，为两业共生关系演化过程刻画出一条清晰的脉络，从而能识别其演化规律。

（一）共生体形成期

在物流业发展的初期，物流企业为捕捉市场机遇，开始试探性寻找制造企业，确立初始共生关系。与制造业相比，物流业发展水平相对落后，物流企业服务能力较弱。因此，制造企业选择将物流活动部分外包，且在选择共生伙伴时比较谨慎，一般基于短期市场交易界面与物流企业形成共生。在共生关系上，较多地体现为偏利点共生、互惠点共生、偏利间歇共生、非对称互惠间歇共生模式。偏利共生模式是指物流企业为了争取制造企业的物流业务，而在利益上做出牺牲，即为能在将来持续获得订单，而在具体的某一单或少数业务中较少盈利甚至不盈利。这一时期，两业共生关系的形成基础纯粹是制造企业临时性的物流服务需求，是一种典型的供需型关系。上述共生模式的随机性强，使得共生关系稳定性差。并且，两类企业完全通过市场交易，几乎没有任何的资源共享，使得在资源的配置上体现出资源分离的特点。

（二）共生体成长期

制造业的发展，生产方式不断进化，给制造企业创造了大量机会，也带来了激烈的市场竞争，制造企业需要将资源和生产要素在更大范围内进行优化和配置，跨地区乃至跨国的生产组织和物资流动，使协调更加困难，管理问题更加复杂。为了保持竞争优势，制造企业将资源集中于核心环节，将内部的物流活动不断分离出来，最终完全分离，从而产生了极大的物流需求，刺激了专业化物流的兴起。伴随着物流企业数量的迅速增加，竞争促使物流企业在产业链分工中寻找各自的生存空间，专业化程度不断提高，服务水平不断提升，逐步具备了承接制造业多样性物流需求的能力。这一过程中，两业共生单元交易频率日益频繁，双方从共生中获得的共生能量不断增加，共生体逐步进入成长期。在共生关系上，主要表现为互惠间歇共生、非对称互惠连续共生。这一时期，两业共生关系的形成基于制造业多样性的物流服务需求，共生介质也逐步多样化，体现出从供需型向互补型关系转变的特点。相比形成期而言，成长期共生关系的稳定性得到提高。由于两业共生单元合作的紧密程度有所提高，存在一定程度的资源共享，因此在资源配置上由原来的资源分离向资源叠加过渡。

（三）共生体成熟期

随着两业的发展，集群化、联盟化及制造业物流功能区等新型共生形态不断出现。产业集群的发展为物流业提供了庞大的市场空间，促使现代物流快速发展，以适应集群需求。集群内成员企业在价值链环节不断分工，企业越做越专业，而除了最终产品的企业面向市场外，多数成员企业面对的是集群内的市场网络。两业共生单元更倾向于通过建立战略联盟等形式实现对称互惠连续共生与对称互惠一体化共生，合作双方通过人员、资金、设备、信息等多重共生介质的长期交互，形成了相对稳定的合约及信任等内生界面，消除了共生单元选择的随机性，减少了共生能量在传导过程中的损失。两业从共生中获得的共生能量大大增加，两业共生单元间的协作相对趋于稳定，共生体也逐渐步入成熟期。这一时期，两业共生关系形成的基础是物流服务供给与需求的双向拉动，两业共生单元经过长期的交易，逐步实现了对彼此的管理方式和价值的高度认同。两业共生单元通过多重的共生介质相互作用，成熟期共生关系体现为明显的互补型关系。与成长期相比，成熟期共生关系的稳定性进一步提高。两业共生单元互相深度介入对方的管理、组织、计划、运作和控制等过程，共同追求资源集约化经营和共生系统的整体优化，在资源的配置上也实现了资源的叠加效应。综上所述，从寄生到对称性互惠共生、从点共生到连续共生与一体化共生，是两业共生关系演化的轨迹。伴随着共生关系的演化，共生体从形成、成长到成熟，共生体内的共生单元间及共生体与共生环境之间不断相互作用，体现为资源从分离到叠加、共生关系类型从供需型到互补型、共生体从不稳定到稳定的演进，形成了合乎逻辑的演化过程并表现出内在的规律性（田刚，2013）。

第四节 交易费用理论

一、交易费用理论的基本思想

交易费用理论（Transaction Cost Theory）是用比较制度分析方法研究经济组织制度的理论，也称交易成本理论，是整个现代产权理论大厦的基石，它是英国经济学家罗纳德·哈里·科斯（R. H. Coase）1937 年在其重要论文《论企业的性质》中提出来的。它的基本思路是：围绕交易费用节约这一中心，把交易作为分析单位，找出区分不同交易的特征因素，然后分析什么样的交易应该用什么样的体制组织来协调。1969 年阿罗第一个使用"交易费用"这个专业术语，威廉姆森系统研究了交易费用理论，进行了丰富和完善。

（一）交易成本分类

由于交易成本泛指所有为促成交易发生而形成的成本，因此很难进行明确的界定与列举，不同的交易往往就涉及不同种类的交易成本。总体而言，简单的分类可将交易成本区分为以下几项（Williamson，1975）。1. 搜寻成本，商品信息与交易对象信息的搜集成本。2. 信息成本，取得交易对象信息以及和交易对象进行信息交换所需的成本。3. 议价成本，针对契约、价格、品质讨价还价的成本。4. 决策成本，进行相关决策与签订契约所需的内部成本。5. 监督成本，监督交易对象是否依照契约内容进行交易的成本，如追踪产品、监督、验货等。6. 违约成本，违约时所需付出的事后成本。

Dahlman（1979）将交易活动的内容加以类别化处理，认为交易成本包含：搜寻信息的成本、协商与决策成本、契约成本、监督成本、执行成本与转换成本，并说明了交易成本的形态及基本内涵。简言之，所谓交易成本就是指当交易行为发生时，所随同产生的信息搜寻、条件谈判与交易实施等的各项成本。

之后 Williamson（1985）进一步将交易成本加以整理区分为事前与事后两大类。事前的交易成本包括签约、谈判、保障契约等成本。事后的交易成本包括：契约不能适应所导致的成本，讨价还价的成本——指两方调整适应不良的谈判成本，建构及营运的成本，为解决双方的纠纷与争执而必须设置的相关成本，约束成本——为取信于对方所需之成本。

（二）交易成本产生的原因

交易成本发生是人性因素与交易环境因素交互影响下所产生的市场失灵现象造成交易困难所致（Williamson，1975）。具体而言，交易成本发生的原因有几点。一是有限理性（Bounded Rationality），指参与交易的人，因为身心、智能、情绪等限制，在追求效益极大化时所产生的限制约束。二是投机主义（Opportunism），指参与交易的各方，为寻求自我利益而采取欺诈手法，增加了彼此的不信任与怀疑，因而导致交易过程监督成本的增加而降低经济效率。三是资产专用性（Asset specificity），在不牺牲生产价值的条件下，资产可用于不同用途，由不同使用者利用，它与沉入成本概念有关。四是不确定性与复杂性（Uncertainty and Complexity），由于环境因素中充满不可预期性和各种变化，交易双方均将未来的不确定性及复杂性纳入契约中，使得交易过程增加不少制定契约时的议价成本，并使交易困难度上升。五是少数交易（Small Numbers），某些交易过程过于专属性（Proprietary），或因为异质性（Idiosyncratic）信息与资源无法流通，使得交易对象减少，造成市场被少数人把持，市场运作失灵。六是信息不对称（Information Asymmetric），因为环境的不确定性和自利行为产生的机会主义，交易双方往往握有不同程度的信息，市场的先占者（First Mover）拥有较多的有利信息而获益，并形成少数交易。七是气氛（Atmosphere），指交易双方若互不信任，且又处于对立立场，无法营造一个令人满意的交易关系，将使交易过程过于重视形式，徒增不必要的交易困难及成本。

二、交易费用理论视角下两业联动融合的机理

从交易费用的角度来考察，企业和市场是两种可以相互替代的资源配置机制，由于存在有限理性、机会主义、不确定性与交易频率等因素使得市场交易费用高昂，为节约交易费用，企业代替市场的新型交易形式应运而生。交易费用决定了企业的存在，企业采取不同的组织方式的最终目的也是节约交易费用。

从交易全过程来看，制造业与物流业有机融合、联动发展，可减少搜寻交易对象的费用，降低履行合同的风险，消除因交易频率较高带来的负面影

响。从交易主体行为来看，制造业与物流业联动发展，将促使伙伴之间的"组织学习"，从而提高双方对不确定性环境的认知能力，减少因交易主体的"有限理性"而产生的交易费用，并抑制双方的机会主义行为。因为一次性的背叛和欺诈在长期合作中会导致"针锋相对"的报复和惩罚，面临着逆向选择的高昂代价，所以交易双方机会主义行为带来的交易费用应控制在最低限度。从交易特性来看，资产专用性越高意味着将有越多的"沉没成本"。因此交易双方契约关系保持连续性具有特别重要的意义，制造业与物流业长期关系的建立以及对专用性资产的"共同占有"成为解决这一矛盾的有效选择。制造业与物流业联动发展实质上是两业由于能力上的互补而形成的一种持续的依赖关系，这就是威廉姆森所称的"双边依赖"（王晓艳，2009）。

对制造企业而言，如果与物流企业进行联动，那么其原来内部的物流业务会变成与第三方物流企业的市场交易，有市场交易就会产生交易费用。如果制造企业不与物流企业联动，选择自营物流，就会产生组织内部协调成本。当市场交易成本大于组织内部协调成本时，制造企业会倾向于自营物流；反之，则会选择外包物流业务。而现实情况是，制造企业内部的采购、生产、销售等环节涉及运输、仓储、包装、配送、装卸搬运、流通加工、信息处理等多个物流业务，内部协调成本远远大于市场交易费用，因此，从交易费用角度考虑，制造业与物流业联动发展是必然的趋势。从交易的全过程看，两业联动发展中物流企业与制造企业建立合作伙伴关系，减少交易频率，有助于减少搜索、谈判、签约等相关交易费用；从交易主体的行为看，两业联动促进物流企业与制造企业之间的合作，有利于提高对不确定性环境的认知，抑制交易双方间的机会主义，降低交易成本；从资产的专用性看，物流企业与制造企业建立合作伙伴关系，可以保证双方契约关系的连续性，避免一方提前终止交易，而导致专用资产投资方产生损失（杨勇，2012）。

第五节 产业关联理论

一、产业关联理论的核心思想

产业关联是指社会生产中不同产业或不同行业之间在生产、交换、分配环节上发生的技术经济联系（苏东水，2000；钟阳胜，1996；李琮，2000；等），产业关联理论又称产业联系理论。发展经济学家艾伯特·赫希曼（A. O. Hirschman，1958）在《经济发展战略》一书中提出产业关联理论，其在具体分析产业关联效应的度量时认为，应该用该产业产品的需求价格弹性和收入价格弹性来测量。两种弹性越大，表明关联效应越强；反之则越弱。产业关联理论侧重于研究产业之间的中间投入和中间产出之间的关系，常用著名经济学家里昂惕夫提出的投入产出法来解决。另外也可以用产业关联度来衡量关联效应，如果某一产业的关联度较大，则往往可以成为产业结构成长中的关键产业或主导产业，政府制定产业政策时往往以此作为重要依据。

（一）按产业间供给与需求联系分为前向关联和后向关联

赫希曼充分强调了产业关联在不同经济发展战略选择中的重要作用。他把产业关联划分为前向关联和后向关联。前向关联指的是某一产业的产品在其他产业中的利用而形成的产业关联，即某一产业的产品成为其他产业的投入物，也就是通过供给关系与其他产业部门发生的关联。后向关联指的是某一产业在其生产过程中需要从其他产业获得投入品所形成的依赖关系，也就是通过需求关系与其他产业部门发生的关联（Hirschman，1958）。钱纳里（H. Chenery）和渡边经彦（Watanabe）曾对美国、日本、挪威和意大利四国的 29 个产业部门进行了数据分析，并对各产业的前后向关联进行了研究。他们把所有产业分为四类，一是中间制造品产业，是前向、后向关联效果都比较大的产业；二是最终制造品产业，是前向关联效果小而后向关联效果大的产业；三是中间初级产品产业，是前向关联效果大而后向关联效果小的产业；四是最终初级产品产业，是前向、后向关联效果都比较小的产业。

（二）按产业间技术工艺的方向和特点分为单向关联和多向循环关联

单向关联是指先行产业部门为后续产业部门提供产品和服务，以供其生产时直接消耗，但后续产业部门的产品不再返回先行产业部门的生产过程，这种产业间的联系就是单向关联。其特点是产品在各产业间不断深加工，最后脱离生产领域进入消费，因而投入产出的联系方向是单一的。例如，"棉花种植业→纺织工业→服装工业"就属于这种联系方式。多向循环关联是先行产业部门为后续产业部门提供产品和服务，作为后续产业部门的生产性直接消耗，同时后续部门产品和服务又返回先行产业部门，其特点是各有关产业间的投入产出是互相依赖、互相服务的，从而形成一种多向循环关联。例如，"电力工业→钢铁工业→机械工业"就属于这种联系方式，电力工业为钢铁工业提供电力，钢铁工业又为电力工业提供钢材；钢铁工业和机械工业也是互相提供产品和服务的。

（三）按产业间的依赖程度分为直接关联和间接关联

直接关联是指在现实社会再生产过程中，两个产业部门之间存在着直接提供产品、技术的联系。间接关联是指在社会再生产过程中，两个产业部门之间不发生直接的生产技术联系，但通过另外一些产业部门的作用而发生联系。如汽车工业与采油设备制造业之间并无直接联系，但它们之间存在着间接联系，表现为汽车需要汽油做燃料，而汽油开发与石油开采有关，石油开采又与石油采油设备制造有关，这样汽车工业的发展就与采油设备制造业的发展存在间接关联。

二、产业关联理论视角下两业联动融合机理

依据产业关联理论，各产业部门间的彼此关联主要是通过中间投入和产出体现。对于制造业部门而言，其复杂的生产活动决定了与其相关联的产业复杂多样。作为重要的生产性服务部门，物流业是在专业化分工过程中从制造业剥离出来的，而信息服务业本身具备高渗透性的特征，物流业和信息服务业必然作为中间投入参与制造业的各项活动中。在制造业的产品研发设计、原料采购、产品生产和加工、仓储、运输、产品销售等全程各个环节中，物流业和信息服务业提供的产品和服务作为中间投入必不可少。制造业通过物流服务外包对物流业产生需求，通过信息化和转型升级驱动对信息服务业产生需求，而物流业和信息服务业显然作为中间产品和服务的供给方，主要为制造业提供中间投入，这样的供给推动和需求拉动相互作用，使得信息服务业、物流业和制造业间联系紧密。尤其在社会分工不断深化，各产业的专业化分工越来越重要的背景下，物流业和信息服务业与制造业的关联关系，即投入产出关系越来越凸显（黄芳，2018）。

第六节 核心能力理论

一、核心能力理论的基本思想

核心能力理论代表了战略管理理论在 20 世纪 90 年代的最新进展，它是由美国学者普拉哈拉德和英国学者哈默（C. K. Prahalad & G. Hamel）于 1990 年首次提出的，他们在《哈佛商业评论》所发表的《公司的核心能力》（The Core Competence of the Corporation）一文已成为最经典的文章之一。该文认为核心能力是企业竞争力中最为基本的、独特的、很难被其他企业模仿的、能够让企业保持长期稳定竞争优势的竞争力。此后，核心能力理论成为管理理论界的前沿问题之一而被广为关注。尽管对于核心能力的界定有各种不同的说法，但它们无一例外都认为核心能力是企业获取竞争优势的源泉，是在企业资源积累的发展过程中建立起来的企业特有的能力，是企业的最重要的战略资产。

（一）核心能力的价值性

核心能力必须特别有助于实现用户看重的价值。那些能够使公司为用户提供根本性利益的技能，才能称得上核心能力。区分核心能力和非核心能力的标准之一就是它带给用户的价值是核心的还是非核心的。正是基于这种区别，我们可以把本田公司在发动机方面的技能称为核心能力，而把其处理同经销商关系的能力看作次要能力。核心能力必须对用户所看重的价值起重要作用，但这并非意味着用户能够看到或很容易就理解到这种核心能力。用户所看到的是享有的好处，如显著的可靠性（汽车、摄像与录像机），形象的清晰度（摄像与录像机），使用的方便性（计算机）等，而不是提供这些好处的技术细节。

（二）核心能力的延展性

核心能力是通向未来市场的大门。有的能力在某一业务部门中可能算得上核心能力，经得起用户价值和特殊竞争力的考验，但是，如果无法从该项能力中衍生出一系列新产品或服务，那么从公司的角度来看，该能力就够不上核心能力。例如，本田公司的发动机上的独特能力，使它能进入各种不同的产品市场。

（三）核心能力的独特性

可合格地定为"核心"的能力，必须具有竞争上的"独一无二"性，同竞争对手的产品或服务相比，必须具有"独特的"风格和效用，而不是在产业范围内普遍存在的。它必须是公司层次的、持续优越于其他竞争对手的能力。例如，本田汽车公司的汽车发动机，明显地优越于其他汽车公司的同类产品，其独特性的形成经过了几十年的积累和努力，不是在短短的 1~2 年或几年中形成的。在某些情况下，企业人员发现某种能力极其重要，在行业中尚未引起重视和发展，则可以把它定为"潜在"的核心能力，予以规划和开发。

（四）难以模仿和替代性

核心能力不是一种单一的能力，而是多种能力和技巧的综合。从知识角度来看，它不是单一学科知识的积累，而是多学科知识在长期交叉作用中所累积而成的。正是这一特性决定了核心能力是一种综合性的能力，企业的核心能力是积累起来的，是许多不同单位和个人相互作用产生的，具有特殊性和不可交易性，因而竞争对手很难模仿。这也就是说核心能力是企业特定发展过程的产物，具有路径依赖性和不可还原性，其原因模糊，其他企业很难模仿。

二、核心能力理论视角下两业联动融合

对制造企业而言，其核心能力是在生产与研发领域而非物流领域，因此，通过外包物流业务，制造企业可以将更多精力投入核心业务，从而获得持续的竞争力和利润的最大化。对物流企业而言，其核心能力是在物流设施设备、物流资产、物流人才方面的优势，以及在物流领域的专业服务能力。因此，为了提升核心能力、强化主营业务以应对激烈的市场竞争，对于物流这一非核心业务，制造企业应将其外包给实力较强的第三方物流企业，与之建立长期的战略合作伙伴关系，使物流公司的核心能力得到充分发挥。也就是说，从核心能力角度考虑，两业联动对制造业而言，可以使其释放在非核心物流业务上的人力、物力、财力，从而专注于核心业务。对物流业而言，制造业释放的非核心物流业务，使物流业的市场"蛋糕"变大，在竞争机制的作用下，物流业的核心能力——物流服务能力，将得到充分提高。这样就实现了两业核心能力都得到提高的"双赢"局面（杨勇，2015）。

第三章

物流业发展现状分析及综合评价

第一节　引言

物流业涵盖运输产业、仓储产业、流通加工产业、包装产业和信息产业，产业涉及面广，影响力度大，是国民经济的战略性产业，也是现代科技的重要应用领域。随着区域产业结构的优化和增长方式的转型，区域物流很大程度上已经成为衡量一个地区综合竞争力的重要标志，是地区财政收入的主要来源，也是拉动区域就业的主要领域，在区域增长中起到了基础性支撑作用。

国外在相关领域的研究起步较早但研究着眼点与国内有着较大的差别，如 Tage Skjott–Larsen 等（2003）以区域物流设施为具体案例，以创新理论、资源和竞争力理论、供应链管理理论为分析框架，建立多层 OECD 模型，分析区域物流设施的建设对区域经济的影响；DeMarco（2007）以意大利西北部区域为研究对象，构建系统动力学模型，辅助进行交通基础设施投资决策；Ruth（2008）以东南亚 10 个国家组成的东南亚协会（ASEAN）为对象，提出物流发展政策制定原则及 6 个主要政策领域，以说明方法论在物流政策制定中的应用；Tina Wagner（2010）以德国汉堡为研究案例，分析了不同的物流用地开发方案对区域交通产生的影响；Christopher Lindsey 等（2014）建立计量经济模型，通过 20 个大城市 1997—2007 年间的数据，研究区域物流枢纽与货运活动和产业空间需求之间的关系；Sami Bensassi 等（2015）以西班牙为研究对象，通过建立数学模型对该国多个地区的数据进行了实证研究，分析了区域物流基础设施和贸易的关系，评估了物流设施的改进对区域出口的影响。

随着我国物流业的发展，物流发展评价问题日益受到研究者的关注，产生了大量研究成果。如冯君霞、隽志才和毛薇（2003）应用多级模糊评价方法进行区域物流系统规划；汪波、杨天剑和赵艳彬（2005）综合分析了区域物流发展的关键成功因素，采用 AHP 层次分析法制定评价指标，并采用模糊判断方法对天津地区的区域物流发展水平进行了评价；王振锋等（2006）利用非线性主成分分析法对河南各地区的物流发展状况进行分析，将得到的综合主成分指标代替原来较多的评价指标建立模型，对河南各个地区的物流发展综合实力进行评价；王圣云、沈玉芳（2007）对我国 1997 年和 2004 年省级区域物流竞争力进行定量评价，分析了我国区域物流竞争态势，划分出我国区域物流竞争力的动态类型，并对我国区域物流竞争力特征进行研究。朱帮助、李军（2008）采用主成分分析法构建区域物流发展水平综合评价模型，以广东江门市及其周边地区的物流发展水平为例，对区域物流发展水平进行综合评价。

《物流业调整和振兴规划》等国家层面系列文件的颁布实施极大地推动了物流业的发展，物流业评价方面的研究也更加丰富，研究方法和研究视角也不断多元化。如理勇、王韵和徐广印（2009）采用层次分析法建立区域物流规划评价指标体系，以郑州地区的区域物流规划为例进行了多层次模糊综合评价；刘建文（2009）立足于非均衡发展理论，对区域物流规划的适用性和原理释义进行分析，构建了涵盖设计原则、基本框架、评价内容及评价指标的区域物流规划评价体系；欧阳小迅、黄福华（2010）通过对区域物流竞争力解释性因素的评判，建立了一套三级区域物流竞争力评价指标体系，运用基于方差加权与熵值法相结合的非线性评价模型对区域中各地区的物流竞争力指数进行了计量；周泰、王亚玲（2010）建立了区域物流发展水平的模糊物元评价模型，并采用熵值法来计算指标权重系数；金凤花、李全喜、孙磐石（2010）基于场论进行区域物流发展水平评价，运用 SPSS 软件进行聚类分析；崔国辉、李显生（2010）运用层次分析法、因子分析法等方法构建了区域物流与区域经济发展综合实力评价指标体系，以吉林省物流与经济协调发展为例进行了实证研究；高秀丽、王爱虎（2010）运用主成分分析法和熵值法相结合的方法进行客观赋权合成，对广东省 21 个地区进行了实证研究；崔晓迪（2010）利用 DEA 中的 C2R 和 C2GS2 模型，以及复合系统协调性评价等方法，对区域物流供需耦合系统的协同发展进行了评价；李虹（2012）将物流理论、产业经济学、区域经济理论以及数理分析方法进行了综合运用，利用主成分分析法对辽宁区域物流竞争力在全国范围内进行了综合评价；贺玉德、马祖军（2015）构建 CRITIC 值为权重系数的 DEA 协同发展模型，对四川省区域物流和区域经济发展进行了实证分析；李潘、彭会萍（2018）选取"丝绸之路经济带"中国段沿线 9 个省市区的面板数据，构建了区域物流产业竞争力评价指标体系，采用熵权灰色关联分析方法研究了区域物流竞争力的关联关系，对物流竞争力进行了综合分析评价。这些研究表明国内在相关领域的研究逐渐成熟，且研究手段不断丰富。

第二节　物流业发展环境分析

一、市场环境

随着国际产业转移步伐不断加快和服务贸易快速发展，国际竞争日趋激烈。全球采购、全球生产和全球销售的物流发展模式正在日益形成，迫切要求我国形成一批深入参与国际分工、具有国际竞争力的跨国物流企业，畅通与主要贸易伙伴、周边国家便捷高效的国际物流大通道，形成具有全球影响力的国际物流中心，以应对日益激烈的全球物流企业竞争。

物流企业资产重组和资源整合步伐进一步加快，服务能力显著提升。形成了一批所有制多元化、服务网络化和管理现代化的物流企业。传统运输业、仓储业加速向现代物流业转型，制造业物流、商贸物流、电子商务物流和国际物流等领域专业化、社会化服务能力显著增强，服务水平不断提升，现代物流服务体系初步建立。

物流需求快速增长，农业方面，农业现代化对大宗农产品物流和鲜活农产品冷链物流的需求不断增长。工业方面，新型工业化要求加快建立规模化、现代化的制造业物流服务体系。消费方面，居民消费升级以及新型城镇化步伐加快，迫切需要建立更加完善、便捷、高效、安全的消费品物流配送体系。此外，电子商务、网络消费等新兴业态快速发展，快递物流等需求也将继续快速增长。

二、政策环境

物流业发展的政策法规环境不断改善和优化，2017 年，国务院办公厅以及各部委陆续印发《国务院办公厅关于加快发展冷链物流保障食品安全促进消费升级的意见》《国务院办公厅关于进一步推进物流降本增效促进实体经济发展的意见》《国务院办公厅关于积极推进供应链创新与应用的指导意见》等文件，并制定出台了促进物流业健康发展的政策措施（见表 3 - 1），有关部门和地方政府出台了一系列专项规划和配套措施，社会物流统计制度日趋完善，标准化工作有序推进，人才培养工作进一步加强，物流科技、学术理论研究及产学研合作不断深入。

表 3 - 1　2017 年出台的物流政策

发文时间	发文单位	文件名称	文号
2017 年 4 月 13 日	国务院办公厅	关于加快发展冷链物流保障食品安全促进消费升级的意见	国办发〔2017〕29 号
2017 年 8 月 7 日	国务院办公厅	关于进一步推进物流降本增效促进实体经济发展的意见	国办发〔2017〕73 号
2017 年 10 月 5 日	国务院办公厅	关于积极推进供应链创新与应用的指导意见	国办发〔2017〕84 号
2017 年 1 月 19 日	商务部、国家发展改革委、国土资源部、交通运输部、国家邮政局	关于印发《商贸物流发展"十三五"规划》的通知	商流通发〔2017〕29 号
2017 年 3 月 2 日	质检总局、国家发展改革委、交通运输部、商务部、工商总局、保监会、铁路局、民航局、邮政局、中华全国供销合作总社、中国铁路总公司	关于推动物流服务质量提升工作的指导意见	国质检质联〔2017〕111 号

发文时间	发文单位	文件名称	文号
2017 年 3 月 3 日	国家发展改革委、国家粮食局	关于印发《粮食物流业"十三五"发展规划》的通知	发改经贸〔2017〕432 号
2017 年 6 月 16 日	国家发展改革委、工业和信息化部、财政部、人民银行	关于做好 2017 年降成本重点工作的通知	发改运行〔2017〕1139 号
2017 年 8 月 11 日	商务部办公厅、财政部办公厅	关于开展供应链体系建设工作的通知（节选）	商办流通发〔2017〕337 号
2017 年 8 月 22 日	交通运输部	关于加快发展冷链物流保障食品安全促进消费升级的实施意见	交运发〔2017〕127 号
2017 年 8 月 24 日	国家发展改革委、人民银行、交通运输部、中央编办、中央文明办、公安部、财政部、人力资源社会保障部、国土资源部、国资委、海关总署、税务总局、工商总局、质检总局、银监会、证监会、保监会、国家铁路局、中国民航局、国家邮政局	印发《关于对运输物流行业严重违法失信市场主体及其有关人员实施联合惩戒的合作备忘录》的通知	发改运行〔2017〕1553 号
2017 年 9 月 19 日	交通运输部、国家发展改革委、教育部、工业和信息化部、公安部、财政部、人力资源和社会保障部、税务总局、质检总局、中国保监会、国家信访局、中央维稳办、中央网信办、全国总工会	关于印发《促进道路货运行业健康稳定发展行动计划（2017—2020 年)》的通知	交运发〔2017〕141 号
2017 年 12 月 29 日	商务部、国家发展改革委、工业和信息化部、财政部、交通运输部、统计局、邮政局、国家认监委、国家标准委、中国铁路总公司	关于推广标准托盘发展单元化物流的意见	商流通函〔2017〕968 号

发文时间	发文单位	文件名称	文号
2017 年 11 月 21 日	交通运输部办公厅	关于进一步做好无车承运人试点工作的通知	交办运函〔2017〕1688 号
2017 年 11 月 24 日	交通运输部、公安部	关于治理车辆超限超载联合执法常态化制度化工作的实施意见（试行）	交公路发〔2017〕173 号
2017 年 12 月 19 日	商务部、公安部、交通运输部、国家邮政局、供销合作总社	关于印发《城乡高效配送专项行动计划（2017—2020 年）》的通知	商流通函〔2017〕917 号
2017 年 12 月 26 日	交通运输部办公厅、公安部办公厅、商务部办公厅	关于组织开展城市绿色货运配送示范工程的通知	交办运〔2017〕191 号

三、技术环境

技术装备条件明显改善。信息技术广泛应用，大多数物流企业建立了管理信息系统，物流信息平台建设快速推进。物联网、云计算等现代信息技术开始应用，装卸搬运、分拣包装、加工配送等专用物流装备和智能标签、跟踪追溯、路径优化等技术迅速推广。

新技术、新管理不断出现。信息技术和供应链管理不断发展并在物流业得到广泛运用，为广大生产流通企业提供了越来越低的成本，高效率、多样化、精益化的物流服务，推动制造业专注核心业务和商贸业，优化内部分工，以新技术、新管理为核心的现代物流体系日益形成。根据中国电子学会发布的《2017 中国机器人产业发展报告》，2017 年我国各类物流机器人销售量在1.2 万台以上。从物流技术装备演进历程的四个阶段（机械化时期、自动化时期、高柔性自动化时期和智慧物流发展时期）来看，现阶段我国物流技术装备市场需求差异大，需求层次多，各种物流技术装备长期并存，资本整合加剧、企业联合共生等新变化与新趋势是行业转型升级的新动能。智能装备创新、企业跨界发展、物流标准化推进，总体上物流技术装备业处在自动化为主流、智慧化为趋势的发展阶段。

四、资源环境

资源环境约束日益加强。随着社会物流规模的快速扩大、能源消耗和环境污染形势的加重、城市交通压力的加大，传统的物流运作模式已难以为继。按照建设生态文明的要求，必须加快运用先进运营管理理念，不断提高信息化、标准化和自动化水平，促进一体化运作和网络化经营，大力发展绿色物流，推动节能减排，切实降低能耗、减少排放、缓解交通压力。

第三节 物流业运行发展分析

"十一五"特别是国务院印发《物流业调整和振兴规划》以来，我国物流业保持较快增长，服务能力显著提升，基础设施条件和政策环境明显改善，现代产业体系初步形成，物流业已成为国民经济的重要组成部分。

一、物流业发展规模

物流业吸纳就业人数快速增加，就业人员从 2005 年的 1780 万人增长到 2013 年的 2890 万人，年均增长 6.2%。全国社会物流总额 2013 年达到 197.8 万亿元，比 2005 年增长 3.1 倍，按可比价格计算，年均增长 11.5%。以 2017 年为例，全国物流业总收入为 8.8 万亿元，比上年增长 11.5%，增速比上年同期提高 6.9 个百分点；全国社会物流总额为 252.8 万亿元，按可比价格计算，同比增长 6.7%，增速比上年同期提高 0.6 个百分点。社会物流总费用为 12.1 万亿元，同比增长 9.2%，增速低于社会物流总额以及GDP 现价增长。物流业 2017 年发展状况见表 3 - 2。

表 3 – 2　物流业 2017 年度发展情况

	单位	本期	同比增长（%）
一、社会物流总费用	亿元	120766	9.2
运输费用	亿元	66080	10.9
保管费用	亿元	39111	6.7
管理费用	亿元	15576	8.3
二、社会物流总额	亿元	2527537	6.7
其中：农产品物流总额	亿元	37123	3.9
工业品物流总额	亿元	2345204	6.6
进口货物物流总额	亿元	124723	8.7
再生资源物流总额	亿元	10720	– 1.9
单位与居民物品物流总额	亿元	9767	29.9
三、物流业总收入	亿元	88396	11.5

数据来源：《中国物流年鉴（2018）》。

二、物流业供给质量

在物流业供给侧结构性改革的推动下，物流业供给能力进一步提升，物流业供给效率和供给质量不断提高。从纵向来看，社会物流总费用占 GDP 的比重呈现下降趋势（如图 3 – 1 所示），国务院连续出台推进物流业降本增效的文件，物流领域"降成本"取得持续成效，到 2017 年每万元 GDP 所消耗的社会物流总费用为 1460 元，比上年下降 0.3%。

三、物流业需求结构

物流需求结构性改革取得重要进展，消费与民生领域物流需求成为物流需求增长的重要驱动力。从结构看，消费与民生领域对物流需求的贡献率持续提高。2017 年全年单位与居民物品物流总额可比增长 29.9%，高于社会物流总额可比增长 23.2%；物流需求新旧动能的转换加快。从不同产业来看，新兴产业继续保持强劲增长趋势，传统产业转型升级。从结构看，2017 年 1—12 月高新技术产业 PMI 指数均值水平达 53% 以上，消费品行业和装备制造业均值接近 53%，较上年同期均有提升；同时，基础原材料等高耗能行业均值仍在 50% 以下，物流需求低于工业平均水平。

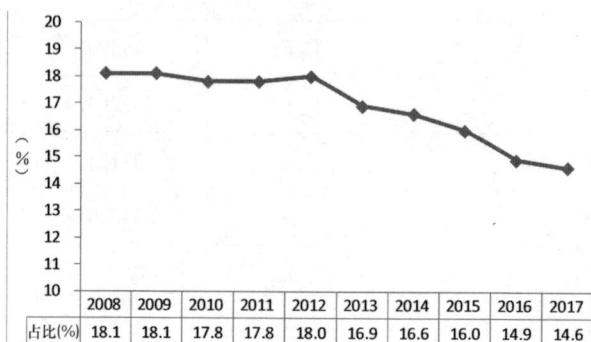

	2008	2009	2010	2011	2012	2013	2014	2015	2016	2017
占比(%)	18.1	18.1	17.8	17.8	18.0	16.9	16.6	16.0	14.9	14.6

图 3-1　历年社会物流费用占 GDP 比率

四、物流业基础设施

基础设施网络日趋完善。截至 2013 年年底，全国铁路营业里程 10.3 万公里，其中高速铁路 1.1 万公里；全国公路总里程达到 435.6 万公里，其中高速公路 10.45 万公里；内河航道通航里程 12.59 万公里，其中三级及以上高等级航道 1.02 万公里；全国港口拥有万吨级及以上泊位 2001 个，其中沿海港口 1607 个、内河港口 394 个；全国民用运输机场 193 个。2012 年全国营业性库房面积约 13 亿平方米，各种类型的物流园区 754 个。

五、物流业转型升级

总体上看，我国物流业已步入转型升级的新阶段，具体表现为以下几个方面。一是物流企业业务需求旺盛，运营效率稳中提升，物流业整体呈现活跃态势，物流业景气状况处于近年来较高水平。2017 年中国物流景气指数平均为 55.3%，比 2016 年均值高出 0.1%，12 月为 56.6%，指数有所回落但仍处于 55% 以上的高景气区间，物流业景气状况良好，企业经营状况改善。二是物流专业化提升，市场规模持续扩大。2017 年我国物流专业化水平持续提升，从细分市场来看，与产业升级相关的物流细分行业增势良好，其中快递服务企业业务收入比上年增长 24.7%，冷链物流市场规模预计仍将超过 20%。物流市场规模加速扩张，2017 年全年物流业总收入为 8.8 万亿元，比上年增长 11.5%，增速提高 6.9%。三是我国运输市场运力供给过剩情况有所改善，大宗商品需求不断上升，市场运行态势良好，运输价格显著回升，运输市场运输能力供需失衡得到缓解。

六、物流业信息化标准化建设

信息化和标准化建设水平不断提升。网络信息技术革命带动新技术、新业态不断涌现，伴随全面深化改革，工业化、信息化、新型城镇化和农业现代化进程持续推进，产业结构调整和居民消费升级步伐不断加快，我国物流业信息化发展空间越来越广阔。物流信息化建设向深度拓展，以互联网、云计算、大数据为代表的物流信息化技术成为智慧物流的发展方向。物流标准化水平继续提高，2017 年新发布物流国家标准 32 项，物流行业标准 31 项，其中国家发展和改革委员会发布 5 项、交通运输部发布 6 项、商务部发布 8 项。内容涉及冷链物流、电子商务、粮食物流、生鲜农产品、医药物流、快递、非危液态化工产品、废蓄电池回收等专业类物流标准以及道路运输车辆、内陆流通用集装箱、托盘循环共用、港口安全防护、多式联运、物流园区等通用类物流标准，其中部分已发布的标准如表 3 - 3 所示。

表 3 - 3　2017 年发布的物流国家标准目录

序号	标准号	标准名称	实施日期
1	GB/T 34316—2017	港口安全防范系统技术要求	2018 - 4 - 1
2	GB/T 16563—2017	系列 1 集装箱技术要求和试验方法 液体、气体及加压干散货罐式集装箱	2018 - 4 - 1
3	GB/T 21334—2017	物流园区分类与规划基本要求	2018 - 4 - 1
4	GB/T 4857. 15—2017	包装 运输包装件基本试验 第 15 部分：可控水平冲击试验方法	2018 - 5 - 1

序号	标准号	标准名称	实施日期
5	GB/T 6420—2017	货运挂车系列型谱	2018 – 5 – 1
6	GB/T 10478—2017	液化气体铁路罐车	2018 – 5 – 1
7	GB/T 248818.4—2017	起重机 通道及安全防护设施 第4部分：臂架起重机	2018 – 5 – 1
8	GB/T 34343—2017	农产品物流包装容器通用技术要求	2018 – 5 – 1
9	GB/T 34344—2017	农产品物流包装材料通用技术要求	2018 – 5 – 1
10	GB/T 34393—2017	汽车整车出口物流标识规范	2018 – 5 – 1

七、物流业面临的突出问题

物流业发展总体水平还不高，发展方式比较粗放。一是物流成本高、效率低。2012年全社会物流总费用与国内生产总值的比率高达18%，高于发达国家水平1倍左右，也显著高于巴西、印度等发展中国家的水平。二是条块分割严重，阻碍物流业发展的体制机制障碍仍未打破。企业自营物流比重高，物流企业规模小，先进技术难以推广，物流标准难以统一，迂回运输、资源浪费的问题突出。三是基础设施相对滞后，不能满足现代物流发展的要求。现代化仓储、多式联运转运等设施仍显不足，布局合理、功能完善的物流园区体系尚未建立，高效、顺畅、便捷的综合交通运输网络尚不健全，物流基础设施之间不衔接、不配套问题比较突出。四是政策法规体系还不够完善，市场秩序不够规范。已经出台的一些政策措施有待进一步落实，一些地方针对物流企业的乱收费、乱罚款问题突出。信用体系建设滞后，物流业从业人员整体素质有待进一步提升。

第四节　基于信息熵理论的综合评价方法

熵原本是一热力学概念，它最先由申农（Claude Elwood Shannon）引入信息论，现已在工程技术、社会经济等领域得到十分广泛的应用。根据信息论基本原理，信息是系统有序程度的一个度量，而熵是系统无序程度的一个度量；二者绝对值相等，但符号相反。一个系统有序程度越高，熵就越小，所含的信息量就越大；反之无序程度越高，熵就越大，信息量就越小。基于这一基本理论，构建如下信息熵评价模型。

一、评价矩阵构建及标准化处理

对经过筛选后的评价指标体系，假设有 m 个年份 n 个评价指标形成的原始数据矩阵 X，矩阵中的元素 x_{ij} 表示第 i（$i = 1，2，\cdots，m$）个年份第 j（$j = 1，2，\cdots，n$）项指标的原始数据值。

$$X = \begin{bmatrix} x_{11} & x_{12} & \cdots & X_{1n} \\ x_{21} & x_{22} & \cdots & X_{2n} \\ \cdots & \cdots & & \cdots \\ x_{m1} & x_{m2} & \cdots & X_{mn} \end{bmatrix} \quad (1)$$

评价矩阵 X 中的原始数据需要通过标准化消除不同量纲和数量级的影响，才能进行熵权评价的计算。此处标准化应重点考虑熵权评价的需要，选择适当的方法。一般而言对 X 标准化有几种方法可以选择，用 z-scor 标准化可以消除不同量纲和数量级的影响，但其标准化后的数据分布在 -1 和 1 之间，而熵权计算中出现对数计算，因此不适合使用。均值化虽然有各种优势，但均值化不能保证全部数据大于等于 0，因此也不适合使用。此处宜采用极差标准化方法。

对于正向指标（越大越优型指标），采用 $r_{ij} = [x_{ij} - \min (x_{ij})] / [\max (x_{ij}) - \min (x_{ij})]$；

对于反向指标（越小越优型指标），采用 $r_{ij} = [\max (x_{ij}) - x_{ij}] / [\max (x_{ij}) - \min (x_{ij})]$。

形成标准化矩阵 $R = (r_{ij})_m \times n$，可见 $0 \leqslant r_{ij} \leqslant 1$。

二、定义熵权及熵值

首先需要计算第 j 项指标下第 i 个年份的特征比重。对于某一个指标，评价值的差异越大，表明该指标的作用越大，该项指标提供的信息量也就越大。根据熵的概念，信息的增加意味着熵的减少，熵可以用来度量这种信息量的

大小。记第 j 项指标下第 i 个年份的特征比重为 p_{ij}，则

$$p_{ij} = r_{ij} \Big/ \sum_{i=1}^{m} r_{ij} \tag{2}$$

其次要计算第 j 项指标的熵值，第 j 个评价指标的熵可以定义为：

$$E_j = -k \sum_{i=1}^{m} p_{ij} \ln p_{ij} \quad j = 1,2,3,\cdots,n \tag{3}$$

其中 $k = 1/\ln m$，并定义当 $p_{ij} = 0$ 时，$p_{ij} \ln p_{ij} = 0$。

然后定义熵权，第 j 个指标的熵权定义为：

$$\omega_j = (1 - E_j)\Big/\Big(n - \sum_{j=1}^{n} E_j\Big), 其中 0 \leqslant \omega_j \leqslant 1, \sum_{j=1}^{n} \omega_j = 1 \tag{4}$$

在 Matlab 语言环境下，定义 $H = -\sum p \ln p$ 为条件熵，则 $E = H/\log(m)$，此处的 $\log(m)$ 为 Matlab 语言代码，表示 $\ln(m)$，称 $G = 1 - E$ 为差异系数，则熵权可以表示为 $W = G/sum(G)$，$A = (R * W')$ 为综合评价的计算值。

从信息熵角度看，这代表某一评价指标在该问题中提供有用信息量的多寡程度，当某一指标变异大、熵值较小、熵权较大时，说明该指标有明显差异，应重点考察，即该指标向决策者提供了有价值的信息。通过对各指标熵值的计算，可以衡量各指标信息量大小，从而确保所建立的指标反映绝大部分的原始信息。信息熵评价方法是一种客观赋权法，其主要特点是利用各指标的熵值所提供信息量的大小来决定指标权重，有助于避免各评价指标权重的人为因素干扰，使评价结果更加趋于客观。

三、运用模型进行综合评价

利用加权和法可以评估每一时间点的物流业发展水平，评价值为 $A_i = \sum_{j=1}^{n} \omega_j r_{ij}$。评价值越大则表明物流业发展的综合水平越高，反之亦然。

从信息角度考虑，它代表该指标在该问题中，提供有用信息量的多少，熵值以及熵权计算结果的大小和评价者掌握的信息量有直接关系，评价者关于评价对象掌握的信息量越大，评价的可靠性和确定性越大，反之，评价者掌握的信息量越少，评价的不确定性越高，风险随之增加。当各被评价对象指标上的值完全一样时，熵值达到最大值，熵权为 0，这也意味着该指标未向决策者提供任何有用信息，可以考虑取消。

当各被评价对象评价值相差较大时，熵值较小，熵权较大，说明该指标

向决策者提供了有用的信息，同时还告诉我们在该问题中，各对象在该指标熵上有明显的差异，应重点考虑。指标的熵越小，熵权越大，该指标越重要，它并不是决策或评价问题中某指标实际意义上的重要性权数，而是在给定评价对象集后各种评价指标值确定的情况下，各个指标在竞争意义上的激烈程度系数。

第五节　物流业发展评价指标体系

一、指标体系构建原则

为了构建一套科学的综合评价指标体系，在指标体系的设计与构建过程中应该遵循一些原则。Peter F. Drucker 提出在组织目标或指标的设定过程中可遵守 SMART 原则，即确定性（Specific）、可衡量性（Measurable）、可实现性（Attainable）、现实性（Realistic）与时效性（Time - bound）五个原则。有的学者主张评价指标宜少不宜多、宜简不宜繁，具有独立性、代表性与可行性，认为评价指标体系的建立一般需要遵守系统性、科学性、可比性、可测取胜（或可观测性）与（尽可能地）相互独立性等原则。彭张林等（2017）认为综合评价问题在评价指标体系的设计与构建过程中，一般应重点遵循目的性、完备性、可操作性、独立性、显著性与动态性六个原则。

（一）目的性原则（Objective）

指标是目标的具体化描述。因此，评价指标要能真实地体现和反映综合评价的目的，能准确地刻画和描述对象系统的特征，要涵盖实现评价目的所需的基本内容。同时，评价指标也要为评价对象和评价主体实现评价目的或提高评价目标提供努力和改进的方向，即评价指标在体现评价目的的基础上也应具有一定的导向性。

（二）完备性原则（Complete）

评价指标是对对象系统某一特征的描述和刻画，评价指标集则应该能较全面地反映被评价对象系统的整体性能和特征，能从多个维度和层面综合地衡量对象系统的属性。当然，这种完备性，并不是要求评价指标体系能 100%

完整地表达出对象系统的全部特征（事实上，也很难做到这一点），通常情况下，只要求评价指标体系能表达出评价对象的主要特征和主要信息即可。对于一个复杂的对象系统，在完备性的基础上构建的指标体系一般都具有一定的类别性和层次性。因此，在综合评价指标体系的设计与构建过程中，可以根据对象系统特征的类别与层次进行完整性设计。

（三）可操作性原则（Workable）

可操作性是指评价指标的可观测性。首先，综合评价指标体系中的每一个评价指标，无论是定性指标还是定量指标，都要求指标能够被观测与衡量，换句话说，评价指标的评价数据可被采集，或者可被赋值，否则该指标的设定就没有任何意义。其次，评价指标的设计要尽量规避或降低评价数据造假和失真的风险，评价指标数据应尽可能地公开和客观获取。最后，要综合权衡评价指标数据的获取成本与评价活动所带来的收益问题，一般情况下，评价指标的数据应易于采集，观测成本不宜太大。若某个指标的实际观测成本太大，在实践中，要么直接摒弃该指标，要么采取其他途径来获取。

（四）独立性原则（Independent）

独立性是要求每个指标要内涵清晰，尽可能地相互独立，同一层次的指标间应尽可能地不相互重叠，不相互交叉，不互为因果，不相互矛盾，保持较好的独立性。对于多层级的综合评价指标体系，应该根据指标的类别性与层次性，建立自上而下的递阶层次结构，上下级指标保持自上而下的隶属关系，指标集与指标集之间、指标集内部各指标间应避免存在相互反馈与相互依赖关系，保持良好的独立性。

（五）显著性原则（Significant）

理想情况下，综合评价指标体系应100%地描述和覆盖对象系统的全部特征，且指标间应该保持100%的独立性，线性无关。但在现实实践中，这种理想状态几乎不可能达到。因此在评价指标体系的设计过程中，并不是指标数量越多越好，指标数量越多，一方面评价数据的获取成本和信息集成成本也就越大，另一方面也极有可能会导致数据冗余。一般情况下，在综合指标体系中，应保留主要的关键指标，剔除次要的非关键指标。判定指标是否关键的主要依据就是该指标对总体评价的贡献大小，贡献越大，该指标的显著性越强，可为关键指标；反之，显著性越低，则可能为非关键指标。

（六）动态性原则（Dynamic）

虽然综合评价指标体系在评价的某个时间窗内要保持一定的稳定性，但随着事物发展的变化以及评价目标的改变，也需要对评价指标体系进行动态调整。这种动态调整可分为主动调整和被动调整，主动调整是根据新的评价目标和评价要求，调整或重新设计评价指标体系。被动调整是根据评价结果的反映效果，对评价指标体系中的某些指标进行动态修正，剔除或增加某些指标。

二、物流业综合评价指标体系构建

现代物流业强调一体化运作，它将经济活动中与供应、生产、销售相关的运输、库存及其他物流活动视为一个动态的系统总体，不仅关注其发展规模和结构，而且重视其投入产出效率及未来的发展能力。因此从物流业投入、产出、规模、结构及发展能力五个维度来系统构建区域物流业评价指标体系，能够较为全面完整地监测物流业发展进程，反映区域物流业发展的丰富内涵（详见表3-4）。

（一）物流业投入

指物流业发展过程中投入的各种资源要素，主要包括在人（人力资源）、财（资金）、物（固定资产）方面的投入。用物流业从业人数、物流业从业人数比重表示物流业人力资源投入及其变化，用物流业固定资产投资额、物流业固定资产投资比重表示资金及固定资产方面的投入。

（二）物流业产出

一定时期内物流活动为社会提供的最终成果，反映物流业对经济社会的贡献。用物流业产值、物流业人均产值、单位产值流通量及物流业贡献率来衡量。

（三）物流业规模

主要反映物流业发展的总量水平，其中港口货物吞吐量、公路线路里程数代表物流基础设施能力，货运量是物流研究的常用指标，货物周转量是各种运输工具在报告期内实际运送的每批货物重量分别乘运送距离的累计数，不仅包括了运输对象的数量，还反映了运输距离，能够体现国民经济活动对物品流动需求的实现程度。

（四）物流业结构

主要体现物流业在区域经济社会的比例和结构，用物流业产值占第三产业比重、物流业产值占 GDP 比重反映物流业发展的结构比较典型。

（五）物流业发展

主要体现物流业未来的持续发展及增长趋势，物流业固定资产投资增长率反映了物流业投入的持续性和力度，货运量增长率和货物周转增长率则体现了物流运行的增长情况，物流业产值增长率代表了产出方面的增长情况，综合反映物流业未来持续发展的能力。

表 3-4 物流业发展水平评价指标体系

维度	代号	指标	定义或计算	单位
物流业投入	L1	物流业固定资产投资额	原始统计指标	亿元
	L2	物流业固定资产投资力度	物流业固定资产投资/第三产业固定资产投资	%
	L3	物流业从业人数	原始统计指标	万人
	L4	物流业从业人数比例	物流业从业人数/全社会从业人数	%
物流业产出	L5	物流业产值	原始统计指标	亿元
	L6	物流业人均产值	物流业产值/物流业从业人数	万元/人
	L7	单位产值流通额	社会消费品流通总额/物流业产值	元/元
	L8	物流业贡献率	物流业增加值/GDP 增加值	%
物流业规模	L9	港口货物吞吐量	原始统计指标	万吨
	L10	公路线路里程	原始统计指标	千米
	L11	货运量	原始统计指标	亿吨
	L12	货物周转量	原始统计指标	亿吨千米

维度	代号	指标	定义或计算	单位
物流业结构	L13	物流业产值占第三产业比重	物流业产值/第三产业产值	%
	L14	物流业产值占 GDP 比重	物流业产值/GDP	%
物流业发展	L15	物流业固定资产投资增长率	（当年投资额－上年投资额）/当年投资额	%
	L16	货运量增长率	（当年货运量－上年货运量）/当年货运量	%
	L17	货物周转量增长率	（当年货物周转量－上年货物周转量）/当年货物周转量	%
	L18	物流业产值增长率	（当年产值－上年产值）/当年产值	%

第六节　区域物流业发展的统计分析

以重庆为例进行区域物流业发展统计分析与综合评价，数据来源于《重庆统计年鉴》（2001—2018 年），根据国家统计局和国家标准局制定的国民经济行业分类标准，物流业对应于第三产业中交通运输仓储及邮电通信业，笔者采用这一统计标准对统计年鉴中相关数据进行了收集，按照各指标的定义计算后进行了统计，原始统计数据和计算过程参见附录 3–1 到附录 3–10。

一、物流业投入

从 2000 年到 2017 年的近 20 年间，物流业的固定资产和人力资源投入保持了较为稳定的长期增长态势。物流业固定资产投资从 2000 年的 131.33 亿元增加到 2017 年的 1954.61 亿元，增长了近 14 倍。物流业固定资产投资占第三产业固定资产投资的比重从 2000 年的 26.03％缓慢下降到 2017 年的 17.67％，呈现缓慢下降的趋势，平均水平达到 19.43％。物流业从业人数从 2000 年的

40.23 万人增长到 2017 年的 73.17 万人，增加了 32.94 万人，年平均增长幅度达到 3.44%。物流业从业人数占全社会从业人数的比重也在不断增加，从 2000 年的 2.42% 增长到 2017 年的 4.27%，年平均增长幅度达到 3.27%，呈现稳定增长态势。见图 3 - 2。

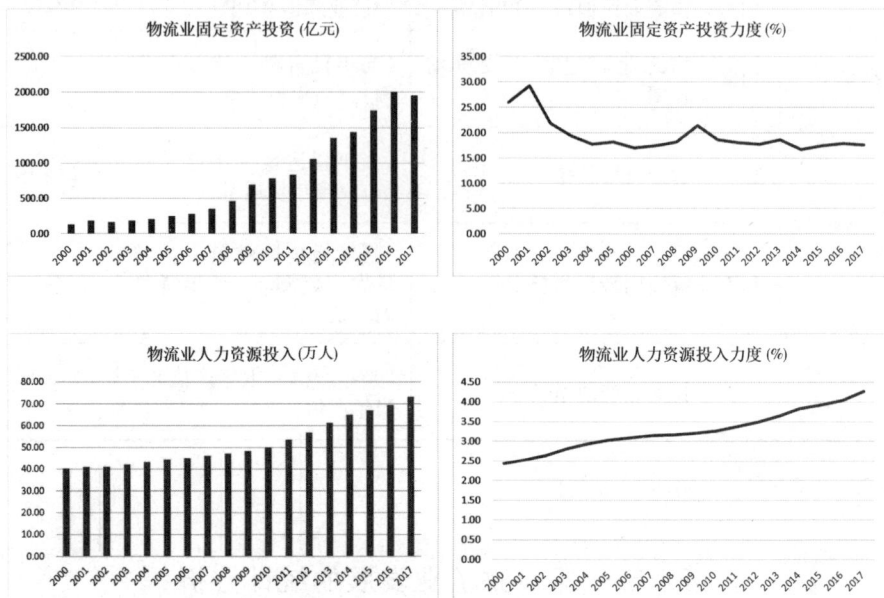

图 3 - 2 物流业投入统计分析

二、物流业产出

物流业产值和人均产值保持了较为稳定的增长，2000 年物流业产值为 101.25 亿元，到 2017 年增长到 939.46 亿元，约为 2000 年的 9 倍，物流业人均产值从 2000 年的 2.25 万元增长到 2017 年的 12.84 万元，约为 2000 年的 5 倍。物流业单位产值所带来的社会消费品流通额从 2000 年的 7.11 元增长到 2017 年的 8.59 元，年平均增幅达到 8.92%，年平均为 6.65 元。物流业贡献率略有波动，但平均达到每年 5.77% 的水平。见图 3 - 3。

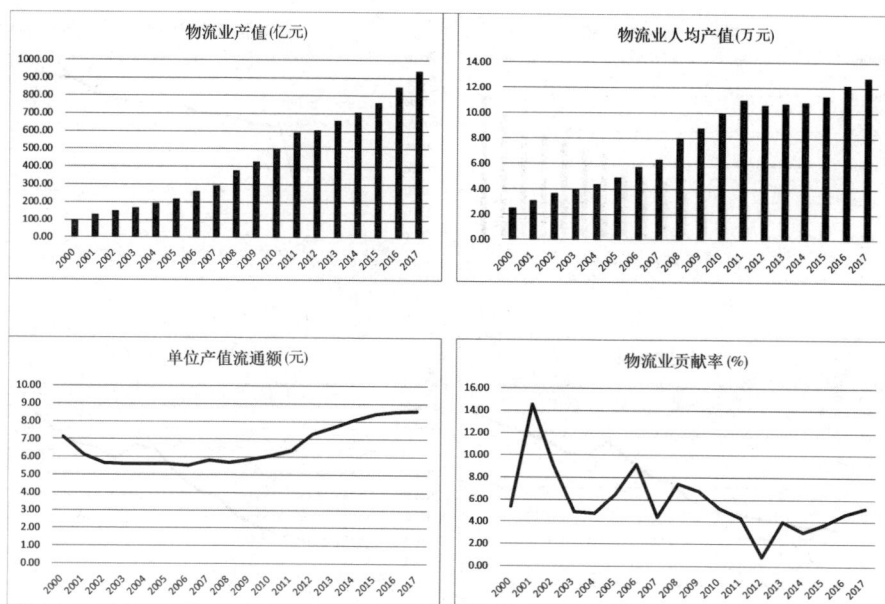

图 3-3 物流业产出统计分析

三、物流业规模

港口货物吞吐量增长显著，2000 年是 2448 万吨，到 2017 年增长到 19722 万吨，增长了近 8 倍，年平均增幅达到 11.34%。公路里程从 2000 年的 30354 千米增长到 2017 年的 147881 千米，增长近 5 倍，比 2000 年增加了 117527 千米。货运量从 2000 年的 2.69 亿吨增加到 2017 年的 11.53 亿吨，增加了 9 亿吨，增长近 4 倍。货物周转量从 2000 年的 306.39 亿吨千米，增加到 2017 年的 3370.76 亿吨千米，增长了近 11 倍，净增加值为 3064 亿吨千米。见图 3-4。

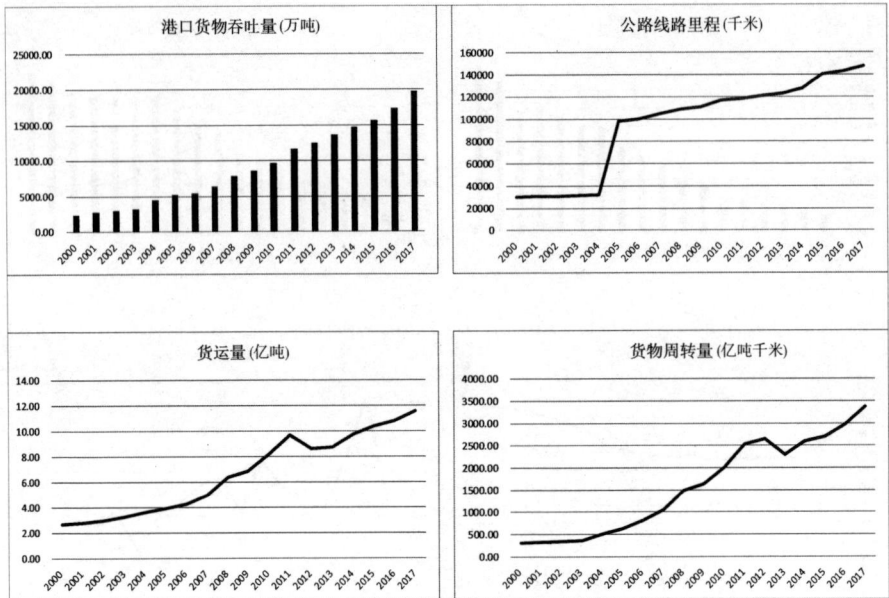

图 3 - 4　物流业规模统计分析

四、物流业结构

物流业产值占第三产业产值的比重 2000 年和 2017 年分别是 13.57% 和 9.8%，平均保持在 13.24% 的水平。物流业产值占 GDP 的比重 2000 年和 2017 年分别是 5.65% 和 4.82%，平均达到 5.87%。见图 3 - 5。

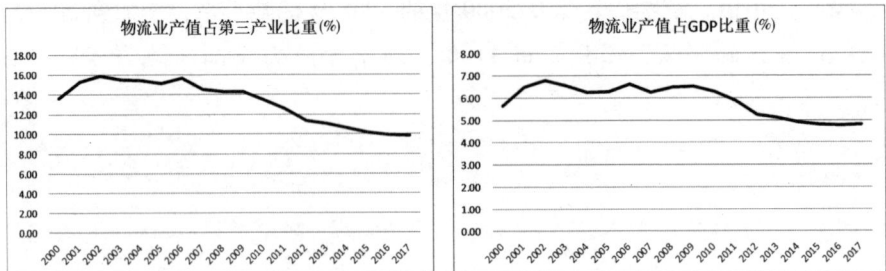

图 3 - 5　物流业结构统计分析

五、物流业发展

物流业固定资产投资增长率2000年和2017年分别为2.30%和-2.50%，年平均增长率达到13.36%。货运增长率2000年和2017年分别为6.19%和6.51%，年平均增长率达到7.85%。货物周转量增长率2000年和2017年分别为10.51%和12.04%，年平均增长率达到12.40%。物流业产值增长率2000年和2017年分别为6.78%和9.71%，年平均增长率达到11.84%。总体来看，物流业固定资产投资增长率、货运增长率、货物周转量增长率、物流业产出增长率虽然长期来看略有波动，但总体较为稳定，重庆物流业在物流业固定资产投资、货物运输、货物周转、物流业产出方面保持了持续稳定的增长，奠定了物流业持续发展的基础。见图3-6。

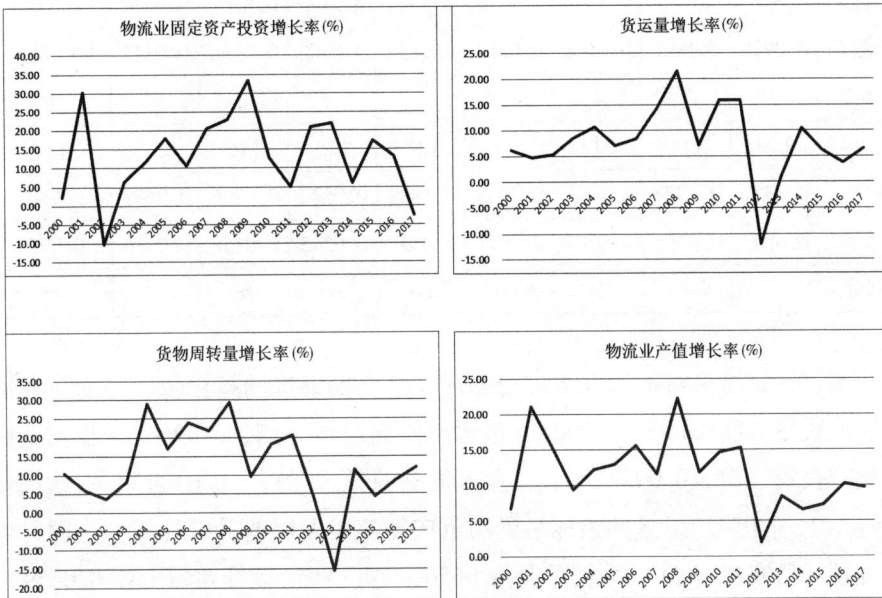

图3-6 物流业发展统计分析

第七节 综合评价实证研究

一、数据标准化及熵权计算

本书运用 MATLAB2012a 通过编程实现数据的处理及计算。首先对指标原始数据进行极差标准化，然后按照公式计算各指标熵值和熵权，见表 3 – 5。

表 3 – 5 指标体系熵权计算结果

指标	L1	L2	L3	L4	L5	L6	L7	L8	L9
熵值	0.8269	0.8131	0.8545	0.9279	0.8841	0.9142	0.8200	0.9412	0.8771
熵权	0.0928	0.1002	0.0780	0.0387	0.0622	0.0460	0.0966	0.0315	0.0659
排序	3	1	4	13	8	12	2	14	6
指标	L10	L11	L12	L13	L14	L15	L16	L17	L18
熵值	0.8887	0.8778	0.8607	0.9085	0.8989	0.9542	0.9706	0.9671	0.9501
熵权	0.0597	0.0655	0.0747	0.0491	0.0542	0.0245	0.0158	0.0176	0.0267
排序	9	7	5	11	10	16	18	17	15

根据计算结果对指标权重进行排序，排在前五位的指标依次是物流业固定资产投资力度（L2, 0.1002），单位产值流通额（L7, 0.0966），物流业固定资产投资（L1, 0.0928），物流业人力资源投入（L3, 0.0780），货物周转量（L12, 0.0747），这些指标是影响重庆物流业发展的关键性指标。同时可以发现，所有指标的平均权重是 0.0556，港口货物吞吐量（L9, 0.0659），货运量（L11, 0.0655），物流业产值（L5, 0.0622），公路线路里程（L10, 0.0597）等指标的权重均超过这个值，也是重庆物流业发展应当关注的重点。

二、评价结果分析

运用上述方法和统计数据，在 MATLABR2012a 软件中对重庆物流业发展水平进行运算，评价结果见表 3 – 6。

表 3 – 6　重庆物流业综合评价结果

年份	2000	2001	2002	2003	2004	2005	2006	2007	2008
AI	0.2217	0.3196	0.2235	0.2004	0.2184	0.2742	0.3041	0.3191	0.4032
年份	2009	2010	2011	2012	2013	2014	2015	2016	2017
AI	0.4455	0.4596	0.4974	0.4806	0.5386	0.5701	0.6311	0.6904	0.7303

　　评价结果显示，从"十五"到"十三五"的近 20 年时间里，重庆物流业发展水平不断提升，从 2000 年的 0.2217 上升至 2017 年的 0.7303，呈现稳定上升态势（见图 3 – 7）。

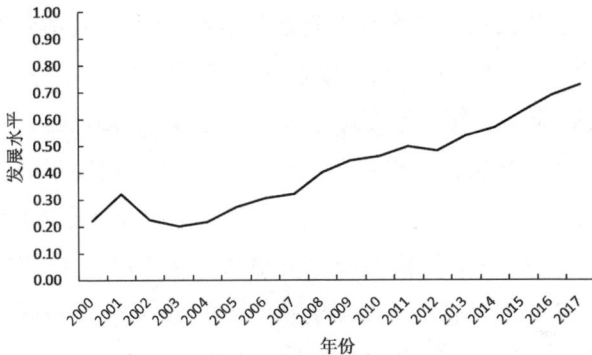

图 3 – 7　重庆物流业综合评价

　　首先，物流业的发展得益于重庆物流业发展环境的改善和优化。2000 年以来，重庆市政府致力于物流业发展环境的改善，特别是"十二五"期间从财政资金扶持、投融资政策保障等方面陆续出台了多项政策措施，银企合作设立物流产业发展基金，积极争取国家政策的支持，建立部市合作机制，通过物流业工作联席会议制度统筹协调物流业发展，积极推动发展保税物流，探索铁路 + 公路 + 水路 + 航空的多式联运模式，极大地推动了物流业发展环境的改善。

　　其次，物流基础设施不断加强。"十一五"期间，"一江两翼三洋"国际物流通道稳步实施，"西北翼"兰渝新线铁路开工，中国与沿线部分国家大通关协议已经签署，重庆至德国的班列开通。基本形成了重庆至上海、福建、广东和广西、内蒙古、兰州、成都、武汉的国内通道射线网络。重点规划建设了国家级物流枢纽，加快形成了"三基地四港区"国家级物流枢纽平台物流基本功能。"十二五"期间，"渝新欧"铁路大通道班列已经建成并实现常态化运行，国际物流大通道服务体系快速形成，水港＋铁港＋空港的"三合一"开放平台全面建成，汽车、肉类、水果等一批指定口岸设立，两个综合保税区、两个保税物流中心建成，南彭保税物流中心（B型）封关运行，提升了重庆物流基础设施。

再次，物流业产业集群基本成形，服务能力和服务水平不断提高。以重庆港务物流集团、民生轮船、长安民生为代表的一批具有现代物流特征的本土物流企业正在发展壮大，跻身国内先进物流企业行列，积极参与跨国企业供应链管理。"十一五"期间，重庆物流服务主体和物流市场初具规模，运输、仓储、货代、物流加工等物流企业数量达8000家。其中营业收入上亿元的物流企业约30家，上10亿元的物流企业5家。"十二五"期间，全市12000余家物流企业，主营业务收入达到千万元的占1000家以上。

最后，重庆物流业保持了良好的增长态势，产业规模不断扩大，产业贡献不断增强。以2015年为例，重庆亿元以上物流企业达到60家，航空货邮吞吐量达到32.1万吨，集装箱吞吐量突破100万TEU。物流业中邮电、仓储、运输行业的从业人员达到67.03万人，全行业从业人员近100万人。到"十二五"期间，物流行业创造的地方税收达到116亿元，全社会物流总费用占GDP比重降低2.4%，降到16.5%，与全国平均水平的差距进一步缩小为0.5%。

三、结论及启示

必须看到，受多重因素的影响，重庆物流业发展也存在诸多问题，面临一系列挑战，总体上仍处于全国中等水平。从物流业需求侧来看，三次产业物流的社会化程度不高，社会化有效需求释放不足，物流业与制造业联动程度有待加强，从物流业供给侧来看，物流业市场化专业化水平有待提升，"十二五"期间万余家物流企业中，多数企业是从以物流传统业务为主的仓储、运输型企业转型而来，在价值链低端进行竞争，散乱弱小问题比较突出，物流金融、电商物流、供应链物流等经营模式发展不足，经营成本较高，参与国际竞争的整体实力比较欠缺，业务结构和产业构成需要不断优化，可持续发展能力需要进一步提升。

　　结合上述分析，重庆物流业发展需要从投入、产出、规模、结构以及发展五个维度进行思考。一是继续保持对物流业人力财力物力的投入水平和投入力度，持续推进物流基础设施的建设。二是致力于物流业高质量发展，不断提高物流业的产出水平和产出效率，走内涵式发展道路。三是继续推动物流业总量做大，不断提高物流业的发展规模。四是推动物流业技术创新和管理创新，优化物流业的产业结构，并推动一二三产业结构的合理化。五是大力发展生态物流、绿色物流的产业模式，促进物流业的可持续发展。

第四章

制造业发展水平综合评价分析

第一节 引言

制造业是为国家经济建设提供各类技术装备的战略性基础产业，产业关联度高，吸纳就业能力强，技术资金密集，是国家综合实力的集中体现。制造业的演化水平一定程度上决定了一个国家或地区的经济实力、国防实力以及在全球经济中的竞争与合作能力。目前中国制造业取得了巨大成就，但其发展现状仍然不能适应国民经济发展的要求，还存在自主创新能力弱、对外依存度高、产业结构不合理、国际竞争力不强等诸多问题，振兴制造业将是我国当前和今后相当长时期内的一项重大任务。

从全球范围来看，制造业是工业体系中的核心产业，关于制造业的研究一直都受到国内外学术界广泛关注。如 Robinson（1971）通过建立增长模型对制造业进行了研究，发现工业部门比非工业部门具有更高的资本和劳动边际生产率，与其他产业活动相比较，制造业活动呈现向中心城市集中的趋势，产生对服务业等关联产业的集聚效应，制造业的发展是推动一个国家或地区的产业结构发生转变的根本性因素。哈佛商学院的 K. Abernathy 和 B. Clark（1989）对美国机械制造业进行了比较研究，认为美国机械制造业已经是一个非常成熟的产业，这和生物组织的成长与衰退相类似，也必然会遵循从蓬勃发展到逐渐消亡的演化路径。F. Malerba 和 L. Orsenigo（1999）通过对美国、法国、意大利、日本、英国、德国 6 个发达国家 20 年间专利的系统分析，研究了机械制造、电子、化学等不同制造行业的创新行为。Paul Krugman

（1994）认为，一个国家应当建立具有国际竞争力的制造业体系，形成制造业发展的技术优势和核心竞争力，他在 *Foreign Affairs* 上发表的 "The Myth of Asia's Miracle" 一文中指出，衡量一个国家经济发展中科技进步和技术水平的既不是股票市场的市盈率，也不是房地产价格，而是制造业所能生产的实际产品和实物。

　　近年来，随着中国制造业的发展，国内学者对制造业的研究日益增多。如陈立敏、谭力文（2004）应用内容分析法，对近年来发表在国内权威和核心期刊上有关中国制造业国际竞争力评价的重要实证文献进行了回顾与综述，分析了这些实证研究中存在的问题和可取之处。陈立敏、谭力文（2004）在中国人民大学"中国产业竞争力研究"课题组中借鉴国外竞争力前沿研究，联系我国汽车制造业竞争与发展的实际问题，开发了针对我国产业竞争力评价的对称性设计评价方法，建立了我国汽车制造业竞争力评价的 7 大要素和 49 项指标的评价体系，并运用于企业集群、产业和企业竞争力评价的实际研究，以及多元统计等分析方法，对我国地区汽车制造业产业竞争力和汽车制造业企业集群竞争力进行多方面的评价与分析。明娟、王子成、张建武（2007）在比较国内外产业竞争力评价方法的基础上，选择因子分析法来评价广东省制造业产业竞争力。王子龙（2007）认为制造业是为国民经济发展和国防建设提供技术装备的基础性产业，其博士论文在借鉴演化经济学、进化生态学和系统科学等相关学科成果的基础上，将制造业纳入产业经济系统综合框架之内进行研究。段婕、刘勇（2011）通过对国内外有关产业技术创新能力评价指标体系以及评价方法的研究，构建我国制造业的技术创新能力评价指标体系。用因子分析法建立评价模型，以我国制造业行业 7 个子行业 2009 年面板数据为研究样本，对其技术创新能力进行定量评价和实证分析。和军（2012）从制造业的界定、国外制造业相关研究、中国制造业发展水平评价以及制造业发展水平国际比较四个方面对国内外相关研究进行了系统梳理和评述，指出了现有文献的主要贡献和不足，并提出了进一步研究的可能方向。周五七（2018）基于长三角 15 个核心城市 2006—2014 年的面板数据，利用全局主成分分析法对长三角城市制造业竞争力进行了动态比较研究。运用层次聚类分析法，从资源竞争力、技术竞争力和发展潜力三个方面，分析不同城市制造业综合竞争力差异的来源，提出了不同类型城市制造业竞争力提升的路径与政策建议。

第二节　制造业运行情况分析

一、供给侧结构性改革推动制造业提质增效

近年来我国制造业围绕去产能、去库存、降成本、补短板等"三去一降一补"目标取得显著成效，煤炭、钢铁行业圆满完成全年化解过剩产能目标任务。以钢铁行业为例，钢铁行业化解过剩产能有力促进了行业提质增效，企业和社会信心不断增长，钢铁产量呈现上升局面。在产能取缔过程中，钢铁行业需求向正规产能转移，并且在效益好转的刺激下，钢铁企业生产效率明显提升。2017年下半年各项督查措施和限产力度加大，钢铁行业运营环境明显改善，企业利润大幅上升。钢铁行业规模以上企业实现主营业务收入70243.3亿元，同比增长22%，钢铁行业实现利润总额近2420亿元，同比增长177.8%（见图4-1）。

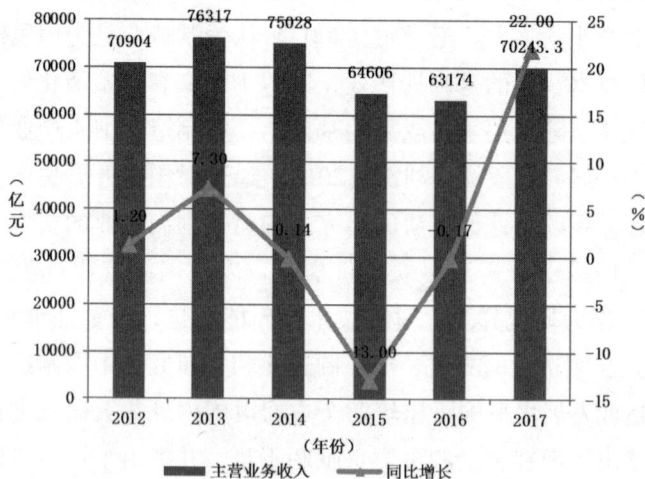

图 4-1　我国钢铁行业主营业务增长趋势

二、"互联网 +"引发制造业发展方式深刻变革

"互联网 +"推动了生产制造模式变革，智能制造成为新型生产方式。互联网在制造业领域应用日益广泛深入，推动生产制造向数字化、网络化、智能化方向发展。工业信息系统通过互联网实现互联互通，促进机器运行、车间配送、企业生产、市场需求之间的实时信息交互，原材料供应、零部件生产、产品集成组装等生产过程变得更加精准协同。工信部公布的《2017 年制造业与互联网融合发展试点示范项目名单》中，企业级云应用平台 11 项、工业云公共服务平台 8 项、工业大数据服务平台 14 项、工业电子商务平台 13 项、信息物理系统 7 项、行业系统解决方案 16 项。工业云平台成为新型生产设施，为研发设计、加工制造、经营管理等生产经营活动提供资源支撑和服务保障，工业生产要素实现优化整合和高效配置。实施"中国制造 2025"，是促进我国从制造大国向制造强国转变的重要举措。推动实施"互联网 +"行动计划，促进互联网和制造业的深度融合发展，对建设制造业强国意义重大。我国不仅是制造业大国，同时还是互联网大国，互联网和制造业融合空间广阔，潜力巨大。

三、制造业保持良好的增长势头

制造业增长趋势用国际上通用的采购经理指数 PMI 来衡量，一般以 50% 为分界线，分别反映制造业发展势头。PMI 高于 50% 反映制造业经济扩张，反之，低于 50% 时表明制造业不景气。我国制造业 PMI 趋势如图 4 - 2 所示。

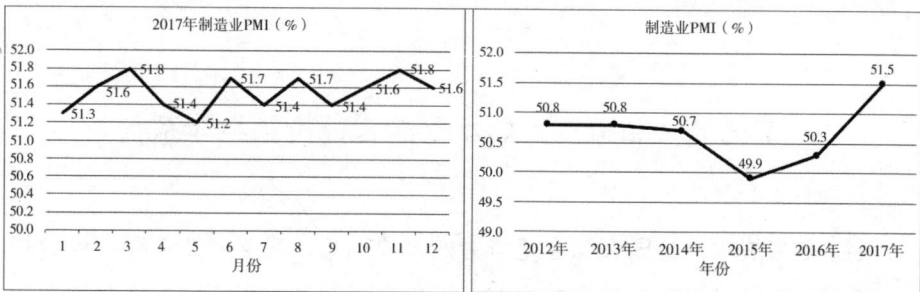

图 4 - 2 我国制造业 PMI 走势

中国物流与采购联合会发布的制造业 PMI 走势显示，2017 年我国 PMI 的平均水平均高于 50%，上升趋势明显，制造业保持景气势头，2017 年经济运行中的积极因素增多，制造业企业稳定态势逐渐巩固，向好发展态势更为明显。制造业 PMI 分项指数如表 4 – 1 所示。

表 4 – 1　2017 年制造业 PMI 分项指数（单位：%）

月份	供应商配送时间指数	原材料库存指数	生产指数	新订单指数	从业人员指数
1	49.8	48.0	53.1	52.8	49.2
2	50.5	48.6	53.7	53.0	49.7
3	50.3	48.3	49.7	53.3	50.0
4	50.5	48.3	53.8	52.3	49.2
5	50.2	48.5	53.4	52.3	49.4
6	49.9	48.6	54.4	53.1	49.0
7	50.1	48.5	53.5	52.8	49.2
8	49.3	48.3	54.1	53.1	49.1
9	49.3	48.9	54.7	54.8	49.0
10	48.7	48.6	53.4	52.9	49.0
11	49.5	48.4	54.3	53.6	48.8
12	49.3	48.0	54.0	53.4	48.5

数据来源：《中国物流年鉴（2018）》。

第三节　制造业发展水平综合评价指标体系

制造业发展水平是国家综合竞争力的重要标志，建立制造业综合评价指标体系是制造业发展研究的重要内容。近年来，学者运用不同方法对制造业指标问题进行了探索，如杨华峰、申斌（2007）科学分析与阐释了制造业原始创新能力的基本内涵，探讨了制造业原始创新能力评价指标体系的设计原则,以定性与定量相结合的方式,从创新基础、科技投入、环境支撑、产出效益、持续创新等方面建立了制造业原始创新能力评价指标体系。唐榕(2009)在分析制造业企业核心竞争力表现形式和影响因素的基础上,参考现行企业竞争力评价体系,构筑了一套科学合理且具有可操作性的制造业竞争力评价体系。龚唯平、薛白、董华(2010)认为先进制造业是广泛应用先进制造技术、采用先进制造模式、拥有先进市场网络组织的工业生产系统。基于先进制造业的系统结构体系,结合指标体系设立的功能要求构建了由四个一级指标、20个二级子指标构成的先进制造业评价指标体系。李平、王钦、贺俊、吴滨(2010)从工业化、工业现代化、工业文明三个层面对"制造业可持续发展"进行了分析,结合国内外研究进展及中国制造业发展特点,构建了包括总量指标、结构指标、技术指标、能源环境指标在内的三层次中国制造业可持续发展指标体系。郭巍、林汉川(2011)从影响先进制造业的相关因素入手,总结了国内外学者关于制造业竞争力评价的研究成果,结合我国制造业现状,构建了先进制造业的评价指标体系,并运用层次分析法对各指标赋权。周剑、陈杰(2013)依据《工业企业"信息化和工业化融合"评估规范》的要求,基于全国35个制造业行业、6个省市、约3000家企业的两化融合评估实践,提出一套覆盖制造业企业全局的两化融合评估体系和评价方法,从水平与能力评估、效能与效益评估两方面,以及产品、企业管理、价值链三个维度提出制造业企业两化融合评估框架,明确了评估指标体系的构建原则,进一步构建了通用评估指标体系。本部分主要研究区域制造业的综合发展水平,借鉴文献研究成果,从制造业投入、产出、规模、结构和发展等维度构建制造业评价指标体系(详见表4-2)。

一、制造业投入

指区域制造业发展过程中投入的各种资源要素,主要包括在人(人力资源)、财(资金)、物(固定资产)方面的投入。用制造业从业人数、制造业从业人数比重表示制造业人力资源投入及其变化,用制造业固定资产投资额、制造业固定资产投资比重表示资金及固定资产方面的投入。

二、制造业产出

一定时期内制造业活动产生的经济效益及劳动生产率的提高，反映制造业对经济社会的贡献。主要包括制造业总资产贡献率、制造业资本保值增值率、制造业成本费用利润率、制造业全员劳动生产率等几个指标，总资产贡献率反映企业全部资产的获利能力，是企业经营业绩和管理水平的集中体现，是评价和考核企业盈利能力的核心指标。保值增值率、成本费用利润率、全员劳动生产率等指标既可以综合衡量地区制造业经济效益总体水平，也能够反映一定时期制造业经济运行质量，可从静态水平和动态趋势上较为全面地反映各地区制造业经济效益的变化情况，并可在一定程度上消除地区对比的不可比因素。

三、制造业规模

指制造业发展的总量水平，主要包括组织规模、经营规模、资产规模和产值规模。制造业企业数量代表制造业的组织规模，经营收入代表制造业的经营规模，与资产规模和产值规模一起来反映制造业总体的规模水平。

四、制造业结构

主要体现制造业在区域经济社会的比例和结构，用制造业产值占第三产业比重、制造业产值占 GDP 比重反映制造业发展的结构。

五、制造业发展

指制造业增长和持续发展的能力，分别用制造业固定资产投资增长率、制造业利润增长率、制造业资产贡献增长率及制造业产值增长率反映制造业在投入、产出及经济效益方面的增长及发展趋势。

表4-2 制造业指标体系

维度	指标	名称	定义及计算	单位
制造业投入	M1	固定资产投资	制造业固定资产投资，原始统计指标	亿元
	M2	固定资产投资力度	制造业固定资产投资/第二产业固定资产投资×100%	%
	M3	人力资源投入	制造业从业人数，原始统计指标	万人
	M4	人力资源投入力度	制造业从业人数/全社会从业人数×100%	%
制造业产出	M5	总资产贡献率	（利润总额＋税金总额＋利息支出）/平均资产总额×100%	%
	M6	资本保值增值率	报告期期末所有者权益/上期同期期末所有者权益×100%	%
	M7	成本费用利润率	利润总额/成本费用总额×100%	%
	M8	全员劳动生产率	工业增加值/全部从业人员平均人数	元/人
制造业规模	M9	组织规模	制造业企业数量，原始统计指标	个
	M10	资产规模	年末固定资产净值，原始统计指标	亿元
	M11	经营规模	制造业经营收入，"营业收入"的本期累计数	亿元
	M12	产值规模	制造业产值，原始统计指标	亿元
制造业结构	M13	制造业产值占第二产业比重	制造业产值/第二产业产值×100%	%
	M14	制造业产值占GDP比重	制造业产值/GDP×100%	%

维度	指标	名称	定义及计算	单位
制造业发展	M15	制造业固定资产投资增长率	（当期投资额－上期投资额）/当期投资额×100%	%
	M16	制造业利润增长率	（当期利润－上期利润）/当期利润×100%	%
	M17	制造业资产贡献增长率	（当期资产贡献率－上期资产贡献率）/当期资产贡献率×100%	%
	M18	制造业产值增长率	（当期产值－上期产值）/当期产值×100%	%

第四节　制造业发展统计分析

制造业是国家的战略性产业，高度发达的制造业是实现工业化的必备条件，区域制造业的发展水平是衡量区域竞争力的重要标志，以重庆制造业为例，重庆是我国重要的老工业基地和国防科研生产基地，制造业是传统优势和支柱产业，具有较好的发展基础和有利条件，学术界也一直关注重庆制造业的发展。如李健（2003）根据 2000 年《中国统计年鉴》和《重庆统计年鉴》的数据，用主成分分析法，构建了一个产业竞争力的评价模型，对重庆制造业内部 28 个行业进行分析，并提出了相应对策。张晓昱（2004）认为，重庆应抓住制造业梯次转移的历史机遇，加快制造业的改造和升级，成为中国制造业中心之一。制造业从资源密集、劳动密集阶段向资金密集、技术密集阶段迈进的过程，也是传统制造业向现代制造业的重要蜕变，离不开强有力的金融支持。范卿泽（2007）通过对世界制造业发展特征与总体趋势的分析，根据重庆制造业的比较优势，提出了振兴重庆制造业的路径、发展战略、对策与建议。王浩天（2011）对重庆制造业与物流业联动发展模式及实现路径进行研究，进一步指出，制造业生产规模虽然有了很大发展，但绝对规模和人均产值仍然非常低，还处于世界分工体系的较低层次，难以实现可持续发展，仍需将管理重心向供应链一体化管理转移、提升竞争力，从而实现成本的持续降低和服务的稳定提升。因此必须与物流业联动发展。

此外，黄大勇、谌可佼、陈芳（2013）通过产业集聚的指标体系，对重庆制造业的集聚程度进行实证分析，并研究了其与重庆经济发展的关系。刘天元（2017）对重庆制造业企业转型升级影响因素进行了研究，在全球分工格局中，重庆制造业依靠独特的区位优势和政策红利占据一席之地，为推动重庆经济发展和创造就业做出了重要贡献。但是，随着严厉的环保政策出台和资源禀赋逐步趋紧，重庆制造业发展的比较优势正逐渐消失，原有的微薄利润被攀升的劳动力成本和原材料价格所吞噬。此外，重庆制造业自身发展也存在诸多问题，如产品附加值低、零配件制造技术水平不高、自主创新能力较弱等，转型升级势在必行。陈修素、吴小芳、陈睿（2019）对重庆制造业在长江经济带中的比较优势进行了研究，据此提出了相关对策建议，这些成果有助于进一步深化对重庆制造业的研究。

以重庆为例对区域制造业发展水平进行统计分析和综合评价，统计数据来源于《重庆统计年鉴》（2001—2018），根据历年发布的重庆市国民经济和社会发展统计公报数据来看，制造业是构成重庆工业的主要产业，在工业体系中居于核心和主导地位（以2014年为例，在制造业的31个组成门类中，仅汽车制造、电子信息、材料制造、装备制造和化医产品5个门类的产值就占全部工业总产值的70%以上），在统计中由于数据的可得性，制造业的部分数据用工业数据进行统计，并按照指标定义进行计算，重庆2010—2017年之间的制造业发展原始数据统计见附录。

一、制造业投入

从2000到2017年，重庆制造业的投入水平不断增加（见图4-3）。固定资产投资从2000年的72.02亿元增加到2017年的5257.21亿元，增长近73倍，年均增长2.25%。固定资产投资力度稍有波动但总体呈现上升趋势，从2000年的50.58%上升到2017年的89.30%，成为第二产业固定资产投资的主要对象。从人力资源投入看，2000年重庆制造业的就业人数为156.02万人，到2017年增加到238.82万人，较2000年增加就业83万人。人力资源投入力度总体呈现稳定上升趋势，2000年制造业就业人数占全社会就业人数的比例为 9.39%，2006 年以后维持在 10% 以上的水平，到 2017 年增加到 13.93%，成为解决区域经济社会发展中就业问题的重要渠道。

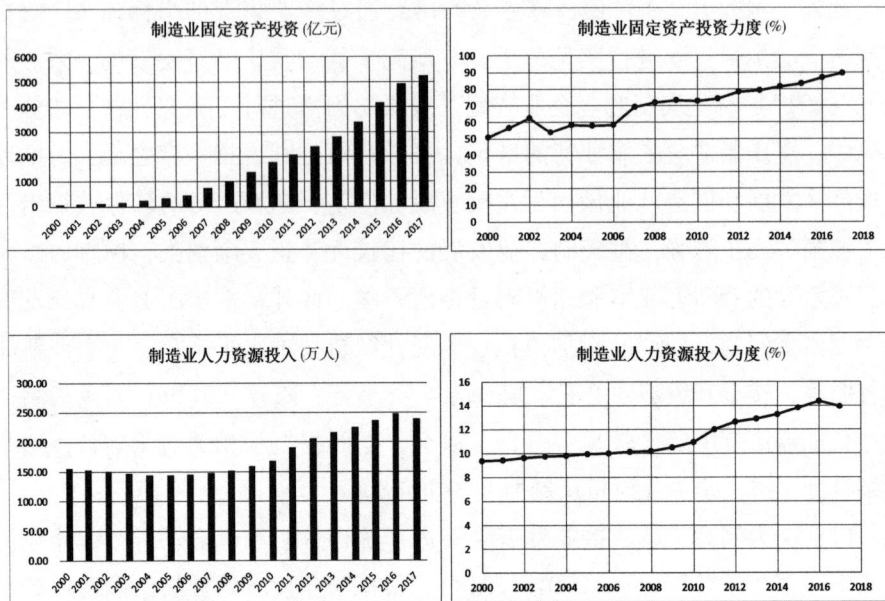

图 4-3　制造业投入

二、制造业产出

制造业总资产贡献率 2000 年为 6.36%，到 2007 年翻一番，制造业的资产贡献率达到 12.57%，之后稳定在 12% 水平上，到 2017 年上升到 13.39%。制造业资本保值增值率 2000 年为 112.10%，到 2017 年，增加到 114.20%，年平均保值增值率达到 116.55%。制造业成本费用利润率 2000 年是 1.70%，到 2017 年增加到 7.71%，约为 2000 年的 4.5 倍。制造业全员劳动生产率 2000 年为 31081 元/人，到 2017 年达到 318885 元/人，是 2000 年的约 10 倍，平均达到 160171 元/人。见图 4-4。

制造业总资产贡献率(%)

制造业资本保值增值率(%)

制造业成本费用利润率(%)

制造业全员劳动生产率(元/人)

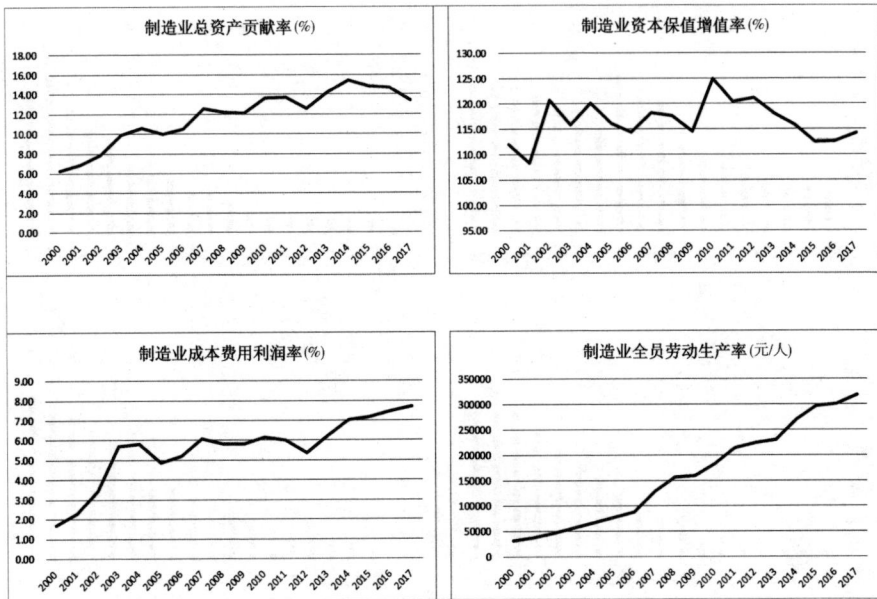

图 4 - 4　制造业产出

三、制造业规模

总体来看，从 2000 年到 2017 年重庆市制造业的规模在稳定增长，从组织规模来看，2000 年重庆工业企业数量是 2040 个，到 2007 年翻一倍后达到了 3942 家，到 2017 年达到 6684 个，是 2000 年的 3 倍，年平均增长率达到 6%。从资产规模来看，2000 年工业年末固定资产净值为 784.84 亿元，到 2017 年达到 7241.17 亿元，是 2000 年的 9.2 倍还多，年平均增长率达到 11.83%。从经营规模来看，2000 年工业企业主营业务收入是 959 亿元，到 2017 年增长为 20772 亿元，年平均增长率达到 16% 以上。从产值规模来看，2000 年重庆市工业产值是 633.98 亿元，到 2017 年增长为 6587.08 亿元，比 2000 年增长了 9 倍还多，年平均增长率达到 12.77%。见图 4 -5。

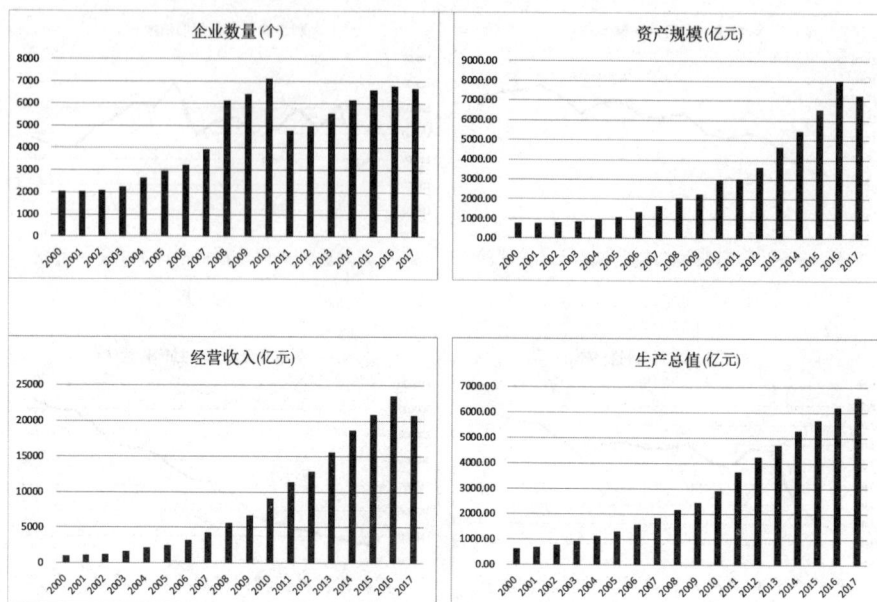

图 4 – 5　制造业规模

四、制造业结构

从产业结构来看，重庆市制造业是工业和第二产业的主要构成部分，从2000 年到 2017 年，制造业产值占第二产业产值的比重在 80% 左右，2000 年和 2017 年制造业占第二产业的比重分别为 83.4% 和 76.62%，研究期间内平均达到 81.39%。从制造业产值占 GDP 的比重来看，2000 年和 2017 年分别为35.40% 和 33.78%，平均达到 36.58%。见图 4 – 6。

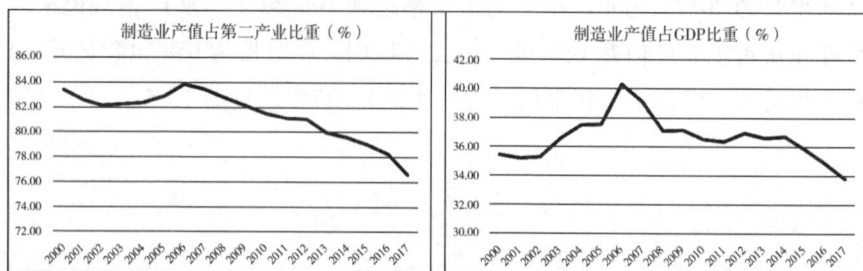

图 4 – 6　制造业占比

五、制造业发展

从 2000 年到 2017 年的 18 年间，重庆制造业固定资产投资增长率尽管有所波动，但总体上达到每年平均 5.25% 的增长率。2000 年和 2017 年的利润增长率分别为 143.14% 和 −9.75%，平均增长率为 28.70%，但制造业利润增长率总体呈缓慢下降趋势，利润增长的速度有所放缓。2000 年和 2017 年的主营业务增长率分别为 10.92% 和 −12.97%，年均主营业务增长率保持在 15.82% 的水平。从产值增长率来看，2000 年和 2017 年的制造业产值增长率分别为 7.01% 和 6.12%，研究期内年均保持在 12.45% 的水平。见图 4 − 7。

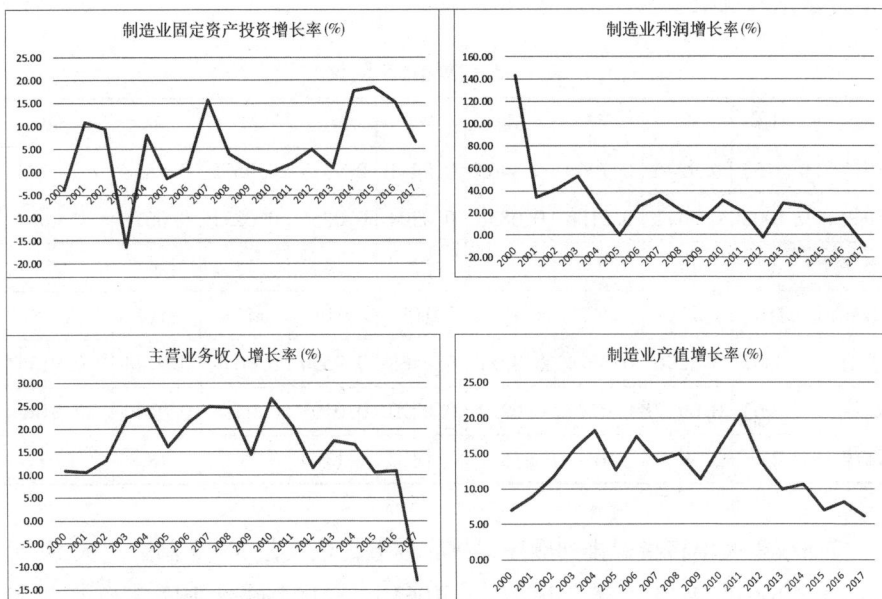

图 4 − 7 制造业发展

第五节 制造业发展水平综合评价实证研究

一、数据处理及熵权计算

进行数据的标准化处理及熵权计算，运用 MATLAB2012a 通过编程实现数据的处理及计算。按照前述信息熵综合评价模型及步骤对指标原始数据进行极差标准化，然后按照公式计算各指标熵值和熵权（见表4-3），计算过程产生的数据参见附录。

表4-3 指标体系熵权

指标	M1	M2	M3	M4	M5	M6	M7	M8	M9
熵值	0.8159	0.9246	0.7969	0.8463	0.9441	0.9529	0.9575	0.8878	0.8774
熵权	0.1002	0.0411	0.1106	0.0836	0.0304	0.0256	0.0231	0.0611	0.0667
排序	3	11	1	5	12	14	15	8	7
指标	M10	M11	M12	M13	M14	M15	M16	M17	M18
熵值	0.8047	0.8296	0.8574	0.9611	0.9468	0.9650	0.9048	0.9744	0.9155
熵权	0.1063	0.0927	0.0776	0.0212	0.0290	0.0191	0.0518	0.0140	0.0460
排序	2	4	6	16	13	17	9	18	10

按照权重大小将指标排列顺序，排序前五位依次是 M3（制造业人力资源投入，0.1106），M10（资产规模，0.1063），M1（制造业固定资产投资，0.1002），M11（经营收入，0.0927），M4（制造业人力资源投入力度，0.0836），这五个指标是重庆制造业发展的重要因素。同时可以发现，制造业指标体系共 18 个指标的平均权重是 0.0556，权重大于这个值的指标还包括 M12（工业产值，0.0776），M9（企业数量，0.0667），M8（制造业全员劳动生产率，0.0611），这几个指标也需要重点关注。

二、综合发展水平计算

运用上一章的计算方法可以计算重庆制造业发展水平，如表4-4所示。

表4-4 制造业综合发展水平

年份	2000	2001	2002	2003	2004	2005	2006	2007	2008
A_i	0.1155	0.0943	0.1439	0.1609	0.2071	0.1771	0.2415	0.3040	0.3476
年份	2009	2010	2011	2012	2013	2014	2015	2016	2017
A_i	0.3577	0.4649	0.5106	0.5418	0.6031	0.6947	0.7456	0.8232	0.7638

总体来看,2000—2017年间,重庆制造业发展有一定的波动,但总体发展水平逐步提高,呈现稳定上升态势(见图4-8)。2000年的综合发展水平是0.1155,到2017年达到0.7638,这与重庆制造业的实际情况相吻合。从"十五"到"十三五"的近20年中,为促进制造业持续健康发展,增强制造业竞争力,提升制造业的发展质量,国家和重庆陆续出台了多项措施。在制造业产业政策的推动下,重庆制造业的规模、结构、质量、效率等方面都有长足的进步和发展,经济效益显著提高,产业结构不断优化,自主创新能力得到提升,技术水平和行业整体竞争能力得到全面提升,在支撑和带动全市工业经济发展上起到了重要的作用。

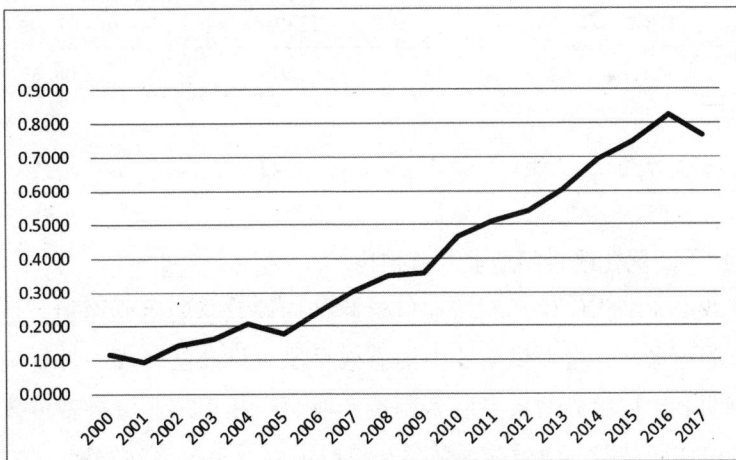

图4-8 制造业水平发展趋势

三、结论及启示

（一）抓住机遇继续扩大制造业产业规模

制造业是重庆的支柱产业，重庆应当抓住当前发展制造业的历史机遇，不断扩大产业规模。2015 年全市规模以上工业产值 2.14 万亿元，"十二五"时期年均增长 18.5%。规模以上制造业产值 1.99 万亿元，年均增长 19.6%。规模以上制造业占规模以上工业的比重由 2010 年的 88.7% 提高至 2015 年的 92.8%。工业增加值 5558 亿元，年均增长 14.1%。"十二五"时期，工业对全市地区生产总值增长贡献率约 40%。到 2018 年，全市规模以上制造业主要产品产量同比增长显著，见表 4－5。

表 4－5　2018 年重庆规模以上制造业主要产品产量

产品种类	产品数量	同比增长率
集成电路（万块）	54062.26	16.7%
液晶显示屏（万片）	14261.06	56.2%
笔记本计算机（万台）	5730.23	－3.8%
打印机（万台）	1589.48	9.5%
工业机器人（套）	2917	68.8%
汽车（万辆）	205.04	－27.5%
新能源汽车（万辆）	2.43	33%

（二）不断优化改善制造业产业结构

制造业产业结构优化是制造业供给侧结构性改革的重要途径，是提升重庆制造业服务水平，增强供给能力的有效手段。目前已形成一批竞争能力较强、具有明显比较优势的重点装备制造产业。摩托车产业保持着传统优势地位；输变电成套装备、轨道交通装备、核电配套设备等蓬勃发展，势头强劲，并逐步迈向大型化、成套化、高端化；基础零部件品种多，研发和生产能力强，产业结构更趋合理。已形成工业销售产值 400 亿元的重庆机电集团，100亿元的重庆船舶公司、宗申集团、力帆集团、隆鑫集团，70 亿元的四联集团等大型龙头企业，以及与大型龙头企业配套发展的一大批"专、精、特、新"

的分工合理的专业化企业，基本形成龙头企业带动关联企业共同发展的模式。

优势产品逐步形成。拥有完全自主知识产权国内技术领先的2MW陆上、5MW海洋风力发电机组生产能力；已批量生产国内独特的单轨跨座式车辆；工业自动化仪表、电工仪表国内市场优势明显，具有生产高档数控齿轮加工机床能力；拥有国内先进的垃圾焚烧、烟气净化、脱硫脱硝和CO_2捕集及液化装置生产技术；拥有500千伏、800千伏、1000千伏超高压变压器产品设计制造能力，750千伏扩径钢芯绞线及ACSR720/50高强度钢芯绞线填补了国内空白，达到国际先进水平；形成0.5千瓦到3000千瓦的内燃机产品功率体系，其产业集中度、产品技术水平、技术研发能力均处于国内领先水平。

（三）继续提高制造业经济效益

重庆制造业不仅要做大，而且应当做强。在国家地方产业政策的推动下，重庆制造业的经济效益继续提升，2011年，制造业实现利税233亿元，同比增长33.5%，是2005年的4.2倍；实现利润168亿元，同比增长42.4%，是2005年的5.6倍；平均资产总额3560亿元，同比增长17%，是2005年的4.7倍；全员劳动生产率17.9万元/人，万元GDP能耗0.024吨标煤/万元，高于全国平均水平。

（四）增强可持续发展能力和成长动力

2006年至今，累计完成工业投资1149亿元，占全市工业投资的11.6%。其中，2011年完成工业投资328亿元，占六大支柱产业投资的16.6%。制造业现有企业技术中心77家，占全市的42.1%；国家级技术中心10家，占全市的58.8%。

总体上看，重庆处于工业化快速发展阶段，但仍属于欠发达地区、仍处于欠发达阶段，制造业发展水平与建设国家重要现代制造业基地的目标仍有较大差距。突出表现为：制造业创新能力不强，研发投入不足，中高端人才缺乏，产业技术对外依存度较高；产品档次不高，战略性新兴产业规模不大；龙头企业和科技型企业数量较少、规模偏小，核心竞争力不强；资源能源价格和物流成本相对较高；等等。这些问题必须引起国家高度重视，并采取切实措施加以解决。

建设国家重要现代制造业基地，必须深刻认识并牢牢把握当前全球制造业发展新趋势和我国制造业发展新形势，化挑战为机遇，坚持问题导向抓关键、重点突破带全局、结果倒逼求实效，在优化空间布局、提高创新能力、调整产业结构、提升开放发展水平、推动工业化和信息化深度融合、强化工业基础能力、加强质量品牌建设、提高绿色发展水平、发展服务型制造及生产性服务业等方面花大功夫、下大力气，努力探索符合重庆实际的现代制造业发展路径，加快建设国家重要现代制造业基地，不断提高制造业发展的质量和效益，为重庆如期全面建成小康社会和建设统筹城乡发展的国家中心城市提供坚实支撑。

第五章

物流业与制造业融合发展的空间分异

第一节 引言

制造业是国民经济的支柱产业，其解决就业问题的容量大，资金、技术等生产要素的投入较为集中，与其他产业的关联度比较高，制造业的发展水平往往是一个国家或地区综合实力的重要体现。物流业是现代生产性服务业的典型业态，涵盖仓储、运输、配送、装卸搬运、流通加工等众多业务领域，发展程度已成为衡量一个国家或地区经济发展活力和实力的重要标准。制造业和物流业联系紧密，制造业为物流业的发展创造需求，物流业为制造业竞争力的提升提供支持。国家相关文件明确提出，要促进两业有机融合，联动发展。这不仅有利于提升物流业的服务水平和服务能力，而且有利于促进制造业的结构优化和转型升级。

第二节 相关文献回顾

一、关于两业相互关系的研究

物流业是生产性服务业的一种典型业态，国外对物流业和制造业关系的研究始于 20 世纪 70 年代对生产性服务业和制造业关系的关注，围绕两业地位及其互动关系进行了深入研究，其中最具有代表性的观点即供给主导论、需求遵从论、产业互动论及融合发展论。如 Hansen N（1994）认为，生产性服务业是制造业发展的前提，在两业关系中处于供给主导地位，发达的生产性服务业对提升制造业的竞争力具有重要作用。与此相反，学者 Guerrieri 和 Meliciani（2005）则强调了关系中制造业的基础性地位，认为生产性服务业作为制造业的附属和补充，处于一种需求遵从地位。植草益（2001）发现，在信息技术的推动下，制造业和物流等生产性服务业之间的产业边界逐渐变得模糊起来，两业相互渗透、相互融合，呈现你中有我、我中有你的发展趋势。在我国制造业和物流业的发展过程中，国内的研究者也意识到物流等生产性服务业与制造业的联系日趋紧密，但两业之间并非简单的分工关系，而是相互影响、相互作用、相互依赖、共同发展的动态联系，制造业的转型升级和技术进步推动了物流业的发展，而大力发展生产性服务业也有助于提升制造业的竞争力。国内学者对两业关系的观点可以归结为三个方面。

第一，制造业对物流业具有推动作用。一是制造业的发展为物流业提供原动力。制造业发展初期包含了物流环节，随着制造业规模的扩大和专业化分工的加深，物流业从制造业内部剥离，逐渐从"内部化"走上"外部化"，制造业的专业化分工和产业发展推动了物流业的产生和发展。二是制造业为物流业创造了市场需求。运输、仓储、装卸搬运及流通加工等物流的大部分功能都是围绕着如何满足制造业的需求而存在的，由制造业创造的物流总值高达88%，制造业物流业务量占比70%以上，可见制造业的发展为物流等生产性服务业创造了巨大的市场需求。三是制造业的发展为物流业提供先进设施装备和现代技术手段。以现代装备制造业为代表的先进设施装备和现代技术手段已经运用在运输、仓储、加工、包装、配送、货代等物流业的各个环节，为物流业信息化、系统化、自动化提供物质支持和保障。

第二，物流业对制造业具有促进作用。一是物流业的发展降低了制造业生产成本。物流业的发展使得制造企业可以通过外包获得专业化的物流服务，有助于制造企业将主要资源集中于生产制造环节，实现规模化生产，降低产品生产成本。二是物流业为制造业企业供应、生产及营销等环节提供全程服务，专业化、一体化的高水平物流服务有助于缩短生产周期，在 MRP、EDI、ECR 等物流技术和服务的支持下，制造业生产经营活动的效率大幅度提升。三是物流业作为产业链条的中间需求，是构成现代产业价值链的重要环节。物流业的发展把日益专业化的人力资本和知识资本引进商品生产部门，带动了中间需求的发展，促进了工业生产组织结构变更和分工的深化。

第三，制造业与物流业协同发展产生协同效应。一是促进两业降低交易费用。制造业和物流业互动融合、协同发展，实质上是两业能力互补形成的一种持续的依赖关系，即威廉姆森所称的"双边依赖"。一方面，这种关系可以有效减少两业合作过程中的信息搜寻成本，降低交易频率高产生的负面影响及合同履行风险；同时促进伙伴之间的"组织学习"，有效降低由交易主体有限理性带来的交易费用，进而抑制双边机会主义行为。另一方面，制造业和物流业的这种依赖使得交易双方能够建立连续稳定的契约关系，降低资产专用性带来的不可回收成本和沉没成本。二是促进两业建立长远共赢关系。当制造业和物流业之间的合作是短期行为时，交易双方容易着眼于短期利益而陷入"囚徒困境"。不同于单次交易下的囚徒困境，在多次重复博弈的情况下，制造业和物流业更加注重长远利益而非眼前利益，因而能够为了长远利益建立互信合作的共赢关系。三是促进两业培育核心竞争力。在两业协同过程中，制造业通过物流外包在市场中寻求更加专业化的物流服务，从而可以集中精力专注于自身的核心业务。物流业则在市场化机制下运作，通过优胜劣汰获得成长，只有那些具备核心竞争力的物流企业才能在竞争中胜出，在制造业物流外包中取得竞争优势。

二、关于研究内容和研究方法

从研究内容来看，国内研究主要涉及两业联动的现状、联动发展的制约因素、联动协同的措施等问题。比如苏秦、张艳（2011）以中、美、英、韩、法、德等 G7 国家为研究对象，结合各国物流产业特征和经济发展阶段，分析了各国物流业与制造业之间的融合、互动现状及动态变化规律。王茂林、刘秉镰（2009）认为，我国物流业一体化服务能力不足、服务层次较低，制造业自营物流比例偏高等问题，已经成为影响两业协同联动的重要因素。黄福华、谷汉文（2009）认为，制造业只有与物流业协同发展，才能充分发挥支柱产业的重要作用。为实现我国现代制造业与物流业的协同发展，应完善促进制造业与物流业协同发展的市场机制，优化生产企业物流管理，提升物流信息化水平。韦琦（2011）用 1978—2009 年的统计数据对中国制造业与物流业的关系进行实证研究，发现两业之间存在着长期均衡关系，物流业发展是制造业发展的格兰杰原因。

从研究方法来看，在分析两业关系时研究者比较常用的工具和方法包括产业集群理论、数据包络分析（DEA）、灰色关联分析（GRA）、产业共生理论等。如王珍珍、陈功玉（2010）从灰色关联模型入手，计算了1995—2007年我国制造业不同行业与物流业的关联程度及协调度。施国洪、赵曼（2010）用数据包络分析方法对物流业与制造业的协调发展状况进行了调查。闫莉等（2011）通过建立制造业与物流业种群协同演化定量模型，分析了物流业与制造业系统的协同演化规律。董千里等（2015）运用复合系统模型，计算了陕西省制造业子系统与物流业子系统的有序度，分析了陕西全省及三个组成区块各子系统的有序度和复合系统协调度。

三、关于两业融合方面的研究

关于两业融合，陈宪、黄建锋（2004）在探讨服务业增长、发展的历史过程及原因的基础上，分析和验证了服务业与制造业之间相互依赖、相互作用、良性互动的关系，并研究二者出现的融合态势。李靖华（2008）从制造业与服务业融合的视角归纳服务大规模定制的实现机理，最后给出系统分析的总结和展望。刘鹏、刘宇翔（2008）分析了产业链价值创造与实现机制，阐述了生产性服务业与制造业产业融合的过程，并提出了融合后产业价值链形成所引起的策略驱动。

2009年国家相关政策的颁布推动了学者们在这一领域的研究，如陆小成（2009）提出了生产性服务业与制造业融合的知识链模型，认为生产性服务业与制造业的高度互动与融合应加强组织建构、文化创新、激励约束以及技术支持等机制建设。童洁、张旭梅、但斌（2010）以实物产品和生产性服务的关联为切入点，提出了制造业与生产性服务业融合发展的三种模式——基于共生性的融合模式、基于内生性的融合模式、基于互补性的融合模式。汪德华、江静、夏杰长（2010）基于北京市与长三角地区的情况，比较分析了生产性服务业与制造业融合对制造业升级的影响。杨仁发、刘纯彬（2011）认为，生产性服务业与制造业融合有利于提升产业竞争力，促进产业升级。生产性服务业与制造业价值链环节上活动的相互渗透、延伸和重组，是生产性服务业与制造业融合发展的反映。生产性服务业与制造业融合过程实质是价值链分解和重构整合的过程 。李美云（2011）在对制造业和服务业融合内涵界定的基础上，指出服务业与制造业的产业融合主要表现为制造业的服务化。其通过对两者融合过程中价值链的分析，认为融合是两大产业全部价值活动的有效组合及对这些价值活动所涉及的全体利益方进行优化整合而实现的有效制度安排集合的总和。李文秀、夏杰长（2012）认为基于自主创新的制造业和服务业融合的实现路径是推动自主创新的信息技术推广与应用，可通过公共创新平台进行自主创新，促进关键技术领域的研发协作体系建设。董千里（2013）根据集成场基本范畴，分析物流集成体主导的物流链和制造集成体主导的供应链的网链结构形成及融合过程，探讨场源、基核在两业网链形成、融合过程中的发展机理。

2014 年国务院国发〔2014〕42 号文件印发《物流业发展中长期规划(2014—2020 年)》，进一步推动了学术界在相关领域的研究。如王成东、綦良群，蔡渊渊利用中间投入率和中间需求率指标构建融合水平综合测度模型，依据 SFA 方法和 Cobb – Douglas 生产函数构建装备制造业与生产性服务业融合影响因素的评价模型，基于中国 30 个省市截面数据进行实证研究，揭示融合影响因素的影响强度和影响方向，最后提出促进装备制造业与生产性服务业融合发展的对策和建议。王珍珍（2015）基于共生度模型，选取了上海、天津、福建、广东作为分析对象，探讨了四地制造业与物流业互动融合的模式。霍鹏、魏修建（2017）通过对我国八大经济区 2000—2014 年制造业与物流业的相关数据进行一致化和无量纲化处理，运用共生理论分析了八大经济区内制造业与物流业互动融合程度。綦良群、张庆楠（201）从价值链分解及整合角度对装备制造业与生产性服务业融合过程进行分析，在概括归纳两个产业融合基本形式的基础上，解析网式融合内涵及其存在形式，提出网式融合影响因素，并选取网式融合影响因素测量指标，根据理论研究假设，采用调查问卷法收集数据，运用结构方程模型实证检验网式融合影响因素。高智、鲁志国（2019）依据系统耦合理论构建耦合评价模型对我国 30 省市 2007—2016 年装备制造业与高技术服务业融合发展水平进行测度，并根据研究结论提出相应政策建议。

总之，国内外学者已经围绕两业相关问题进行了广泛而深入的研究，但从研究内容上看，关于我国两业融合发展地域差异的研究尚不多见；从研究方法看，耦合论和协同论能够较好地刻画两业关系互动融合的发展趋势。鉴于此，本书基于耦合论和协同论构建制造业与物流业融合模型，从产业发展理论出发建立两业发展的多维指标体系，对全国 31 个省区的两业发展进行实证研究，分析融合发展空间分异特征，为两业协同发展政策的制定提供参考。

第三节　研究方法比较

产业融合是指不同行业间相互渗透、交叉，直至产业间的传统边界趋于模糊甚至消失，逐步形成新产业的动态发展过程。研究产业融合问题最重要的前提就是正确计量产业融合程度或产业融合水平，产业融合的途径有技术融合、业务融合和市场融合，目前还没有形成一个综合性的指标能够反映产业融合的全过程，受到学者认可并广泛使用的主要是反映技术融合的指标，同时，学者们也根据不同的研究对象和内容，基于数据的可获得性，采用了不同的融合度计量方法，如相关系数法、赫芬达尔指数法、投入产出方法以及熵指数方法，等等。

一、赫芬达尔—赫希曼指数法

赫芬达尔—赫希曼指数（Herfindahl – Hirschman Index，简称 HHI），简称赫芬达尔指数，是一种测量产业集中度的综合指数。它是指一个行业中各市场竞争主体所占行业总收入或总资产百分比的平方和，用来计量市场份额的变化，即市场中厂商规模的离散度。赫芬达尔指数是产业市场集中度测量指标中较好的一个，是经济学界和政府管制部门使用较多的指标。盖蒙巴德拉和托里斯（Gambardella & Torrisi，1998）在研究电子信息产业的技术融合状况时，将赫芬达尔指数引入产业融合的度量中。定义了如下赫芬达尔指数：

$$HHI = \sum_{i=1}^{n} (X_i/X)^2$$

来衡量电子信息产业的技术融合程度，其中 X 表示技术专利总数，X_i 表示不同行业的技术专利个数。HHI 越小，表示技术融合程度越高；反之，则表示技术融合程度越低。

按照这一思路，将 HHI 指数计算中的相应内容予以替换，就可以衡量业务融合或市场融合。如果将 X_i 换成企业对某行业或某项业务的投资额，X 换成企业对所有行业或所有业务的投资总额，那么 *HHI* 就表示企业的业务融合程度。同样地，*HHI* 越小则企业的业务融合程度越高；*HHI* 越大则企业业务融合程度越小。此外，也可将 *Xi* 换成企业各行业或各业务的收入，*X* 换成所有行业或所有业务的收入总额，或者将 *Xi* 换成各行业或各业务的市场需求量，*X* 换成所有行业或所有业务的市场需求总量，那么，*HHI* 就可以表示为企业的业务与市场融合程度了。HHI 指数法能真实反映两业的业务融合程度，但统计分析中可能存在多重共线性问题。同时，用业务融合程度近似替代两业融合程度，存在一定的片面性。

二、专利系数法

又称相关系数法，是一种计算两两产业间融合度的方法。美国学者 Fair 等选择了 32 家在 1930—1990 年间具有专利活动的美国公司，将它们被授予的专利分别归属为化学、电子、机械、交通运输四个行业，计算了各个行业专利占总专利数的百分比，构建了一个产业间技术融合程度的相关系数矩阵，并以相关系数代表融合系数，根据相关系数的变化趋势判断两两产业间的融合程度。这首先需要分别对两种产业的技术正向融合系数和技术反向融合系数进行测算，再通过计算两者的相关系数来衡量产业间的融合程度（罗月江，2014）。Curran（2010，2011）等学者认为专利是不同产业间融合迹象的第一显示指标，主张基于可公开获取的数据对产业融合进行测度和监控。专利系数法可准确反映两业的技术融合程度，但各行业的专利数据统计不完整，且较难获取。

三、熵指数法

熵指数（Entropy Index，简称 E 指数，也称因托比指数）借用了信息理论中熵的概念，信息论之父 C. E. Shannon 在 1948 年发表的论文《通信的数学理论》（A Mathematical Theory of Communication）中指出，任何信息都存在冗余，冗余大小与信息中每个符号（数字、字母或单词）的出现概率或者说不确定性有关。Shannon 借鉴了热力学的概念，把信息中排除了冗余后的平均信息量称为"信息熵"，并给出了计算信息熵的数学表达式。利用熵指数法计算产业融合度的公式如下：

$$EI = \sum_{i=1}^{n} P_i \ln(1/P_i)$$

熵指数 *EI* 为产业融合程度，*n* 代表行业中的企业总数或者产业中的行业总数，*Pi* 代表样本公司在一个行业的专利数或销售额，熵指数 *EI* 表示的含义是，样本公司所具有的专利数（或产品经营范围）涉及的行业数目越多，*EI* 值越大，表示样本公司技术融合或企业融合程度越高，反之，如果只涉及一个行业，则熵指数为 0，即样本公司只进行专业化经营，没有与其他业务融合发展。熵指数法具有可分解性的优点，可以有效解决产业融合测度中统计数据可能存在的多重共线性问题。但这一方法的计算量很大，数据处理困难，并且其有效性较大程度地依赖于行业分类的合理性。

四、投入产出法

投入产出法是研究经济体系（国民经济、地区经济、部门经济、公司或企业经济单位）中各个部分之间投入与产出间相互依存关系的数量分析方法。由诺贝尔经济学奖得主、美国经济学家瓦西里·列昂惕夫（Wassily W. Leontief）最早提出并创立，他于 1936 年发表了投入产出的第一篇论文《美国经济制度中投入产出的数量关系》；并于 1941 年发表了《美国经济结构（1919—1929）》一书，详细地介绍了"投入产出分析"的基本内容；到 1953 年又出版了《美国经济结构研究》一书，进一步阐述了"投入产出分析"的基本原理和发展。以制造业和信息产业为例，以制造业各行业生产过程中信息技术产出占总产出的比重来表示信息产业与制造业各行业的融合度。

$$信息产业与制造业行业\,i\,的融合度 = \frac{行业\,i\,生产过程中的信息技术总投入}{行业\,i\,的总产出} \times 100\%$$

行业 i 生产过程中信息技术总投入占该行业总产出的比重越大，则表明两大产业间的融合程度越深，制造业的信息化程度越高。这一方法将产业生产过程中信息技术投入近似地等同于最终产品中的信息技术产出，虽然在一定程度上低估了信息技术的实际产出数值，但在判断信息产业与制造业的融合趋势上不会有较大影响。投入产出法主要衡量的是产业渗透形成的产业融合，无法衡量产业交叉和产业重组形成的产业融合（李美云，2007；徐盈之、孙剑，2009）。

以上方法均能从不同的角度测算产业融合度，但又都存在着自身无法避免的缺陷。赫芬达尔指数法和专利系数法，都是通过企业专利数据测算产业间的技术融合来表现产业间的融合度，存在一定的片面性，且各产业的专利数据较难得到。熵指数法的计算量很大，数据处理困难，并且其有效性较大程度地依赖于行业分类的合理性。投入产出法主要衡量的是产业渗透形成的产业融合，无法衡量产业交叉和产业重组形成的产业融合（汪芳、潘毛毛，2015）。应当注意到，产业融合不能等同于产业间简单的混合或静态的叠加，产业间盲目进行多元化扩张而忽视产业之间是否存在内在的互补协同关系，是导致产业融合风险的重要因素。因此产业融合的一个关键问题在于产业间是否能够互补进而产生协同效应，即产业体系及内部诸要素之间在融合过程中是否彼此和谐一致，是否能够促进产业内部诸要素从无序走向有序。基于此引入融合协同度的概念，反映产业之间的融合程度与协同水平。

第四节 两业融合协同度模型

一、两业融合协同作用

协同论认为，复合系统内复杂的相互作用可能产生协同效应，形成良性循环，推动复合系统向有序化发展；也可能产生消极影响，导致系统向无序方向发展。协同效应发挥得好，则有序化程度高，反之则无序化程度高。按照耦合理论和协同理论的基本思想，在制造业和物流业构成的复合系统中，两业协同发展就是指两业子系统及其构成要素之间向着和谐一致的方向演化，两业耦合指的是两业子系统及其构成要素之间彼此影响、相互作用的现象。两业复合系统中的序参量是决定系统演化趋势的根本变量，两业复合系统演化的关键在于内部序参量之间的协同作用。

理论和实证研究结果表明，物流等生产性服务业与制造业的联系日趋紧密，两业之间并非简单的分工关系，而是相互影响、相互作用、相互依赖、共同发展的动态联系，制造业的发展是物流等生产性服务业的发展基础和发展前提，而大力发展生产性服务业也有助于提升制造业的竞争力。

（一）制造业对物流业的拉动作用

制造业对物流业的拉动作用主要体现在以下几个方面。第一，制造业的发展为物流业提供源动力。制造业发展初期包含了物流环节，随着制造业规模的扩大和专业化分工的加深，物流业从制造业内部剥离，逐渐从"内部化"走向"外部化"，制造业的专业化分工和产业发展推动了物流业的产生和发展。第二，制造业的发展为物流业释放市场需求。制造业的发展为物流等生产性服务业创造了巨大的市场需求，运输、仓储、装卸搬运及流通加工等物流的大部分功能都是围绕着如何满足制造业的需求而存在的，据统计，目前制造业创造的物流业务量占物流业总业务量的70%以上，制造业物流总值占全国物流总值的比例达88%。第三，制造业的发展为物流业提供先进设施装备和现代技术手段。制造业是以知识和技术为投入元素，应用现代技术、现代生产组织系统和现代管理理念所进行的以现代集成制造为特征、知识密集为特色、高效制造为特点的技术含量高、附加值大、产业链长的产业组织体系。以现代装备制造业为代表的先进设施装备和现代技术手段已经运用在运输、仓储、加工、包装、配送、货代等物流业的各个环节，为物流业信息化、系统化、自动化提供物质支持和保障。

（二）物流业对制造业的促进作用

物流业对制造业的促进作用主要体现在以下几个方面。第一，物流业的发展降低了制造业生产成本。从专业化分工角度来看，优秀的物流企业拥有专业化的信息技术、物流设施、人才等，通过提供社会化物流服务容易实现规模经济，制造企业将可以通过外包获得物流企业的专业化服务，从而降低自身的生产成本；同时制造企业内部物流资产和业务的剥离，可以在不增加固定资产投资的情况下享受高质量的物流服务，有助于制造企业将主要资源集中于生产制造环节，实现规模化生产，从而降低产品生产成本。第二，物流业的发展缩短了制造业生产周期，提高了生产率，推动了制造业专业化发展。物流业服务于制造业生产经营的采购、生产到销售等各个环节，优质高效的物流服务可使制造业提高生产的连续性，大大缩短制造周期。在电子数据交换、物料需求计划、高效客户反应等物流技术和服务的支持下，制造企业的运行效率大幅度提升。第三，物流业促进了制造业分工的深化。物流业是产业链条的中间需求，是构成现代产业价值链的重要环节。物流业的发展把日益专业化的人力资本和知识资本引进商品生产部门，带动了中间需求的发展，促进了工业生产组织结构变更和分工的深化，是制造业竞争力提高的助推器。

（三）制造业与物流业融合发展的协同效应

制造业与物流业融合发展的协同效应主要体现在以下几个方面。第一，促进两业降低交易费用。制造业和物流业互动融合、协同发展，实质上是两业能力互补形成的一种持续的依赖关系，即威廉姆森所称的"双边依赖"。一方面，这种关系可以有效减少两业合作过程中的信息搜寻成本，降低交易频率高产生的负面影响及合同履行风险；同时促进伙伴之间的"组织学习"，减少因为交易主体的有限理性产生的交易费用，抑制双边机会主义行为。另一方面，制造业和物流业的这种依赖使得交易双方能够建立连续稳定的契约关系，形成对资产专用性的共同占有，降低资产专用性带来的不可回收成本和沉没成本。第二，促进两业建立长远共赢关系。博弈论告诉我们，当制造业和物流业之间的合作是短期行为时，交易双方容易着眼于短期利益而陷入囚徒困境。不同于单次交易下的囚徒困境，在多次重复博弈的情况下，制造业和物流业更加注重长远利益而非眼前利益，因而能够为了长远利益建立互信合作的共赢关系。第三，促进两业培育核心竞争力。核心竞争力作为一种独特的资源或者能力，是制造业和物流业在市场竞争中建立竞争优势的保障。在两业协同过程中，制造业通过物流外包在市场中寻求更加专业化的物流服务，从而可以集中精力专注于自身的核心业务。物流业则在市场化机制下运作，通过优胜劣汰获得成长，只有那些具备核心竞争力的物流企业才能在竞争中胜出，在制造业物流外包中取得竞争优势。

二、两业融合协同测度模型

在物流业与制造业形成的复合系统中，设两业复合系统演化发展过程中的序参量为 u_i（$i = 1, 2$），u_{ij}（$j = 1, 2, 3, \cdots, n$）为序参量 u_i 的第 j 个指标，其值为 X_{ij}，序参量的上下限值分别为 α_{ij}、β_{ij}，则该序参量对系统有序的贡献可以表示为

$$U(u_{ij}) = \begin{cases} (X_{ij} - \beta_{ij})/(\alpha_{ij} - \beta_{ij}), u_{ij} \text{ 具有正功率} \\ (\alpha_{ij} - X_{ij})/(\alpha_{ij} - \beta_{ij}), u_{ij} \text{ 具有正功率} \end{cases} \quad (1)$$

称 $U(u_{ij})$ 为序参量的有序度，可见 $U(u_{ij}) \in [0, 1]$，它的值越大，

序参量有序度越高，它对系统有序发展的作用或贡献也就越大。序参量对复合系统有序发展的总贡献可以用下述的线性加权和法进行计算。

$$U(u_{ij}) = \sum_{i=1}^{n} \lambda_{ij} U(u_{ij}) \tag{2}$$

同样，$U(u_i)$ 为子系统有序度，$U(u_{ij}) \in [0,1]$，λ_{ij} 为序参量权重，$\lambda_{ij} \geqslant 0$，$\sum_{j=1}^{n} \lambda_{ij} = 1$。子系统有序度越大，则系统有序的程度就越高，反之则越低。

借鉴多系统相互作用的耦合度模型，制造业和物流业复合系统的耦合度函数可以表示为

$$C = [U(u_1)U(u_2)]^{\frac{1}{2}} / [U(u_1) + U(u_2)] \tag{3}$$

其中 $U(u_1)$ $U(u_2)$ 分别表示制造业和物流业子系统的有序度，显然耦合度值越大耦合强度越高，耦合度可以较好地反映两业子系统耦合作用的强弱，但无法反映两业协同水平的高低。如当两个系统发展水平都较低时，同样也可以得到两个系统协同度较高的结果。为此，在多个区域对比研究的情况下，建立如下融合协同度函数，综合反映制造业与物流业融合发展的协同水平。

$$\begin{cases} D = (C \times T)^{1/2} \\ T = aU(u_1) + bU(u_2) \end{cases} \tag{4}$$

其中 T 为综合协同指数，代表了系统综合协同效应或者贡献；a 和 b 是表征制造业和物流业地位和贡献的待定系数，此处借鉴文献的处理方法，取 $a = 0.6$，$b = 0.4$。D 为融合协同度，其值越大，两业复合系统的融合协同程度也越高。最好使 $T \in (0.0, 1.0)$，这样可以保证 $D \in (0.0, 1.0)$。融合协同度模型既体现了制造业和物流业的耦合强度，也反映了两业的协同水平。

第五节　两业融合协同的空间分异

一、指标选取及数据统计

一方面，物流等生产性服务业依赖制造业的发展，制造业是物流等生产性服务业的基础和前提。制造业的发展为物流等生产性服务业创造了巨大的市场需求，运输、仓储、装卸搬运及流通加工等物流的大部分功能都是围绕着如何满足制造业的需求而存在的。另一方面，制造业的良性发展离不开生产性服务业的有力支撑（陈宪、黄建锋，2004）。物流等生产性服务业是提升制造业竞争力的重要途径，物流业的发展降低了制造业生产成本，缩短了制造业生产周期，促进了制造业劳动生产率的提高和专业化分工的深化。理论和实证研究结果表明，物流等生产性服务业与制造业之间并非简单的分工关系，而是你中有我、我中有你，相互依赖、相互融合的动态关系（顾乃华等，2006）。产业融合往往发生在产业的边界和交叉处，必然带来产业边界的模糊或者消失（卢福才、吴昌南，2013）。

在系统性、科学性、可比性、可测性及独立性等原则指导下，从资源融合、业务融合、市场融合等方面分析两业融合发展，分别选择制造业固定资产投入 MC1（亿元）、制造业人力资源投入 MC2（万人）、制造业产值 MC3（亿元）、制造业成本费用利润率 MC4（%）、制造业总资产贡献率 MC5（%）、制造业企业数量 MC6（个）、制造业资产规模 MC7（亿元）、制造业经营收入 MC8（亿元）、制造业利润增长 MC9（%）、制造业净资产增长 MC10（%）作为制造业方面的指标；分别选择物流业固定资产投入 LC1（亿元）、物流业人力资源投入 LC2（万人）、物流业产值 LC3（亿元）、物流业产值占 GDP 比重 LC4（%）、物流业贡献率 LC5（%）、货物运输量 LC6（万吨）、货物周转量 LC7（亿吨公里）、社会消费品零售总额 LC8（亿元）、物流业投资增长率 LC9（%）、物流业业务增长率 LC10（%）作为物流业方面的指标，由上述 20 项指标形成两业发展的指标体系。

统计数据来自 2018 年《中国统计年鉴》，参照行业分类标准，物流业属于第三产业中交通运输、仓储及邮电业部分，按此标准对物流业进行统计。从产业结构来看，制造业产值占工业总产值90%以上，统计中制造业的个别数据用工业数据进行统计。在数据统计过程中进行了以下处理，一是运用极差标准化方法对原始数据进行归一化，这是因为原始数据的数量级差异很大，数据的量纲也不统一，需要通过归一化消除这种差异。此外，也是为了保证数据在运算中熵权计算的需要。二是在序参量上下限的确定中，将统计期内各指标数据的最大值和最小值分别放大和缩小5%进行设定。三是涉及的全部运算过程均采用 Matlab2012 通过编程完成，原始数据及运算过程参见附5－1—附5－8。

二、两业融合有序发展的空间分异

将上述数据代入公式（1）（2），对全国东部、中部、西部和东北地区的两业序参量有序度及子系统有序度进行计算，结果表5－1所示。

表5－1　两业序参量及子系统有序度

地区	MC1	MC2	MC3	MC4	MC5	MC6	MC7	MC8	MC9	MC10
东部	0.3529	0.2891	0.4410	0.3968	0.5197	0.4403	0.4864	0.4171	0.1618	0.5506
中部	0.3918	0.1607	0.3034	0.3046	0.5800	0.2874	0.2911	0.2726	0.2961	0.6388
西部	0.1019	0.0529	0.1172	0.4382	0.3150	0.0848	0.1467	0.0894	0.3286	0.6704
东北	0.1263	0.0793	0.1479	0.1873	0.2244	0.1078	0.1820	0.1108	0.2753	0.3050
地区	LC1	LC2	LC3	LC4	LC5	LC6	LC7	LC8	LC9	LC10
东部	0.4200	0.4398	0.5240	0.4258	0.1695	0.4063	0.3586	0.4610	0.3440	0.6306
中部	0.3213	0.3215	0.3433	0.4011	0.1306	0.5451	0.2166	0.3134	0.2517	0.8014
西部	0.3485	0.1858	0.1726	0.4276	0.2077	0.2469	0.0786	0.1307	0.3942	0.6748
东北	0.1570	0.2934	0.2340	0.4478	0.2989	0.2500	0.1789	0.2463	0.2816	0.6277

对序参量指标的有序度进行比较可以发现，第一，不同地区两业序参量指标的有序度差异较为明显。其中制造业有序度地区差异最大的序参量为制造业净资产增长率（MC10），其有序度在西部地区达到0.6704，而东北地区仅为0.3050，差值达0.3655。物流业有序度地区差异最大的序参量为货物周转量（LC3），其有序度在东部地区达到0.5240，而西部地区仅为0.1726，差

值达 0.3514。

第二，东部地区两业有序发展水平最高，中部地区次之，东北和西部地区较低（见图 5-1）。其中东、中、西和东北部地区制造业子系统有序度 UM 分别为 0.3908、0.3129、0.1571、0.1466，物流业子系统有序度 UM 分别为 0.3995、0.3172、0.2203、0.2533。

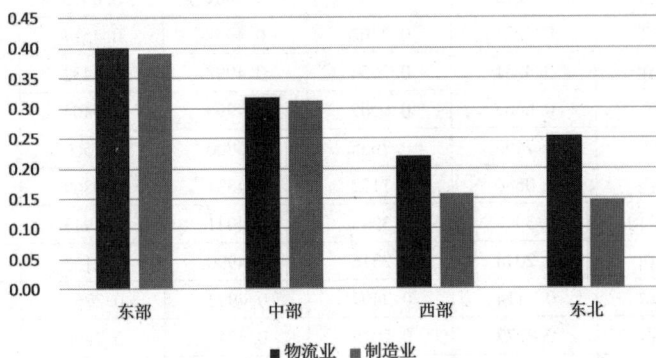

图 5-1 不同地区两业子系统有序度

第三，总体上物流业子系统有序度高于制造业，表明全国范围内物流业有序发展的水平更高，对于两业协同发展的贡献更大。这也反映了在两业的发展过程中，物流业的产业细分逐渐深入，专业物流市场规模进一步扩大，物流社会化专业化分工加快，物流业在促进制造业发展方面的作用也不断加大；相比之下，我国制造业发展面临的产业大而不强、自营物流成本高、物流外包动力不足等问题比较突出，制约了有效物流需求的释放，对两业融合发展的贡献减小。

三、两业融合协同发展的空间分异

将上述数据代入公式（3）（4），对全国 31 个省、自治区和直辖市两业融合协同发展的相关参数进行计算，结果如表 5-2 和图 5-2、5-3 所示。

表 5 – 2 两业融合协同发展水平

地区	省份	UM	UL	C	T	D
东部	北 京	0.1745	0.2347	0.4946	0.1986	0.3134
	天 津	0.1290	0.1468	0.4990	0.1361	0.2606
	河 北	0.3125	0.4442	0.4924	0.3652	0.4240
	上 海	0.2435	0.4027	0.4846	0.3072	0.3858
	江 苏	0.7670	0.4933	0.4881	0.6575	0.5665
	浙 江	0.4621	0.4362	0.4998	0.4517	0.4751
	福 建	0.3351	0.3554	0.4998	0.3432	0.4142
	山 东	0.6667	0.6009	0.4993	0.6404	0.5655
	广 东	0.7497	0.7655	0.5000	0.7560	0.6148
	海 南	0.0680	0.1152	0.4831	0.0869	0.2049
	东部平均	0.3908	0.3995	0.4941	0.3943	0.4225
中部	山 西	0.2044	0.2316	0.4990	0.2153	0.3278
	安 徽	0.3114	0.3497	0.4992	0.3267	0.4038
	江 西	0.2777	0.2075	0.4947	0.2496	0.3514
	河 南	0.4750	0.4280	0.4993	0.4562	0.4773
	湖 北	0.3129	0.3652	0.4985	0.3338	0.4079
	湖 南	0.2958	0.3211	0.4996	0.3059	0.3909
	中部平均	0.3129	0.3172	0.4984	0.3146	0.3932
西部	内蒙古	0.1543	0.2695	0.4812	0.2004	0.3105
	广 西	0.2117	0.3584	0.4832	0.2704	0.3615
	重 庆	0.1979	0.2507	0.4965	0.2190	0.3298
	四 川	0.2899	0.3882	0.4947	0.3292	0.4036
	贵 州	0.1521	0.2504	0.4849	0.1914	0.3047
	云 南	0.1672	0.2421	0.4916	0.1972	0.3113
	西 藏	0.0917	0.0544	0.4835	0.0768	0.1927
	陕 西	0.2363	0.2475	0.4999	0.2408	0.3469
	甘 肃	0.1209	0.1467	0.4977	0.1313	0.2556
	青 海	0.0633	0.1151	0.4784	0.0840	0.2005
	宁 夏	0.0595	0.0680	0.4989	0.0629	0.1771
	新 疆	0.1401	0.2520	0.4792	0.1849	0.2977
	西部平均	0.1571	0.2203	0.4891	0.1824	0.2910
东北	辽 宁	0.1766	0.3376	0.4749	0.2410	0.3383
	吉 林	0.1563	0.2161	0.4935	0.1802	0.2982
	黑龙江	0.1070	0.2061	0.4743	0.1466	0.2637
	东北平均	0.1466	0.2533	0.4809	0.1893	0.3001
全国平均		0.2616	0.3000	0.4917	0.2770	0.3541

总体来看，我国制造业和物流业的融合协同发展水平呈现东部地区＞中部地区＞东北地区和西部地区的分布特点，融合协同度差异较为明显。

从东部地区来看，其制造业和物流业的有序度领先于中西部地区，从而决定了其两业水平高于中西部地区。东部地区是我国经济最具活力的区域，各省市的经济发展水平相对较高，政策措施较为完善，长期以来良好的环境条件吸引了国内外产业的流入，制造业和物流业集聚形成庞大的产业集群，产业的规模效应和集聚效应明显，这些均有利于推动两业的协同发展。

从中部地区来看，较东部地区有所下降但领先于西部地区。中部地区处于我国内陆腹地，国民经济处于发展水平低于东部、增长速度低于西部地区的不利地位，在两业的投入水平、产出效率、发展规模等方面总体都落后于东部地区。但中部地区承东启西，两业发展具有独特的资源优势和产业基础，在实现中部崛起战略的过程中，部分省区作为区域经济增长极，致力于制造业结构优化和物流业转型升级，对两业协同发展起到了带动和引领作用。

从西部地区和东北地区来看，其制造业和物流业有序度低于东部和中部地区，因而两业水平也低于中东部地区，其中物流业子系统有序度大于制造业子系统有序度，对协同发展的贡献较大。西部地区属于我国经济欠发达区域，基础设施薄弱，经济社会发展长期滞后且与东部地区发展差距仍在继续扩大。"十五"和"十一五"期间，西部地区制造业和物流业实现了快速增长，增幅一度超越中部地区，但两业增长方式较为粗放、产业链条短、自我发展能力弱等问题制约了两业的协同发展，因而其两业子系统有序度明显低于中东部地区，两业水平整体落后。

两业水平与两业的投入水平、产出效率、发展规模及成长能力等因素存在空间对应关系。东部地区是我国制造业和物流业聚集的区域，两业发展的产业基础雄厚，在产业的投入水平、产出效率、发展规模及成长能力方面居于领先地位，加之政策措施较为完善，外部经济环境较好，促进了两业发展。而中西部地区的制造业和物流业在上述几个方面相对滞后，此外在产业政策和外部环境等方面较东部地区均有差距。

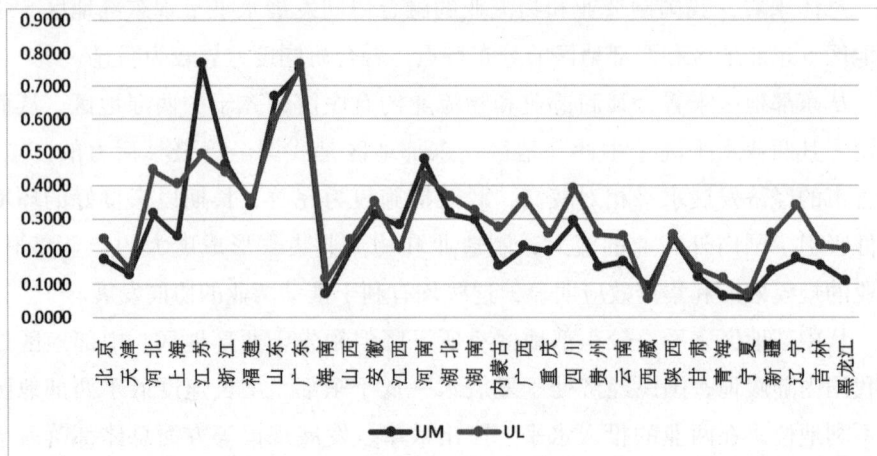

图5-2　两业子系统有序发展水平

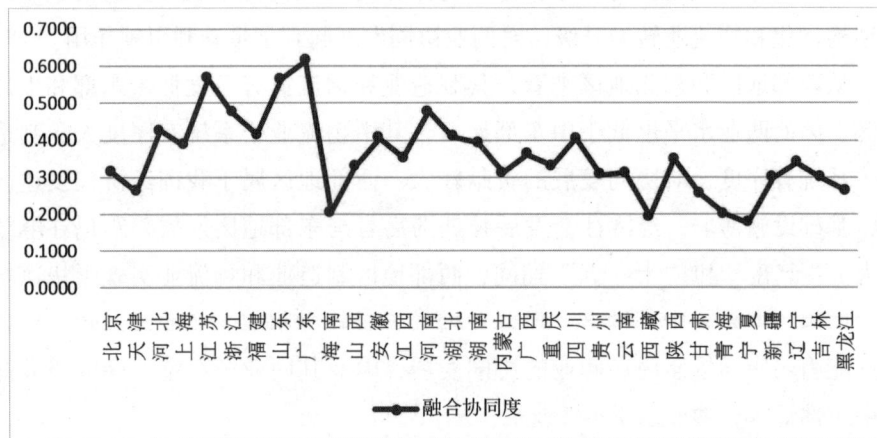

图5-3　两业融合协同水平

四、结论及建议

（一）主要结论

基于耦合理论和协同理论建立两业复合系统融合协同发展模型，对我国不同地区的两业状况进行实证研究，结果表明，我国制造业与物流业发展不平衡，地域差异比较显著，东部地区水平较高，中部地区次之，西部地区和东北地区较为落后。四大地区物流业子系统有序度普遍高于制造业，说明物流业有序发展程度领先于制造业，对两业协同发展的贡献较大。两业水平与两业的投入水平、产出效率、发展规模及成长能力等因素存在空间对应关系。总体上东部地区在上述方面具有居于领先地位，两业水平较高。但中西部地区在两业发展的某些局部因素上仍然具有比较优势，是推动中西部地区两业协同发展的突破性因素。

（二）对策建议

两业协同发展既要考虑不同地区的两业发展水平，也要结合两业子系统的特征。从不同地区来看，第一，东部地区应充分利用产业基础和环境条件优势，抓住国际产业结构层次转移的机遇，推动两业不断向高附加值、高技术含量的价值链高端环节演进。特别是在全球范围内两业融合发展的背景下，应发挥信息技术的引领作用，推动先进制造业分工细化，促进其物流服务外包，实现两业融合渗透协同发展。第二，中部地区是连接东西部地区的纽带，是我国区域关联度最强的地区，两业发展有相当的产业基础和资源优势，在实现我国东部地区产业梯度转移的过程中发挥着不可替代的作用。应通过大力发展现代物流业，强化生产要素合理配置的战略支点和交通运输枢纽地位；同时应依托资源优势延伸产业链，推动制造业由传统资源加工型向高附加值型转化，发展高端装备制造业，优化制造业产业结构，提升制造业的产出水平和产出效率，改善两业协同发展的内外部环境条件。第三，西部地区应利用特色资源优势和要素成本相对较低等有利条件，抓住东部地区产业转移的战略机遇，不断改善投资环境，加强基础设施建设，为两业协同发展创造条件。制造业应根据自身优势形成特色产业集群，发挥大型制造企业的技术优势，不断提高成套能力，致力于重大技术装备的自主化发展，强化产业链的设计和安排。鼓励现代制造企业进行主辅分离，逐步剥离物流等非主营环节，推进制造业从生产型向服务型转化。

从两业子系统来看，物流业子系统有序度普遍高于制造业，因此我国未来两业协同发展应当是在继续保持物流业有序发展的基础上，进一步发挥制造业对物流业的推动作用，提升制造业对协同发展的贡献。一方面，应当持续改进物流业的服务水平和服务质量，不断提升物流业的有效供给能力。建立健全物流业发展的市场化机制，大力培育第三方物流企业，进行专业化市场化运作，促进传统物流企业向物流服务供应商、供应链管理集成商转变，不断提升一体化服务水平和专业化供给能力。另一方面，制造业必须突破纵向一体化模式的束缚，积极推进组织结构再造和业务流程重组，促进制造业物流需求社会化。借鉴供应链横向一体化模式的管理思想，适时推进物流业务外包，不断释放制造业的有效物流需求。对此，国家和各级地方政府应营造氛围创造条件，制定和完善相应的政策措施，引导两业协同发展。

第六章

物流业与制造业协调发展的时序演化

第一节　引言

物流等生产性服务业是与制造业直接相关的配套性服务业，是从制造业内部的生产服务部门派生发展起来的新兴产业，也是现代服务业中最具活力和最具发展潜力的产业。两业协调发展至关重要，近年来，两业联动及协调发展的研究不断深入，如梁红艳（2015）从物流业的服务功能与调节功能出发，重点探讨物流业影响制造业效率的内部机理。理论分析了产业联动视角下，物流业发挥服务功能时，制造业生产成本、交易成本和技术创新在物流外包与制造业效率间的传导作用，以及产业分工视角下，物流业发挥溢出效应或调节功能时，制造业垂直分工、贸易发展和产业集聚在物流业与制造业效率间的传导作用，并用1997、2002和2007年中国28个制造业分行业的面板数据，中国20个制造业分行业2001—2010年的面板数据分别进行了经验分析。朱慧、周根贵、任国岩（2015）利用产业集聚指数和产业间共同集聚指数，分别对中部六省制造业、物流业及两大产业间的共同集聚水平进行了测度。王珍珍（2017）基于共生度模型对1978—2013年长江经济带九省二市制造业与物流业的共生度、共生关系以及共生寿命进行了测算。霍鹏、魏修建（2017）通过对我国八大经济区2000—2014年制造业与物流业的相关数据进行一致化和无量纲化处理，并运用共生度测算法，得出八大经济区内制造业与物流业互动融合程度差异较大的结论。赵晓敏、佟洁（2018）基于上海市2005—2015年制造业与物流业的统计年鉴数据，从产业投入、产出、规模、结构和成长五个维度评估两业之间的协调发展情况。采用子系统有序度模型和复合系统协调度模型分析了制造业子系统、物流业子系统的有序发展情况以及两类子系统之间的复合协调程度。曹炳汝、芮进松（2019）运用全局熵值法计算江苏2007—2017年物流业的发展水平，在此基础上进行空间自相关分析，揭示江苏物流业的空间演化，采用计量方法分析了制造业集聚对物流业发展空间差异的影响。制造业和物流业相互促进相互制约，客观上需要一个能够指导二者协调发展的理论，复合系统理论为我们提供了一个解决问题的新思路。

第二节　两业协调发展的内涵特征

一、协调发展的含义

复合系统协调性首先是指复合系统中子系统及构成要素间具有合作、互补、同步等多种关系，以及这些关联关系使复合系统呈现出的协调结构和状态。这种关联关系并非固定不变的，而是一种动态的协调关系。因此，复合系统协调性的另一层内涵是反映系统的动态调节机制，"协调"一词本身就有协同调节之意。复合系统中子系统及构成要素之间和系统与环境之间在相互作用过程中，总是存在种种矛盾，种种不协调现象。只有不断进行协调、调节，才能保持系统之间的动态平衡协调关系，从而使系统整体以及各个子系统都能充分发挥其功能，达到复合系统的最佳整体效应。

"协同论"研究结果表明，协同导致有序，不协同导致无序。"序"这个范畴指的是系统各要素某种属性量（结构或运动）按一定规律或方向取值的确定程度。有序是指系统各要素保持着一定的秩序和一定的规则，就系统结构而言，有序表征着系统结构在组合上的协调与适度。协调与有序是内在联系的。如经济系统协调、稳定发展就是有序，经济发展失调就是无序。复合系统内复杂的相互作用可能产生协同效应，形成良性循环，从而推动复合系统向有序化发展，也可能产生消极影响。协同作用决定了系统内部子系统合作能力，是复合系统的各子系统及元素耦合联系的中介，是复合系统结构有序化、稳定的原因，它左右着系统相变（状态变化）的特征和规律。协同作用发挥得好，则有序化程度高，并且这种协同作用力能促使各个子系统、各种构成要素围绕着系统的总目标产生协同放大作用，使复合系统产生相干效应，即复合系统整体功能大于局部功能之和，最终达到复合系统的协调状态；协同作用发挥得不好，所产生的负向作用力会破坏各个子系统及构成要素间的协调，产生反向放大作用，导致系统整体功能小于局部之和，促使系统向不协调状态演化，导致系统崩溃（白华、韩文秀，2000）。

二、产业协调发展的内涵

"协调"一词的基本解释即和谐一致、配合得当。产业协调主要表现在两个或两个以上产业系统内部、产业之间、产业子系统或子系统各要素间的关系和谐融洽、优化协调，这样优良的状态向好循环，最终实现总体的最优。马克思产业协调思想即社会化大生产客观要求按比例分配社会劳动，保持各部门、各环节之间的内在联系和比例关系是各部门协调发展的要求。产业的协调发展是一个动态过程，是产业系统各要素相互配合，实现全局优化和整体深化的理想变化过程。周振华（1992）认为产业协调发展是一种和谐运动的过程，表现为产业间的互补和转换。赵振清（2010）认为产业协调发展表现为产业间的数量比例等经济技术联系趋于协调以及产业结构向高层次演化两方面。苏东水（2010）认为产业间的协调发展包括了产业间素质协调、联系方式的协调、相对低位的协调以及供需结构的协调。李应博等（2011）认为产业协调发展是各类产业资源和效益在不同产业间分配并达到良性互动和均衡协调的格局。综合现有研究并结合产业相互作用的相关理论，以信息服务业、物流业和制造业的协调发展为例，应从其相互作用影响的动态过程来看，在三个产业子系统发展的过程中，各产业部门在各发展阶段具备相适应和相匹配的发展水平，各产业部门互相配合，互相支撑，和谐互动，最终实现整体的最优效果（黄芳，2018）。

三、两业复合系统协调发展的内涵

基于协同论中关于复合系统的思想，制造业与物流业协调发展指的是在实现系统共同目标的演化过程中，在一定的控制活动或者约束机制的作用下，物流业子系统与制造业子系统之间或子系统内部要素之间相互协作、相互配合、相互促进形成的一种良性循环态势。由协同论的思想可知，系统走向有序的机理不在于系统现状的平衡或不平衡，也不在于系统距平衡态多远，关键在于系统内部各子系统间相互关联的协同作用。因此制造业与物流业的协调发展不能简单理解为稳定或静态比例关系，它表现为二者在发展过程中的相互促进、相互制约。制造业是物流业发展的基础，制造业的发展能够为物流业提供广阔的平台和发展机会，制造业水平的提升有利于释放社会物流需求，促进物流业规模化专业化发展。物流业是制造业转型升级的重要推动力量，物流业的发展，有利于提升制造业的发展质量，优化制造业结构，提高制造业的产出效率，建立核心竞争力。

第三节　两业复合系统协调发展模型

一、序参量功效系数

如上所述，两业复合系统协调是指系统之间或系统组成要素之间在发展演化过程中彼此的和谐一致，其在发展演化过程中彼此和谐一致的程度称为协调度。对于子系统 Si, $j \in [1, k]$ 设其发展过程中的序参量变量为 $e_j = (e_{j1}, e_{j2}, \cdots, e_{jn})$，其中 $n \geqslant 1$，$\alpha_{ji} \leqslant e_{ji} \leqslant \beta_{ji}$，$i \in [1, n]$。不失一般性，假定 e_{j1}，e_{j2}，$\cdots$，e_{jl} 的取值越大，系统的有序程度越高，其取值越小，系统的有序程度越低；假定 e_{jl+1}，$\cdots$，e_{jn} 的取值越大，系统的有序程度越低，其取值越小，系统的有序程度越高。定义下式为系统 S_j 序参量分量 e_{je} 的功效系数，代表了序参量的有序度：

$$u_j(e_{ji}) = \begin{cases} \dfrac{e_{ji} - \beta_{ji}}{\alpha_{ji} - \beta_{ji}}, i \in [1, l] \\[3mm] \dfrac{\alpha_{ji} - e_{ji}}{\alpha_{ji} - \beta_{ji}}, i \in [l+1, n] \end{cases} \tag{1}$$

二、子系统有序度

由如上定义可知 $u_j(e_{ji}) \in [0, 1]$，其值越大，$u_j(e_{ji})$ 对系统有序的"贡献"越大。从总体上看，序参量变量 e_{ji} 对系统 S_j 有序程度的"总贡献"可通过集成来实现，本文采用线性加权和法集成。

$$u_j(e_j) = \sum_{i=1}^{n} \omega_j u_j(e_{ji}) \tag{2}$$

其中，$\omega_j \geq 0$，$\sum_{i=1}^{n} \omega_j = 1$，称如上定义的 $u_j(e_j)$ 为序参量变量 e_{ji} 的系统有序度，$u_j(e_j) \in [0, 1]$。且 $u_j(e_j)$ 越大，e_{ji} 对系统有序的"贡献"越大，系统有序的程度就越高，反之则越低。

三、复合系统协调度

对给定的初始时刻，设各个子系统序参量的系统有序度为 $u_j^0(e_j)$，$j = 1$，2，$\cdots$，k 则为于整体复合系统在发展演变过程中的任意时刻，如果此时各个子系统序参量的系统有序度为 $u_j^t(e_j)$，$j = 1$，2，$\cdots$，k 定义 cm 为复合系统协调度：

$$cm = \theta k \sqrt{\left| \prod_{j=1}^{k} \left[u_j^t(e_j) - u_j^0(e_j) \right] \right|} \tag{3}$$

$$\theta = \frac{\min[u_j^t(e_j) - u_j^0(e_j) \neq 0]}{|\min[u_j^t(e_j) - u_j^0(e_j) \neq 0]|}, j = 1, 2, \cdots, k$$

1. 可见，$cm \in [-1, 1]$，其值越大则复合系统协调发展的程度越高，反之则越低。利用协调度模型可以检验复合系统协调程度的演化趋势。

2. 参数 θ 的作用在于，当且仅当下式成立时，复合系统才有正的协调度。

$$u_j(e_j) - u_j^0(e_j) > 0, \forall j \in [1, k]$$

3. 上述协调度模型综合考虑了所有子系统情况，假如一个子系统的有序程度提高幅度较大，而另一些子系统的有序程度提高幅度较小或下降，则整个系统不协调，体现为 $cm \in [-1, 0]$。

4. 利用协调度模型可以检验复合系统协调程度的变化趋势。

第四节　两业协调发展时序演化

一、统计数据处理及运算

以重庆物流业和制造业协调发展为例进行实证研究，运用前面章节已经建立的指标体系和重庆 2000—2017 年两业统计数据进行运算。首先进行数据标准化，然后计算个指标的熵值和熵权。各序参量的上下限值的设定有多种方法，可以结合规划目标设定，也可以结合历史实际值进行测算，本文借鉴文献的处理方法，将统计期内各指标数据的最大值和最小值分别放大和缩小5% 进行设定。运算过程采用 Matlabr2012a 软件完成，将原始数据代入两业复合系统协调发展模型，计算两业子系统序参量的功效系数、系统有序度以及复合系统协调度，原始数据及计算过程参见附录 6 - 1 到附录 6 - 4。

二、两业子系统有序度的时序演化

从计算结果可以发现，2000 年到 2017 年期间，重庆制造业子系统和物流业子系统的序参量有序度总体呈上升态势，推动两个子系统向有序方向发展。在物流业子系统中，物流业固定资产投资（L1）、物流业人力资源投入（L3）、物流业人力资源投入力度（L4）、物流业产值（L5）、物流业人均产值（L6）、单位产值流通额（L7）、港口货物吞吐量（L9）、公路线路里程（L10）、货运量（L11）、货物周转量（L12）的系统有序度持续稳定增加，是物流业子系统有序发展的主要力量。而物流业贡献率（L8）、物流业固定资产投资增长率（L15）、货运量增长率（L16）、货物周转量增长率（L17）、物流业产值增长率（L18）的系统有序度出现大幅波动，物流业固定资产投资力度（L2）、物流业产值占第三产业比重（L13）、物流业产值占 GDP 比重（L14）的系统有序度呈现下降趋势，是物流业子系统无序发展的主要因素，如图 6 - 1。

事实上，十五和十三五期间，重庆现代物流业取得快速发展，物流业投入力度持续稳定，物流业规模进一步扩大，物流业对经济社会发展的贡献逐步显现。但物流业在产出的结构上与重庆产业成长的整体协调性不高，物流业持续增长能力不强，优化物流业结构，提高物流业产出效率，增强物流业一体化服务能力是今后物流业发展面临的主要问题。

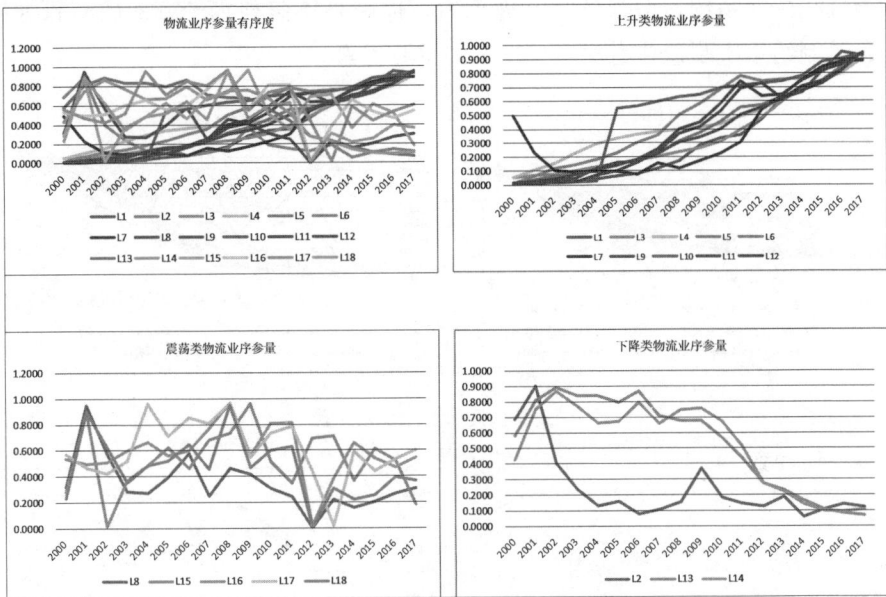

图6-1 物流业子系统序参量有序度

在制造业子系统中，制造业固定资产投资（M1）、制造业固定资产投资力度（M2）、制造业人力资源投入（M3）、制造业人力资源投入力度（M4）、制造业总资产贡献率（M5）、制造业成本费用利润率（M7）、制造业全员劳动生产率（M8）、企业数量（M9）、资产规模（M10）、经营收入（M11）、工业产值（M12）的系统有序度持续稳定增加，共同推动制造业子系统向有序方向发展。与此同时，制造业资本保值增值率（M6）、制造业固定资产投资增长率（M15）、制造业产值增长率（M18）的系统有序度出现较大幅度的波动，制造业产值占第二产业比重（M13）、制造业产值占GDP比重（M14）、制造业利润增长率（M16）、主营业务收入增长率（M17）的系统有序度出现大幅下降，是系统向无序发展的主要因素，如图6-2。

上述分析表明，"十五"和"十三五"期间，在一系列振兴装备制造业政策措施的推动下，装备制造业发展进一步加快，制造业投入稳步增加，经济效益较为明显，制造业对国民经济和社会发展的贡献不断提高，已逐步形成门类齐全、具有相当规模和水平的体系，这些因素有效促进了重庆制造业的有序发展。同时也要注意到，重庆制造业在培育龙头企业发展产业集群，调整优化产业结构，增强持续发展能力，提高整体盈利水平方面面临较大压力，是制约重庆制造业有序协调发展的重要因素。

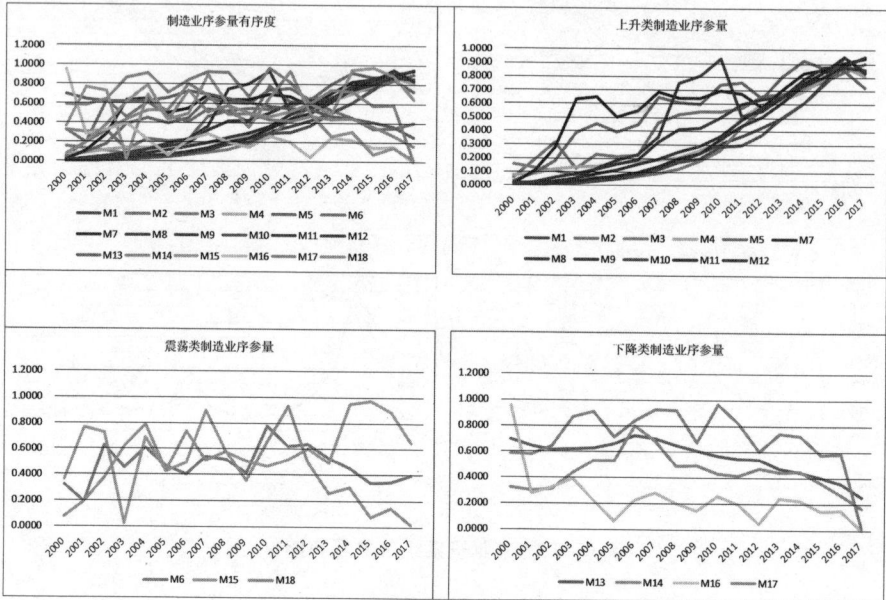

图 6 - 2　制造业子系统序参量有序度

三、两业复合系统协调度的时序演化

按照上述步骤和方法继续运算，将上述数据带入公式，计算得到制造业子系统有序度、物流业子系统有序度及物流业—制造业复合系统协调度，见表 6 - 1 和图 6 - 3。

表 6 - 1　子系统有序度及复合系统协调度

年份	物流业子系统有序度	制造业子系统有序度	复合系统协调度
2000	0.2198	0.1304	——
2001	0.3081	0.1130	− 0.0392
2002	0.2228	0.1522	0.0080

续表

年份	物流业子系统有序度	制造业子系统有序度	复合系统协调度
2003	0.2040	0.1692	-0.0248
2004	0.2230	0.2081	0.0157
2005	0.2746	0.1815	0.0529
2006	0.3017	0.2371	0.0935
2007	0.3165	0.2945	0.1259
2008	0.3946	0.3379	0.1904
2009	0.4305	0.3485	0.2144
2010	0.4461	0.4429	0.2659
2011	0.4825	0.4847	0.3050
2012	0.4663	0.5102	0.3059
2013	0.5183	0.5700	0.3622
2014	0.5480	0.6556	0.4151
2015	0.6037	0.7051	0.4697
2016	0.6579	0.7776	0.5325
2017	0.6942	0.7264	0.5317

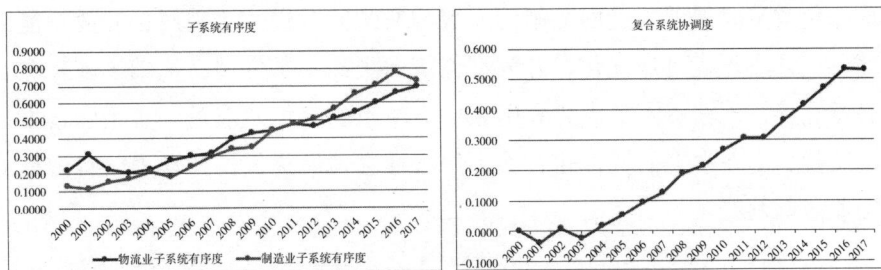

图6-3 两业有序度及复合系统协调度发展趋势

2000—2017 年，重庆市制造业子系统和物流业子系统的有序度持续交替上升，从而也共同决定了复合系统的协调度持续上升。总体看，2000—2017重庆制造业和物流业的协调发展经历了失调—协调—再失调—再协调的 M 型演化发展历程，其协调水平不是简单的周而复始，而是不断提高，呈持续上升趋势，仍然处于低水平的初级协调阶段，协调度有待进一步提高。在"十五"期间，物流业和制造业复合系统的协调度波动较大，协调水平较低，个别年份的协调度小于0，表明二者发展极不协调。"十一五"期间，国家和重庆市政府陆续出台多项产业振兴规划及两业联动的政策措施，政府在两业联动协调发展中的推动效应明显，两业子系统有序度均呈稳定上升态势，复合系统的协调水平提高较大。"十二五"期间，重庆围绕"稳增长、调结构、促转型"的目标，面对国内外复杂经济形势和经济下行压力，陆续出台装备制造业三年振兴规划、关于促进物流业健康发展的通知等政策措施，有力地保障了两业的协调发展。

特别是"十三五"时期，经济发展进入新常态，发展动力转换步伐加快，创新驱动发展力度加大，《中国制造2025》深入推进和国内新一轮产业结构深刻调整，为重庆制造业和物流业的协调发展创造了良好的机遇；"一带一路"和长江经济带战略深入实施，西部大开发深入推进，促使两业发展融入国家区域发展和对外开放新格局，在更大范围扩大开放、深化协作、配置资源；信息化快速发展并与经济社会发展深度融合，内陆地区的发展条件大为改善，有利于重庆物流业和制造业发挥后发优势、实现跨越发展。从物流业和制造业自身发展的区域环境来看，重庆五大功能区域发展战略深入实施，各功能区域差异发展、特色发展、协调发展、联动发展的巨大潜力不断释放；全面深化改革取得重要进展，制约发展的瓶颈问题进一步破解；开放功能更加完善，开放环境更加优化，开放型经济向更高水平发展；基础设施互联互通日益完善，直辖市体制优势和国家中心城市的聚集效应进一步增强；推进更高质量、更高水平的城镇化，将为经济社会发展提供持续动力，有力地促进两业协调发展。

四、两业协调发展的对策建议

两业联动协调发展是一项系统工程，应当基于系统视角，从制造业、物流业、政府以及外部环境出发，提升两业联动的协调发展水平。

制造业层面。制造业是重庆战略性产业，重庆作为老工业基地，具有较好的发展基础和有利条件。"十五"到"十三五"期间，在国家一系列产业振兴政策的推动下，装备制造业发展进一步加快，产业规模不断扩大，已逐步形成门类齐全、具有相当规模和水平的体系。其产业关联度高、吸纳就业能力强、技术资金密集，已经成为重庆各行业产业升级、技术进步的重要保障和综合实力的集中体现。从两业联动的角度看，还存在竞争力不强、产出效率不高以及结构不合理等问题，应当抓住国际产业转移提供的重要机遇，推动两业联动。首先，基于供应链横向一体化模式，鼓励制造企业积极尝试组织重组和流程再造工程，适时推进物流业务外包。制造业物流需求社会化，必须突破纵向一体化模式的束缚。鼓励制造企业整合优化业务流程，分离物流业务，创新物流管理模式。其次，制造业企业统筹规划物流环节，合理设置物流职能。在企业生产经营活动过程中，对采购物流、生产物流、销售物流及回收、废弃物流活动统筹进行计划、组织、指挥、协调和控制等管理活动。

物流业层面。"十五"和"十一五"期间，重庆物流业快速发展，物流业规模进一步扩大，物流发展环境明显改善，物流基础设施日益完善，物流业已经成为基础性产业。从两业联动协调发展出发，还存在一体化服务能力有限，产业结构不合理，专业化市场化水平不高等问题。因此，首先要大力培育第三方物流企业，进行专业化市场化运作。支持制造企业和物流企业进行资产重组，联合组建第三方物流企业，发挥各自优势，共同开拓新的市场和延伸服务领域。其次是鼓励现有运输、仓储、联运等传统物流企业功能整合和业务延伸，加快向现代物流服务提供商、供应链集成商转变，不断提升一体化服务水平。此外，物流企业积极探索多元化的联动发展模式，全面参与制造企业的供应链管理。要物流企业深入了解制造业物流运作流程和管理模式，建立多种形式的合作关系。

政府层面。围绕制造业、物流业及两业联动发展，在国家产业振兴规划及两业联动政策的基础上，重庆市政府已经陆续出台了相应的政策措施及指导意见，对两业联动发展推动效应显著。进一步推动两业协调发展，首先是继续完善两业联动的政策体系，积极探索适合重庆的两业联动政策创新。认真领会国家产业发展政策精神，贯彻国家两业联动相关政策措施，在现有政策基础上结合重庆实际不断完善政策体系，突破现有政策瓶颈，扶持两业联动的发展。其次，要明确两业联动的战略定位，开展两业联动的示范工程，引导制造业和物流业互动衔接。

环境层面。应不断改善两业联动的外部环境，营造氛围创造条件，为两业协调发展提供支持，这需要政府、企业和参与主体的共同努力。一是建立良好的人才培养机制，为两业联动提供人才保障。采取走出去、请进来等多种方式进行制造业、物流业人才交流和人才培训，促进人才成长。二是建立良好的信用机制，为参与主体提供风险保障。采取多种措施，缓解物流外包委托代理关系中的信息不对称，规避逆向选择和道德风险。三是加强信息化建设，建立两业信息共享机制，提高信息资源共同开发共同使用的效率。四是统筹制造业和物流业标准化体系建设，消除两业标准化的体系障碍，促进两业的有效衔接。

第七章

物流业与制造业互动关系的博弈分析

第一节　引言

制造业是物流业发展的前提和基础，物流业部门的发展必须依靠制造业的发展，而物流业是制造业生产率得以提高的前提和基础，没有发达的物流业，就不可能形成具有较强竞争力的制造业部门，物流业和制造业表现为相互作用、相互依赖、共同发展的互补性关系。随着信息通信技术的发展和广泛应用，物流业与制造业之间的边界越来越模糊。两业融合互动已是大势所趋，对互动融合关系的分析显得尤为重要。

从物流业和制造业合作博弈的视角来看，在物流业和制造业互动融合过程中，制造企业是物流服务的需求方，而物流企业则是物流服务的供给方，围绕物流服务的选择，物流业和制造业形成了一种委托—代理关系。近年来有学者从博弈论视角对两业互动关系进行了相关研究，如原毅军、耿殿贺、张乙明（2007）从制造业的业务外包形成生产性服务业的机理入手，探讨了两者之间的技术关联，并利用博弈论方法分析了制造业和生产性服务业之间的技术研发策略。孙军、薛永平、张永第（2009）以制造企业与物流企业间的供应链博弈为中心，分析了制造企业与物流企业的合作博弈，得出供应链合作的可能性，提出了供应链合作中的投机行为及相应的惩罚机制，以及促进制造企业与物流企业供应链合作的措施。王珍珍、陈功玉（2012）从博弈双方有限理性的假设前提出发，构建制造企业与物流企业联动发展的演化博弈模型。在此基础上，引入了政府行为，构建制造企业与物流企业在政府补贴机制下的演化博弈策略以及政府与企业之间的演化博弈模型并通过数值模拟描述了具体的演化路径及影响因素。刘宗秋（2012）基于博弈分析对物流产业融合模式选择进行了研究。李壮阔、刘亮、马艳楠（2014）在分析影响制造业与物流业联动发展稳定性的主要因素基础上，构建了进化博弈模型，并对模型进行了深入分析与研究。

此外，李正锋、朱亚萍（2015）基于博弈分析视角对制造业与物流业动态联动中双方的信任合作进行研究。涂粤强、严广乐（2015）应用博弈论的方法，就物流需求企业（制造企业）与第三方物流之间的合作激励关系进行探讨，分析两者的静态和动态博弈，说明如何激励供需双方的合作。蒋丹、宋永辉、蔡冬冬（2015）从制造业和物流业的联动概念、运行模式和运行状态出发，对制造企业和物流企业两者之间联动过程中所出现的博弈行为进行分析。孙鹏（2016）基于企业利益分配角度，运用演化博弈模型探讨了现代物流业与制造业协同合作的规律及动态变化过程，认为要促进两者的协同合作，必须基于影响因素建立相应的协同合作机制。徐黎明（2016）从竞争与合作并存的角度，对制造企业与第三方物流企业间的博弈关系进行研究，探寻制造企业物流外包系统稳定的合作机制以及公平、高效的利益分配机制。金雯雯（2018）针对制造企业与第三方物流企业之间复杂的经济关系进行进一步的研究，找出了影响双方更深层次合作的原因，并根据找出的原因提出了相应的解决政策。于丽静、于娟、王玉梅（2019）基于协同创新理论视角，运用演化博弈理论，从市场机制和政府调控两个角度构建制造企业和物流企业合作联盟协同创新的演化博弈模型，并对企业策略选择进行稳定性分析。

事实上，在物流企业和制造企业形成的互动关系中，一个较为普遍的现象就是存在着信息不对称，本部分从博弈论视角出发，分析信息不对称环境中的两业互动关系。

第二节　信息不对称理论的分析框架

信息不对称理论是信息经济学研究的核心内容，传统经济学理论的重要假设前提之一就是交易的参与者具有完全信息，在现实中这是不可能的，信息不对称理论通过对信息不对称的研究，使传统的经济理论更加切合实际，因此可以说，信息不对称理论是传统经济理论的完善和发展。

一、信息不对称理论

自 1970 年美国经济学家阿克罗夫（Akerlof）以旧汽车市场交易模型为基础分析"逆向选择"开始，阿罗（Arrow）、斯宾塞（Spence）、格鲁斯曼（Grossman）、斯蒂格利茨（Stiglitz）等经济学家在许多领域对这一理论进行了拓展性研究，并提出了"逆向选择"理论、"道德风险"理论、"市场信号"理论以及"委托代理"理论等基本理论。信息不对称理论被西方学者称为最近 20 年微观经济理论最活跃的研究领域。

信息不对称（Asymmetry Information）指信息在相互对应的经济个体之间呈不均匀、不对称的分布状态，即有些人对关于某些事情的信息比另外一些人掌握得多一些。信息不对称的产生既有主观方面的原因，也有客观方面的原因。主观方面由于不同的经济个体获得的信息不同所致，而不同信息的获取又与他们各自获取信息的能力有关，即信息不对称产生的主观原因是不同的经济个体获取信息能力的不对称性。

客观方面，经济个体获取信息的多少与多种社会因素有关，其中社会劳动分工和专业化是最为重要的社会因素，随着社会分工的发展和专业化程度的提高，行业专业人员与非专业人员之间的信息差别越来越大，社会成员之间的信息分布将越来越不对称。因此，信息不对称是客观存在的。

在各种市场中，不对称信息的形式和表现多种多样，基本形式可以分为以下三类。第一，买方与卖方之间由于信息差别产生的信息不对称，具体表现为：买方具有相对完全信息而卖方处于零信息状态；买卖双方都只具有不完全信息，而其中一方比另一方拥有更多的信息；卖方具有相对完全信息，买方处于缺乏信息状态。第二，买方与买方之间的信息差别产生的信息的不对称。第三，卖方与卖方之间的信息差别产生的信息不对称。其中第一类是最为常见的，其对市场机制的影响也多在该类市场中出现。

从信息不对称发生的时间看，信息不对称可能发生在合同签订之前，也可能发生在合同签订之后，分别称为事前信息不对称和事后信息不对称，研究事前信息不对称的理论叫作逆向选择理论，研究事后信息不对称的理论叫作道德风险理论。信息不对称的危害表现为逆向选择和道德风险，从而使得帕累托最优的交易不能实现，在极端情况下，市场交易根本不存在。解决办法是采取措施缓解信息不对称状态（信号传递），在市场本身不能解决这些问题时，政府必须干预以保证市场作用的正常发挥。

二、信息不对称下的逆向选择

逆向选择（Adverse Selection）指在合同签订之前，进行市场交易的一方已拥有了另一方所不具有的某些信息，而这些信息有可能影响后者的利益，于是占据信息优势的一方就很可能利用这种信息优势做出对自己有利，而对另一方不利的事情，市场效率和经济效率会因此而降低。

阿克罗夫（Akerlof，1970）的旧车市场模型开创了逆向选择理论的先河。在旧车市场上，逆向选择问题来源于买者和卖者关于车的质量信息的不对称。卖者知道车的真实质量，买者不知道，只知道车的平均质量，因而只愿意根据车的平均质量支付价格，这样一来，质量高于平均水平的卖者就会退出交易，只有低质量的车进入交易市场。结果是市场上交易的旧车的质量下降，买者愿意支付的价格进一步下降，更多的较高质量的车退出市场，如此不断循环。在均衡的情况下，只有低质量的车交易，在极端的情况下，交易市场可能根本不存在，交易的帕累托改进不能实现。

三、信息不对称下的道德风险

道德风险（Moral Hazard）指在签订合同后，进行市场交易的一方拥有另一方所不具有的某些信息，占据信息优势的一方就很可能利用这种信息优势做出对自己有利，而损害对方利益的事情。

以保险市场为例，保险公司和投保人之间存在信息不对称情况，投保人知道自己的类型和行动，而保险公司则缺乏这些信息，并且在保险合同生效以后不能观察到投保人的行动，投保人将利用自己的信息优势榨取更多的剩余，侵害保险公司的利益。可以证明，在合同签订以前，投保人会采取必要的措施防止意外事故的发生，而在合同签订后，这个概率下降。由于不对称信息使负有责任的经济行为者不能承担全部损失（或利益），因而他们不承担他们行动的全部后果，这引起市场交易各方的效用冲突，导致了市场的低利率。

四、信息不对称问题的分析框架

信息发送（Signaling）、激励合同（Incentive Contract）是用市场机制的方式来提高信息不对称状态下的资源配置效率。通过信息发送，如果市场中拥有信息优势的一方能够（更确切地说应是愿意）将信息传递给缺乏信息的另一方，或者，处于信息劣势的一方能够诱使对方提供信息，那么，逆向选择问题可以缓解。对于道德风险问题来说，解决办法就是委托人设计一个或一系列的最优的激励合同以诱使代理人选择自己希望的行动。

但是由于信息传递的真实性、信息传递的成本、激励机制的完备性以及执行成本等原因，市场机制的作用受到制约，解决信息不对称问题还应当考虑非市场机制的方法——政府干预。与市场解决信息不对称的合同方法不同，政府规制具有强制性，政府通过强制信息披露，直接命令市场交易方（特别是产品、服务供应方和具有信息优势的企业）必须披露某些重要信息，采取措施防止意外事件的发生，否则会受到罚款等处罚。政府还有其他方法来解决信息不足，如职业许可证、产品质量标准、成立专门的资信调查局调查市场交易者的信用，以减少需要该种信息的交易方的信息成本；有专门的政府机构负责社会经济信息的统计、分析、研究等。

总之，信息不对称使市场的运行不能达到帕累托效率，市场机制对信息不对称的纠正成本较高，而政府由于具有强制权力，与市场相比具有某些成本优势，从这个角度出发，信息不对称是政府规制的一个经济理由。综上所述，信息不对称理论的分析框架如表7-1所示。

表7-1　信息不对称理论的分框架

信息不对称	后果	对策	
		市场机制	非市场机制
事前信息不对称	逆向选择	信号传递	政府干预
事后信息不对称	道德风险	激励机制设计	

第三节　两业互动关系中的信息不对称

制造企业是否选择物流企业进行合作，从而将物流外包给物流服务市场中的物流企业，需要进行决策。制造企业在选择物流合作伙伴之前会对物流服务的质量、价格等信息进行了解，并根据了解的结果进行决策，这被称为制造企业信息搜寻。制造企业在搜寻过程中既需要花费成本，也可以取得相应的收益，成本和收益是在不断变化的。制造企业是否进行物流外包，取决于对成本和收益的分析权衡。

一、信息搜寻收益

首先，信息具有价值，制造企业搜寻是有收益的，制造企业搜寻的目的是尽量发现在同等质量条件下价格最低的物流服务（或同等价格下质量最高的物流服务）。搜寻的时间越长，搜寻的精力越多，制造企业发现高质量物流服务的最低价格就越低（或者是同等价格的物流服务的质量越高），制造企业的消费者剩余越大，制造企业的搜寻收益也越大，如图 7-1 所示。

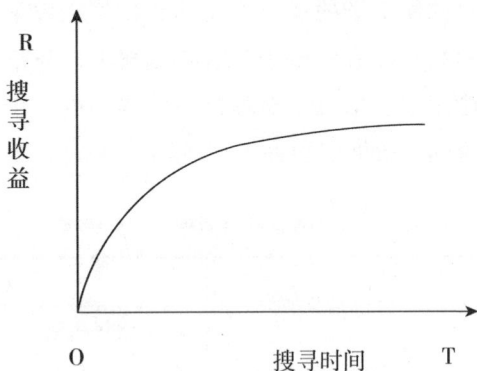

图 7-1　信息搜寻收益曲线

但是搜寻收益却并不是简单递增。在开始搜寻阶段，搜寻收益随时间递增，因为在初期获得的信息可以大幅度降低其行为的不确定性，从而提高消费者剩余，提高搜寻收益。但是由于信息是有层次的，信息的层次越深，单位搜寻成本越大，所以在搜寻达到一定阶段以后，边际搜寻的边际收益开始递减。

二、信息搜寻成本

制造企业搜寻这些信息是需要成本的，比如制造企业调查不同物流企业的物流服务质量、价格等信息所消耗的时间和精力等机会成本，或者是制造企业实际支付的资金成本，如制造企业上网查询物流业的物流服务质量信息支付的费用、交通费用等，我们统称为搜寻成本。搜寻成本是边际递增的，原因在于，一方面，搜寻的边际成本随着时间递增，如果制造企业只进行粗略的搜寻，那么只要利用部分业余时间和精力，机会成本很少。如果进行进一步的搜寻，那么制造企业就必须占用可能有重要安排的时间，消耗在上面的精力也增加，单位时间的搜寻成本是递增的。另一方面，搜寻的边际成本随着搜寻范围递增。制造企业的搜寻范围通常是从附近地区或某一区域开始的，随着搜寻范围的扩大，制造企业不得不转向那些较远的地区，此时增加的交通费用在增加，因此制造企业搜寻的边际成本是递增的，如图 7 - 2 所示。

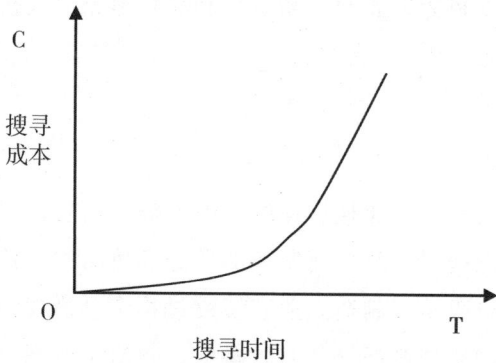

图 7 - 2　信息搜寻成本曲线

三、信息搜寻成本—收益分析

通过搜寻成本和收益的比较（见图 7 - 3），可以发现，在 A 点左侧，搜寻收益大于搜寻成本，继续搜寻使制造企业的消费者剩余提高，制造企业具有搜寻的积极性；在 A 点的右侧，搜寻的收益小于付出的成本，继续进行搜寻反而使消费者剩余减少。因此 A 点是制造企业的收益转折点。

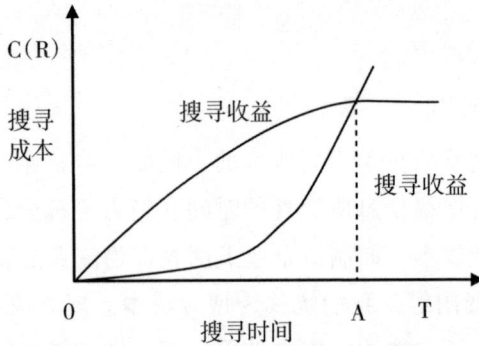

C(R)

搜寻成本

搜寻收益

搜寻收益

O　　　　　　　　　　　　A　T

搜寻时间

图 7 – 3　信息搜寻的成本—收益

所以，通过搜寻虽然可以获得一定的收益，但是对于制造企业而言，追求信息对称是不经济的，甚至是不可能的，因为随着搜寻的进行，制造企业获得的信息增多，单位搜寻成本会逐渐增大，远远大于所获得的收益。物流市场信息搜寻的高成本在于，它不仅包括了前面所说的成本，而且在很多情况下制造企业只有在消费了物流服务以后才能够获得更加有价值的信息，而这在物流市场中是以制造企业的产品质量和品牌形象为代价的，此时的信息搜寻成本趋于无穷大。

四、研究假设

综上所述，假定制造企业是理性的，因为缺乏信息，制造企业在选择物流服务之前进行信息搜寻，对物流服务的质量和价格的等信息进行了解，并根据了解的结果进行决策。制造企业在搜寻过程中既需要花费成本，也可以取得相应的收益。制造企业搜寻是有收益的，制造企业搜寻的目的是尽量发现在同等质量条件下价格最低的物流服务，或同等价格下质量最高的物流服务。搜寻的时间越长，搜寻的精力越多，制造企业发现高质量物流服务的最低价格就越低，或者是同等价格的物流服务的质量越高，制造企业的搜寻收益也越大。但是搜寻收益却并不是简单递增。在开始搜寻阶段，搜寻收益随时间递增，因为初期获得的信息可以大幅度降低其行为的不确定性，提高搜寻收益。但是由于信息是有层次的，信息的层次越深，单位搜寻成本越大，所以在搜寻达到一定阶段以后，边际搜寻收益开始递减。所以，通过搜寻虽然可以获得一定的收益，但是对于制造业企业而言，追求信息对称是不经济的，甚至是不可能的。因为随着搜寻的进行，制造企业获得的信息增多，信息分布逐渐向对称方向发展，但是单位搜寻成本逐渐增大，因而理性的制造企业并不追求信息的完全对称。

假定在物流市场上存在两种类型的物流企业，并以其提供的物流服务质量相互区别，一种提供高质量的物流服务，另一种则提供低质量的物流服务。为了获得市场竞争优势和高额的回报，物流企业必须不断提高物流服务质量，这就需要学习和掌握先进的物流技术，对员工进行严格培训，引进先进物流设备，投入大量人力、物力、财力进行研发，为了招聘和吸引优秀人才所提供的优厚待遇也是投入所必需的，同时高质量物流企业在为制造企业服务过程中将严格执行有关的制度、标准、程序及流程，不会"偷工减料"。所有这些投入都是物流企业保证物流服务质量所必须花费的成本。

令 X_i，$C_i(X)$ 分别为物流企业物流服务的产出与成本函数（$i = 1, 2$）。物流服务的产出包括物流企业提供的物流服务的品种、数量等因素，物流企业提供的物流服务的产出越大，意味着制造企业可以选择的物流服务的数量和品种也越多。假定物流企业 2 提供高质量物流服务，则在同等市场条件下对任意 X，$C_2(X) > C_1(X)$。

物流企业的效用函数为 $V = S(X) - C(X)$，其中 $S(X)$ 是物流企业从制造企业那里得到的报酬，$C(X)$ 为物流企业的成本。物流企业如果没有为制造企业提供服务，则没有收入，但也不需要付出成本。因此为了研究简便，假定物流企业的保留效用为 0。物流企业提供的物流服务的产出越大，意味着制造企业可以选择的物流服务的数量和品种也越多，因此制造企业的效用也越大。制造企业的效用函数为 $U = X - S(X)$，其中 X 为物流服务的产出，$S(X)$ 是制造企业为激励物流企业所支付的报酬。

假定物流企业的成本函数具有单交叉性，物流企业 1 的任何一条无差异曲线与物流企业 2 的任何一条无差异曲线最多相交一次，即对于任意 X，如果 $c_2'(x) > c_1'(x)$，当 $x_2 > x_1$，$c_2(x_2) - c_2(x_1) > c_1(x_2) - c_1(x_1)$。这意味着在一定的产出范围内，具有较高边际成本的物流企业的总成本也比较高。

第四节　理想环境下两业关系的均衡效率

一、理想环境下两业关系博弈分析

这里的理想状态指的是制造企业和物流企业拥有关于交易的完全信息，完全信息的环境是一种理想状态，在完全信息下，制造企业可以将高低质量的物流企业区分，直观的分析使制造企业可以分别按照不同的物流服务质量支付报酬。

制造企业在两种物流企业服务的总效用为 $u = u_1 + u_2 = (x_1 - s_1) + (x_2 - s_2)$，物流企业 i 接受制造企业服务的参与约束为 $\begin{cases} s_1 - c_1(x_1) \geqslant 0 \\ s_2 - c_2(x_2) \geqslant 0 \end{cases}$，在完全信息下，激励相容约束不起作用。制造企业的最优化问题可以表述为

$$\max_{x_1, s_1, x_2, s_2} u = (x_1 - s_1) + (x_2 - s_2) \tag{1}$$

$$\text{s. t. (IR)} \begin{cases} s_1 - c_1(x_1) \geqslant 0 \\ s_2 - c_2(x_2) \geqslant 0 \end{cases} \tag{2}$$

解上述最优化问题，去掉参与约束的不等号，$\begin{cases} s_1 - c_1(x_1) \geqslant 0 \\ s_2 - c_2(x_2) \geqslant 0 \end{cases}$，即 $\begin{cases} s_1 = c_1(x_1) \\ s_2 = c_2(x_2) \end{cases}$，于是，制造企业的问题转化为

$$\max_{x_1, s_1, x_2, s_2} U = (x_1 - c_1(x_1)) + (x_2 - c_2(x_2)) \tag{3}$$

最优化的一阶条件为 $\begin{cases} \dfrac{\partial u}{\partial x_1} = 0 \\ \dfrac{\partial u}{\partial x_2} = 0 \end{cases}$，即 $\begin{cases} c_1'(x_1) = 1 \\ c_2'(x_2) = 1 \end{cases}$，

解得 X_1，X_2 记为 x_1^*，x_2^* 有 $\begin{cases} s_1 = c_1(x_1^*) \\ s_2 = c_2(x_2^*) \end{cases}$ 及 $\begin{cases} c_1'(x_1^*) = 1 \\ c_2'(x_2^*) = 1 \end{cases}$。

二、理想环境下两业关系均衡效率

在完全信息下制造企业能够区分不同类型的物流企业，因此制造企业可以根据物流企业物流服务质量分别支付报酬，即 $\begin{cases} s_1 = c_1 \ (x_1^*) \\ s_2 = c_2 \ (x_2^*) \end{cases}$。此时，物流企业的物流服务产出为 x_1^*，x_2^*，如图 7 - 4 所示。

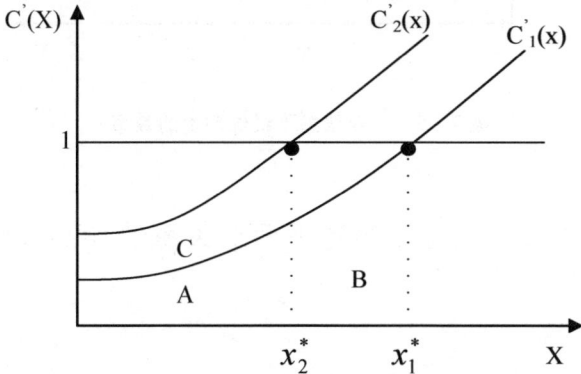

图 7 - 4 　完全信息下的最优均衡

可见，物流企业 1 得到的报酬为 $A + C$，物流企业 2 得到的报酬为 $A + B$。物流企业 i 的效用函数形式为 $V_i = s_i \ (x) - c_i \ (x)$，$i = 1$，2。因此，其无差异曲线的形式为 $s_i = V_i + c_i \ (x)$，高质量物流企业的无差异曲线总是比低质量物流企业的无差异曲线更加陡峭。制造企业的效用为 $U_i = x_i - s_i \ (x_i)$，因此制造企业的等效用曲线为 $s_i = x_i - U_i$，这是一些斜率为 1 截距为 $- U_i$ 的平行线。

由 $\begin{cases} c_1{}' \ (x_1^*) \ = 1 \\ c_2{}' \ (x_2^*) \ = 1 \end{cases}$ 知道，在完全信息下达到均衡时，不论是高成本的物流企业还是低成本的物流企业，其无差异曲线都与制造企业的等效用曲线相切，实现了帕累托最优，此时均衡是高效率的，如图 7 - 5 所示。

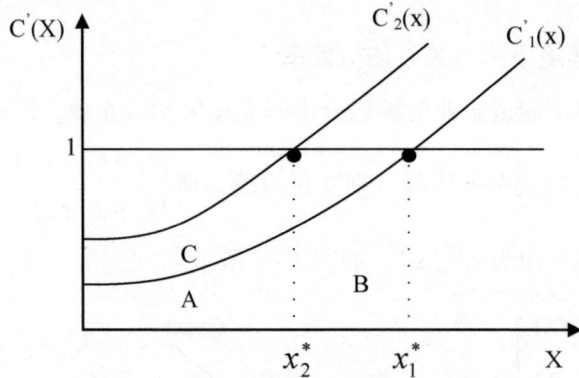

图 7-5　完全信息下最优均衡的效率

第五节　信息不对称下两业关系的均衡效率

一、信息不对称下两业关系博弈分析

由于物流企业与制造企业信息不对称，制造企业不能确定所面临的是哪种类型的物流企业，但会以主观概率来进行判断，令制造企业认为物流企业是类型 i 的概率为 P_i，制造企业的总效用为 $u = p_1 u_1 + p_2 u_2 = p_1 (x_1 - s_1) + p_2 (x_2 - s_2)$。

如果 X_1 是物流企业 1 应该选择的产出，那么制造企业应该制定激励报酬，使得物流企业 1 选择选择 X_1 的效用高于其选择 X_2 的效用，即 $s_1 - c_1(x_1) \geq s_2 - c_1(x_2)$。同理，对于物流企业 2 也有同样结论成立，$s_2 - c_2(x_2) \geq s_1 - c_2(x_1)$，此时制造企业的最优化问题是

$$\max_{x_1, s_1, x_2, s_2} u = p_1(x_1 - s_1) + p_2(x_2 - s_2) \tag{4}$$

$$\text{s. t.} \ (\text{IR}) \begin{cases} s_1 - c_1(x_1) \geq 0 \\ s_2 - c_2(x_2) \geq 0 \end{cases} \tag{5}$$

$$(\text{IC}) \begin{cases} s_1 - c_1(x_1) \geq s_2 - c_1(x_2) \\ s_2 - c_2(x_2) \geq s_1 - c_2(x_1) \end{cases} \tag{6}$$

前两个约束为参与约束，后两个约束为激励相容约束，均衡（s_1，x_1^*，

s_2，x_1^*）就是这个问题的解。在参与约束和激励相容约束中，起作用的是等式约束，即

$$\begin{cases} s_1 - c_1(x_1) = 0 \\ s_2 = c_2(x_2) = 0 \end{cases} \tag{7}$$

$$\begin{cases} s_1 - c_1(x_1) = s_2 - c_1(x_2) \\ s_2 - c_2(x_2) = s_1 - c_2(x_2) \end{cases} \tag{8}$$

由（6）得 $\begin{cases} s_2 \leqslant s_1 - c_1(x_1) + c_1(x_2) \\ s_2 \geqslant s_1 - c_2(x_1) + c_2(x_2) \end{cases}$

即，$c_2(x_2) - c_2(x_1) < c_1(x_2) - c_1(x_1)$

单调交叉条件意味着物流企业 2 始终比物流企业 1 具有高的边际成本，如果 $x_2 > x_1$，就会与上式相矛盾，因此在最优解中必然有 $x_2^* \leqslant x_1^*$。由约束条件（5）上式、（6）上式整理得 $\begin{cases} s_1 \geqslant c_1(x_1) \\ s_1 \geqslant c_1(x_1) + [s_2 - c_1(x_2)] \end{cases}$

这两个约束中只有一个起作用，由 $\begin{cases} s_2 - c_1(x_2) > s_2 - c_2(x_2) \\ s_2 - c_2(x_2) \geqslant 0 \end{cases} \Rightarrow s_2 - c_1$

$(x_2) > 0$。

因此约束（5）上式不起作用，（5）上式、（6）上式合并后的约束条件为

$$s_1 > c_1(x_1) + [s_2 - c_1(x_2)] \tag{9}$$

起作用的是等号约束

$$s_1 = c_1(x_1) + [s_2 - c_1(x_2)] \tag{10}$$

由约束条件（5）下式、（6）下式得 $\begin{cases} s_2 \geqslant c_2(x_2) \\ s_2 \geqslant c_2(x_2) + [s_1 - c_2(x_1)] \end{cases}$ 由

（6）下式及（7）下式得 $\begin{cases} s_2 = c_2(x_2) \geqslant s_1 - c_2(x_1) \\ s_2 - c_2(x_2) = 0 \end{cases} \Rightarrow s_1 - c_2(x_1) \leqslant 0$。

因此约束（6）下式不起作用。事实上，将（10）式代入（8）下式中，必然有下式成立。

$s_2 = s_1 + c_2(x_2) - c_2(x_1) = c_1(x_1) + [s_2 - c_1(x_2)] + c_2(x_2) - c_2(x_1)$。

整理得 $c_2(x_2) - c_2(x_1) = c_1(x_2) - c_1(x_1)$，显然这违反了单调交

叉条件。因此约束（5）下式、（6）下式合并以后的约束为

$$s_2 \geq c_2(x_2) \tag{11}$$

起作用的是等号约束

$$s_2 \geq c_2(x_2) \tag{12}$$

于是上述最优化问题等价于

$$\max_{x_1, s_1, x_2, s_2} u = p_1(x_1 - s_1) + p_2(x_2 - s_2) \tag{13}$$

$$\text{s. t. (IR)} \begin{cases} s_1 \geq c_1(x_1) + [s_2 - c_1(x_2)] \\ s_2 \geq c_2(x_2) \end{cases} \tag{14}$$

将 $\begin{cases} s_1 = c_1(x_1) + [s_2 - c_1(x_2)] \\ s_2 = c_2(x_2) \end{cases}$ 代入（13），进一步化简得

$$\max_{x_1, s_1, x_2, s_2} u = p_1(x_1 - s_1) + p_2(x_2 - s_2)$$

$$= p_1[x_1 - c_1(x_1) - c_2(x_2) + c_1(x_2) + p_2[x_2 - c_2(x_2)]$$

最优化的一阶条件为 $\begin{cases} \dfrac{\partial u}{\partial x_1} = 0 \\ \dfrac{\partial u}{\partial x_2} = 0 \end{cases}$,

即 $\begin{cases} p_1[1 - c'_1(x_1)] = 0 \\ p_1[c'_1(x_2) - c'_2(x_2)] + p_2[1 - c'_2(x_2)] = 0 \end{cases}$

解得 x_1, x_2 记为 x_1^*, x_2^*,

有 $$c'_1(x_1^*) = 1$$

$$c'_2(x_2^*) = 1 + \frac{p_1}{p_2}[c'_1(x_2^*) - c'_2(x_2^*)] \tag{15}$$

则最优激励报酬组合为

$$\begin{cases} s_1 = c_1(x_1^*) + [c_2(x_2^*) - c_1(x_2^*)] \\ s_2 = c_2(x_2^*) \end{cases} \tag{16}$$

二、信息不对称下两业关系均衡效率

从（16）式知道，$c_2(x_2^*) - c_1(x_2^*) > 0$，在信息不对称下，制造企业不能区别两种类型的物流企业，因此，为了防止低质量物流企业伪装高质

量物流企业，必须增加一部分报酬 $c_2 (x_2^*) - c_1 (x_2^*)$。由 $\begin{cases} c'_1 (x_1^*) = 1 \\ c'_2 (x_2^*) < 1 \end{cases}$ 知道，制造企业的等效用曲线必然与低质量物流企业的无差异曲线相切，而与高质量物流企业的无差异曲线相割，如图 7-6 所示。

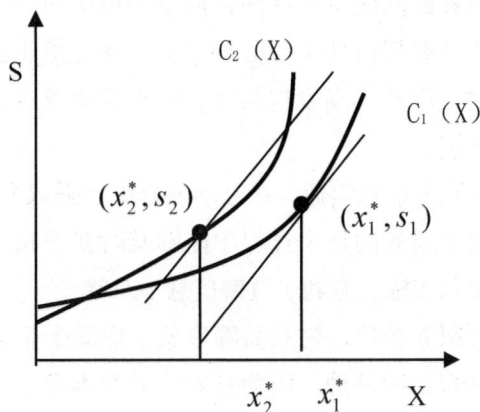

图 7-6　信息不对称下均衡的效率

图中相割部分的面积表示制造企业和高质量物流企业的境况都可以改善的区域，可见在信息不对称条件下均衡的低效率。

三、结论及启示

在理想的完全信息下，制造企业可以观察到物流企业的物流服务质量，因此可以将物流企业区分并分别按照不同的物流服务质量支付报酬，分析表明这时的均衡是高效率的。而在信息不对称下，制造企业不能区别两种类型的物流企业，此时低质量物流企业具有伪装高质量物流企业的动机。制造企业为了防止这种现象的发生，必须增加一部分报酬，分析表明这时的均衡是低效率的。

一般而言，解决信息不对称问题的方法有市场机制和非市场机制之分，信号发送、信息甄别和激励与约束机制是用市场机制的方式来缓解信息不对称状态，提高信息不对称状态下的资源配置效率；但是信息传递的真实性、信息传递的成本、激励机制的完备性以及执行成本等原因使市场机制的作用受到制约，解决信息不对称问题还应当考虑非市场机制的方法——政府干预。

因此，双方信息不对称问题的具体对策应当考虑以下几个方面。

首先，物流企业应当建立和完善物流服务信息公开制度。这有两个作用，一方面，物流服务信息公开制度作为一种信息具有价值，可以有效增加制造企业信息量，降低制造企业信息搜寻成本，直接缓解双方信息不对称状态；另一方面，在物流服务高低质量并存的物流服务市场中，只有那些物流服务质量高的物流企业才具有积极性主动公开信息，物流企业也通过物流服务信息公开这一行为向物流服务市场发送信号，即物流企业通过公示信息，采取了信号发送的市场机制。

其次，应当加强双方信息沟通，在互动融合中加强双方信息交流与反馈，使制造企业在接受物流服务的整个过程中能够及时获得相关信息，主动参与物流服务方案的决定和实施，有利于缓解信息不对称。

最后，提高物流服务质量，树立品牌形象。物流企业应当致力于自身的服务质量，逐渐树立自己的品牌，因为良好的品牌本身就是一种信号。物流企业可通过树立品牌向制造企业传递信号，以区别于其他竞争对手。

与市场机制解决信息不对称的信号传递方法不同，政府规制具有强制性，与市场相比具有某些成本优势，物流服务市场中政府规制可以采取以下措施。一是对物流企业进行监督。可以证明，在信息不对称下，物流企业主动公开物流服务信息的动机不足，而且质量难以保证，为此，政府有权对物流企业信息公开进行强制性规定并对其真实性进行监督。二是严格物流服务市场职业许可证制度。政府对物流服务市场进行进入规制，即进入者必须满足一定的条件，在获得许可证后，方可进行营业。这虽然限制了竞争，但是由于这些职业的特殊性，控制从业人员数量对于保证服务质量，保护处于信息劣势的一方是有利的。因服务质量问题而被撤销许可证就成为一项严厉的惩罚。三是制订并完善物流服务质量标准。政府制订并完善物流服务质量标准，没有达到质量标准的物流企业不允许进入市场，从一定程度上提高了物流服务市场的平均质量，使得物流服务市场交易的达成更为便利。

第八章

物流业与制造业的融合途径及利益分配

第一节　引言

人类社会的发展离不开其客观规律，产业的发展也必然遵循经济发展的一般规律。在产业发展过程中，产业种类越来越多、产业组织越来越复杂、产业边界越来越模糊、产业间的作用和影响越来越大，直至产业融合出现，都是产业发展的内在规律所决定的。产业结构有着从低级向高级的演进规律，随着经济的发展，产业结构总是趋向不断优化，而产业融合正是产业结构优化的重要途径。

产业创新研究的权威弗里曼（1997）认为产业创新过程包括技术和技能创新、产品和流程创新、管理和市场创新等阶段。根据弗里曼对产业创新阶段的研究，陆国庆（2001）认为产业的融合和创新经过了技术融合、产品与业务融合、市场融合的阶段，最后完成了产业融合的整个过程。

第二节　创新驱动下的产业融合

一、技术创新驱动

技术创新是产业融合的内在驱动力，这已经是学术界和产业界的共识。

技术创新开发出了替代性或关联性的技术、工艺和产品，然后通过渗透扩散融合到其他产业之中，从而改变了原有产业的产品或服务的技术路线，因而改变了原有产业的生产成本函数，从而为产业融合提供了动力；同时，技术创新改变了市场的需求特征，给原有产业的产品带来了新的市场需求。从而为产业融合提供了市场空间。重大技术创新在不同产业之间的扩散导致了技术融合，技术融合使不同产业形成了共同的技术基础，并使不同产业的边界趋于模糊，最终促使产业融合现象产生。

技术创新是产业融合的源泉所在。技术创新按其产生的效应和其他技术的关系，可以分为革命性的技术创新和扩散性的技术创新，二者对产业的发展具有不同的影响。技术创新的溢出效应加快了不同产业之间的技术融合。技术融合推进产业融合技术创新特别是扩散性的技术创新是促进产业融合的拉力，是产业融合发展的催化剂。在技术创新和技术融合基础上产生的产业融合是对传统产业体系的根本性改变，是新产业革命的历史性标志。可以说，产业融合是现代产业发展及经济增长的新动力。

二、市场创新驱动

市场的核心要素就是竞争，市场创新的本质就是融合企业在竞争激烈的环境中谋求合作，产生融合的协同效应，培育竞争优势。竞争合作的压力和对范围经济的追求是产业融合的企业动力。企业在不断变化的竞争环境中不断谋求发展扩张，不断探索如何更好地满足消费者需求以实现利润最大化和保持长期的竞争优势。当技术发展到能够提供多样化的满足需求的手段后，企业为了在竞争中谋求长期的竞争优势便在竞争中产生合作，在合作中产生某些创新来实现某种程度的融合。利润最大化、成本最低化是企业的不懈追求的目标。产业融合化发展，可以突破产业间的条块分割，加强产业间的竞争合作关系，减少产业间的进入壁垒，降低交易成本，提高企业生产率和竞争力，最终形成持续的竞争优势。企业间日益密切的竞争合作关系和企业对利润及持续竞争优势的不懈追求是产业融合浪潮兴起的重要原因。

市场需求的扩大是产业融合的推动力。随着社会经济的发展，人类的需求不断提高，人们往往追求更加方便快捷、满意舒适、低成本高效率的消费方式，这种无止境的需求使企业不断谋求创新发展。随着技术不断创新和扩散，产业融合不仅出现在信息通讯业，金融业、能源业、运输业的产业融合也在加速进行之中。现代社会的消费正朝着享受性消费发展，产品只是一个待发生的服务，服务则是实际上的产品。在这种情况下，有同时既是产品、又是服务的供应才能满足消费需求，正是市场需求的变化推动了产业融合的发展。

企业间日益密切的竞争合作关系和企业对效益、效率的持续追求是产业融合发生的重要原因。同一产业内部不同企业间的合作只是使企业的规模扩大，而不同产业间企业的合作则是产业融合的组织基础。企业之间通过竞争与合作，更多的资源能在更广阔的范围内得以合理配置和利用，生产出来的产品或服务将会更具有竞争力。所以，企业间的竞争合作关系是产业融合的企业动因。不同产业中的企业为追求范围经济而进行多元化经营、多产品经营，通过技术融合创新改变了其成本结构，降低了其生产成本，通过业务融合形成差异化产品和服务，通过引导顾客消费习惯和消费内容实现市场融合，最终促使产业融合。

三、组织创新驱动

组织模式创新使得传统企业的组织边界变得模糊，是产业融合的重要动因。传统组织结构很难满足企业发展的需要，企业组织模式的创新势在必行，扁平化、虚拟化、柔性化等全球性组织结构出现。20 世纪 60 年代中期以后，越来越多的跨国公司采用全球性组织来代替国际业务部。全球性组织结构从公司的整体利益出发，克服了国际业务部将国内和国外业务隔离的弊端，并大大加强了总部的集中决策的作用，它适应了跨国公司一体化战略的发展需要，是产业融合的重要载体。

跨国公司的组织模式创新正向着网络化方向发展，以跨国公司网络化组织创新为例，这意味着一个个大公司正成为小企业的集合，它的中心负责全局战略计划的制定和提出，并将各个部门、子公司联络起来。网络上的各个联络点，往往具有充分的自由权，可以视为一个个小企业，它们又与其他网络建立某些经营业务上的关系。于是就全球范围看，没有公司的"内外之分"，只是距离公司战略重心地理上的"远近之别"而已。如此联系又扩展到另外的战略中心，后者又同其他集团相联系，正以不可阻挡的力量冲击着传统的金字塔的组织结构。这意味着现代公司的组织结构，正由稳定的金字塔形的组织结构，转向适应性强的网络化组织结构，以顺应全球化和信息化对经营管理的更高要求。

在经济飞速发展的今天，企业的技术、经营、战略等都要随时更新，才能赶上信息化时代的步伐。从 20 世纪起，跨国公司的发展为全球经济体带来了新的活力。在当前技术飞速进步和竞争日趋激烈的背景下，各国的跨国公司和大型企业集团在扩大经营规模和服务范围时，它们综合了技术开发、投资、生产、制造、贸易、售后服务等于一体，而计算机网络和通信网络的融合是跨国公司产业融合的巨大推动力。一般说来，只有超巨型的国际直接投资，才能实现并支持跨国生产经营的实力与能力。因此，每一个跨国公司的产生和发展，实际上就是国际金融资本融合、产业融合的发展史。跨国公司根据经济整体利益最大化的原则参与国际市场竞争，在国际一体化经营中使产业划分转化为产业融合，正在将传统认为的"国家生产"产品变为"公司生产"产品。可以说，跨国公司是推动产业融合发展的主要动力。

四、制度创新驱动

一般认为放松管制为产业融合提供了外部条件，但管制放松不一定会产生产业融合，还需要在此基础上对传统的产业政策和制度进行创新。不同产业之间存在着进入壁垒，这使不同产业之间存在着各自的边界，美国学者施蒂格勒认为，进入壁垒是新企业比旧企业多承担的成本，各国政府的经济性管制是形成不同产业进入壁垒的主要原因。管制的放松有利于其他相关产业的业务加入本产业的竞争中，从而逐渐走向产业融合。为了让企业在国内和国际市场中更有竞争力，产品占有更多的市场份额，一些发达国家放松管制和改革规制，取消和部分取消对被规制产业的价格、进入、投资、服务等各方面的限制，为产业融合创造了比较宽松的政策和制度环境，是一种制度安排上的创新。

第三节　我国两业融合的发展

一、两业融合发展的范围

首先，两业融合由原来单一业务外包开始转向供应链合作，融合范围越来越广。初期，制造业仅仅是将自己的部分供应链业务，如运输配送、仓储管理或原材料物流外包给物流企业，但随着制造业成本压力不断增大、物流企业服务能力的不断提高以及综合风险管控水平的加强，目前制造业开始寻求供应链服务的总包商。如华为公司将部分全球物流业务外包给中外运敦豪（DHL）承运，DHL 已拿到华为公司 10% 以上的物流业务份额。其次，两业融合最后向多业融合发展。两业融合是指物流公司不断深入整合到制造业供应链中，如广州市嘉城国际物流股份有限公司（以下简称嘉城国际物流）整合制造业松下公司的供应商，日日顺整合海尔公司的分销渠道。多业融合是指随着互联网方向发展，物流业、流通业、制造业三业开始呈现紧密发展，而不是传统的两业融合。

二、两业融合关系的转变

制造业和物流业由原来的契约关系转为战略合作关系。以前的两业融合均是简单的外包形式，制造业和物流业往往是站在谈判桌的两端，寻求自身利益的最大化，而随着融合的不断深入，制造业和物流业的命运变得息息相关，形成互赢共生的战略合作伙伴关系。嘉诚国际物流是一家与制造企业达成深度两业融合，为大型制造企业和知名电商平台提供"嵌入式"全程供应链一体化管理的第三方综合物流服务商。2008 年，由广州市浪奇实业股份有限公司（以下简称"浪奇股份"）和嘉诚国际物流共同出资成立的广州市奇天国际物流有限公司，提供全程供应链物流服务，是浪奇股份唯一的全程供应链第三方综合物流服务提供商，为其提供综合第三方物流服务，实现了物流业与日化类制造业的深度两业融合。

三、两业融合的具体运营

2017 年两业融合呈现出以下新的发展特征。一是多式联运开始广泛应用。在运输方式上，制造业因为形势所迫不断压缩物流成本，而且对物流企业的成本管控提出了更高的要求。在运输模式上，多式联运成为物流业的突破口，被物流企业广泛采纳。2017 年，嘉盟物流收购兰州捷时特物流有限公司（以下简称"捷时特物流"）5 例的股权，并以新股东的身份与另一股东中铁集装箱运输有限责任公司共同合资经营捷时特物流。该投资是嘉里物流在"一带一路"倡议下，进一步拓展铁路货运以及多式联运业务的战略性举措，将进一步强化集团在中国及中亚的铁路货运服务能力。

二是供应链逐步实现全程透明化。透明化的管理能够有效控制成本、提高服务水平。例如，在快递企业，利用全球定位系统（GPS）、地理信息系统（GIS）等技术对订单物流信息进行全程跟踪。区块链初创公司 BitSE 和全球著名物流公司德讯物流建立了合作关系，前者帮助后者实时监控货物流。国际商业机器公司（IBM）和世界航运巨头马士基（Maersk）合作建立了货运公司、代理商、港口和海关之间的联盟链，帮助记录其全球数千万个船运集装箱的情况，预计大规模应用之后能够为海运业节省数十亿美元的成本。

三是技术进步驱动两业融合管理模式创新。移动互联、大数据等技术为两业融合的发展提供了无限的想象空间。例如，海尔和日日顺的合作，在技术支持下，海尔工厂和日日顺实现了信息的实时共享，物流订单统一生产，并且取消物流成品缓存区，使"直产直销"成为可能。技术的提升为两业融合的创新提供了基础和动力。

四是两业信息系统开始向开放、共享方向发展。两业融合之前多采用一对一的融合方式，物流业和制造业的 EDI 系统都是封闭的、独立的，专供两个企业的信息交换使用，这使得建设成本和维护成本提高。而两业融合后的信息系统开始转为开放、共享型，多家企业使用同一套信息系统，有效降低了信息建设方面的成本。例如，嘉诚国际物流在与松下公司融合发展的过程中，会将制造商的出口信息和商贸企业的国内销售信息通过自身的物流信息平台第一时间反馈给松下公司，使松下公司可以根据销售情况预测客户需求，制订相应的生产计划。

四、两业融合发展的典型模式分析

2017 年，我国两业由联动发展进入融合发展的新阶段，呈现出新的特点和新的模式。结合两业融合呈现出来的新特征，根据物流企业嵌入生产线的程度以及双方的战略合作关系，两业融合可以分为 5 种典型的模式，如表 8 - 1 所示。

表 8 - 1　两业融合典型模式

模式	模式结构	模式特点	典型企业
模式一	物流企业服务嵌入生产环节	物流企业能够为生产物流环节提供服务，但双方都没有专用性资产投入	申储发展股份有限公司青岛分公司、膏岛北海船舶重工有限责任公司
模式二	生产物流服务运作管理＋单方专用性资产投入	单方面的专用资产投入（通常为物流企业）以及长期的战略合作	中策橡胶集团有限公司和杭州八方物流有限公司、广州嘉诚国际物流股份有限公司和日本松下电器
模式一	物流企业服务嵌入生产环节＋双方共同进行专用性资产投入	双方共同进行融合专用性资产投入，基本实现利益共享，风险共担	东风汽车有限公司和风神物流有限公司
模式四	合资子公司	双方共同出资成立子公司，风险共担，利润共享，承担制造企业供应链上全部或部分环节的物流业务	青岛啤酒股份有限公司和招商局物流集团青岛分公司、嘉诚国际物流股份有限公司和浪奇实业股份有限公司
模式五	全资子公司	物流管理部门独立出来，成立全资物流子公司，提供更加专业高效的物流服务	海尔集团日日顺物流有限公司

五、两业融合面临的问题

目前，在两业融合发展过程中依然存在着亟待解决的问题。首先，制造企业融合的观念意识尚未转变。两业融合发展的程度和水平很大程度上取决于制造业物流需求的释放。受传统企业经营模式的影响，仍然有相当一部分制造企业沿袭"大而全""小而全"运作模式，尚未具有与物流企业开放融合的意识，物流自营比例较大，社会化程度偏低，制造业物流需求释放不够。其次，制造企业机制体制创新不足。制造企业除了意识和观念层面不够开放之外，机制体制的问题同样阻碍两业融合的发展。很多大型国有制造企业虽然有与物流业深入融合发展的想法，可是由于国企高层人员实行换届制，每隔几年企业就要经历领导人的变更，这就使企业经营战略难以保持一致性和连续性。再次，两业双方在深度融合的时候缺乏信任基础。我国物流市场还处于发展阶段，许多物流企业素质和专业服务能力参差不齐，粗放式经营和低水平竞争严重，行业整体形象受到较大的影响。两业融合的开展，其中一个关键的前提就是制造企业与物流企业相互信任，制造企业愿意接纳物流企业渗透到自身所在的供应链各个环节中去，给予物流企业足够的自主决策权，从专业的角度完成物流业务的优化运营，提升供应链效率。如果双方缺乏信任基础，深入合作难以推进，融合必然出现较大阻碍。最后，政策环境方面存在融合障碍。一方面，两业融合发展同样需要基础要素的支撑，相关政策落地不统一、缺乏对物流企业的扶持均为两业融合的发展造成了阻碍，物流企业的土地性质问题一直没有解决，用地成本高、无土地可用的情况均大大限制了物流企业的发展以及两业融合的进一步实施；另一方面，政府体制性障碍制约两业融合。制造企业的管理隶属于工业与信息化部，而物流业务则尚无统一的国家部门进行综合管理，部门条块分割影响了两业联动的政策协调，也影响两业融合政策的落实与深化。

第四节　两业融合的实现途径

一、通过股权控制实现融合

物流业与制造业通过股权控制实现融合最直接的方式就是建立股权战略联盟，这种方式一般不包括各成员的核心业务，具体又可进行划分。一是合资公司型，联盟成员将各自不同的资产组合在一起，共同生产、共担风险和共享收益；二是股权参与型，联盟成员通过购买对方股份而建立的一种长期的相互合作关系，一般指小额的股权购买，没有达到控股水平，可以通过控股，参股和交叉持股等不同方式实现。

物流业和制造业作为合作伙伴结成合资公司型战略联盟，可以实现资本、技术、市场、人才方面的共享，有效地促进规模经济和范围经济，减少单个企业开拓市场的风险，同时还可以利用合作伙伴已有的市场范围和公共关系绕开市场进入障碍。但是合资公司和母公司之间存在着千丝万缕的联系，子公司会受到母公司品牌信誉的影响，当母公司发生经营危机时，子公司在资本、业务方面也会受到牵连，母公司还可以通过一定渠道影响和干涉合资公司的经营决策，关键时刻会从整体利益出发规划子公司的发展方向，使子公司的利益服从整体利益。

股权参与型联盟仅仅发生在资本层面，属于较低层次的联盟形式，购买方可以根据对方公司的经营状况以及自身的资金周转能力决定购进或者抛售股票，操作简单易行，具有较高的灵活性。股权型战略联盟所涉及的股份比例较小，购买方无权干涉对方的经营决策和战略选择，联盟成员之间具有较高的独立性，如想控制联盟，则必须购买足够控股的股份。

二、通过合作契约实现融合

在某些情况下，物流业和制造业需要通过合作契约的方式实现融合，当联盟内各成员的核心业务与联盟相同，合作伙伴又无法将其资产从核心业务中剥离出来置于同一企业内时，或者为了实现更加灵活的收缩和扩张，合作伙伴不愿建立独立的合资公司时，这种契约式融合方式便出现了，常见形式就是两业形成契约式战略联盟。

物流业和制造业采取这种融合形式不涉及股权参与，而是借助契约形式，联合研究开发市场的行为。表现形式比较灵活，一是两业签署技术性协议，联盟成员间相互交流技术资料，通过"知识"的学习来增强竞争实力；二是两业签订研究开发合作协议，分享现成的科研成果，共同使用科研设施和生产能力，在联盟内注入各种优势，共同开发新产品；三是两业订立生产营销协议，通过制订协议，共同生产和销售某一产品，这种协议并不给联盟内各成员带来资产、组织结构和管理方式的变化，仅仅通过协议规定合作项目、完成时间等内容，成员之间仍然保持着各自的独立性，甚至在协议之外仍然相互竞争；四是两业合作签订产业协调协议，建立全面协作与分工的产业联盟体系，多见于高科技产业中。主要是指借助契约建立的，不涉及股权参与的合伙形式，以联合研究开发和联合市场行动最为普遍，最常见的形式包括双边契约型战略联盟和单边契约型战略联盟。

物流业和制造业通过合作契约实现融合发展，具有独特优势，也面临独特问题。一是组织的松散性，契约式的战略联盟不必成立正式的独立经济实体，各联盟成员之间的关系也不正式。战略联盟是个动态、开放的体系，是一种松散的企业间一体化组织形式。二是合作的平等性，参与战略联盟的企业之间是平等的关系。合作的各方共享资源、优势互补、相互信任、相互独立。三是管理的复杂性，由于战略联盟成员之间关系的不正式，联盟各方的协调管理存在较大的不确定性。四是伙伴的学习性。企业参与战略联盟最关键的是要通过学习战略合作伙伴的知识，培养自己的新资源和能力。通过战略联盟分享信息、实现能力互补，促进知识的学习与创造是战略联盟的显著特征。

三、通过虚拟经营实现融合

虚拟经营是适应多变的需求与竞争环境的一种动态的企业经营观的产物，是以内外部资源的合理整合与善用为宗旨，以内部机构的精简和外部协作的强化为目标，以灵活与适应性为原则，把企业的供应商、生产商、顾客或竞争对手等结合起来的动态合作网络，是新型财富创造的方式。一般是指两个或两个以上的公司，出于对全球化市场发展的预期和实现各自公司经营目标的考虑，为达到共创市场、共享利益等战略目标，在某些利益共同点的基础上建立的一种合作形式。这种虚拟战略联盟企业在有限资源的条件下，为取得最大的竞争优势，以自己拥有的优势产品或品牌为中心，由若干规模、专长各异的企业，通过信息网络和快速运输系统联合起来，实现全球竞争优势。

物流业与制造业通过虚拟经营组建虚拟联盟，是一种不涉及所有权的、以法律为约束力的、彼此相互依存的联盟关系。维系虚拟联盟更多的是靠对行业法规的塑造、对知识产权的控制以及对产品或技术标准的掌握和控制实现，通过这些"软约束"协调联盟各方的产品和服务。

物流业与制造业结成虚拟联盟能够从最大限度发挥和提升企业核心竞争力着眼，是两业以"共赢"为目的的全新企业合作模式，它强调充分利用各企业已有的资源优势，通过组织动态联盟，快速响应市场变化，把握市场机遇。它克服了传统企业的封闭性、局限性和设计、制造能力的不完备性，减少了资源的重复投入，缩短了生产周期，提高了产品从设计、制造到销售全过程的整体柔性和敏捷性，增强了企业（群体）的竞争能力。它是企业间一种暂时性的联盟方式，当出现了市场机会，各加盟企业就迅速地组织起来，共同开发并生产销售新产品，一旦发现利益衰竭，便自动解散。通过虚拟联盟，企业建立了一种不同于纯粹市场关系或者纯粹一体化关系的新型组织形式，形成了一个互相交叉、互相融合的外部网络，以此适应了新经济时代竞争加剧、研发成本提高、市场范围扩大、更新和淘汰加快、需求的个性化与日俱增等市场快速多变的挑战。

四、通过共同治理实现融合

物流业和制造业通过共同治理实现彼此融合发展，跨越了科斯的企业边界理论，打破了传统的企业组织界限，使单个企业通过联盟的方式，将不属于自己的外部资源纳入自我发展的轨道，动态联盟的边界变得越来越模糊。

共同治理由两部分内容组成，一是共同治理结构，包括股权结构、董事会、监事会、经营班子等；二是共同治理机制，有联盟外部的，最典型的是资本市场的监管，有联盟内部的，主要包括用人机制、监督机制、激励机制等。共同治理结构和共同治理机制两者共同决定了治理效率的高低。共同治理的核心是科学的决策，通过共同制定联盟的公司章程等正式制度，理顺各方面的权责利关系，确保治理边界内物质资本所有者和人力资本所有者具有平等参与企业剩余索取权与控制权分配的机会，依靠相互监督的机制来制衡治理边界内联盟各方的行为，保证联盟伙伴贡献的价值以及所获得的收益得到充分的体现。有效的共同治理，重点要建立两个并行的机制：董事会和监事会。董事会中的共同治理机制确保联盟主体有平等的机会参与合作决策，实现决策科学化；监事会中的共同治理机制则是为确保各个合作主体平等地享有监督权，从而实现相互制衡。具有如下特点：

　　一是两业基于共同治理组建的动态联盟不受诸如办公大楼、生产场地等生产经营"硬件"的约束。硬件是约束企业边界的重要因素，由于没有太多的硬件要求，动态联盟扩展的边界所受约束力大大削弱。两业共同治理的动态联盟可以实现功能虚拟化管理。核心企业保留核心功能，其余功能借助外力，突破了自身功能的局限，各部门的职能和界定依然存在，但部门间的边界模糊化，组织作为一个整体的功能得以提高，已经远远超过各个组成部门的功能。

　　二是两业共同治理资源配置不受空间的约束。动态联盟的运作基础是一套完善的网络，通过信息网络、契约网络和物流网络迅速地将分散于世界各地的资源整合起来，而不受空间的限制。随着信息化程度越来越高，所有的东西，都可以在市场上通过交易获得的，而不必通过自己的生产车间，或者是自己的组织生产出来，即部分核心的价值活动在自己的掌控当中，大部分边缘性的价值外包到了市场上。

　　三是两业共同治理的动态联盟不受组织结构的约束，因为共同治理动态联盟是一种开放式的网络组织，成员的加入与退出通过协商即可实现，构成组织网络的各个节点，都以平等身份保持着互动式联系。由于动态联盟的结构无形化，是一种无限连接的网络结构，不会受到控制幅度和监控机制等因素的影响，其边界是柔性的、模糊的。企业动态联盟边界的模糊性使各种边界更易于扩散和渗透，打破部门之间的沟通障碍，更有利于信息在各部门的传递，但对于动态联盟而言，如何将以企业内部资源配置效率为核心的传统治理向内部治理与外部治理相协调的共同治理转变，成为更高更迫切的要求。

第五节　两业融合中的利益分配

　　围绕利益分配问题，学术界进行了广泛探索，积累了大量有益成果。如刘学、庄乾志（1998）对合作创新的特征与风险来源进行了系统分析，提出了合作创新风险分摊和利益分配的标准，以期能够推动合作创新的发展。孙东川、叶飞（2001）认为，动态联盟将是 21 世纪的主要组织模式，利益分配是否合理将直接关系到动态联盟的绩效发挥，动态联盟利益分配过程也是一个群决策的过程，是一个使合作伙伴的满意达到最优的过程，提出采用 Nash

谈判模型利益分配方法。罗利、鲁若愚（2001）将博弈论中合作博弈的基本理论和方法应用到产学研合作利益分配分析中，提出 Shapley 值在产学研合作利益分配博弈分析中的应用。叶飞（2003）从协商的角度提出了基于不对称Nash 协商模型的虚拟企业利益分配方法；从合作伙伴满意度水平的角度提出了基于满意度水平的虚拟企业利益分配协商模型；在传统的群体重心模型的基础上，建立了虚拟企业利益分配的群体加权重心模型。戴建华、薛恒新（2004）引入解决多人合作对策问题的 Shapley 值法，应用于动态联盟伙伴企业的利益分配，然后分析了用 Shapley 值法进行动态联盟利益分配的成功与不足，最后针对其不足提出了一种基于风险因子的修正算法。卢少华、陶志祥（2004）通过研究供需链上相邻两个企业之间的交易情况对动态联盟的利润分配进行了讨论。指出了动态联盟的利益分配实际上是通过内部供应链上的交易过程得以实现的，论证了讨价还价博弈和非合作博弈的不足，指出协商博弈是价格博弈的最佳策略。魏修建（2005）从供应链的资源构成及其对供应链的贡献程度探讨了供应链利益分配问题，提出参与供应链各个主体的利益分配思路与框架。胡丽、张卫国、叶晓甦（2011）鉴于公私双方利益冲突，基于项目利益分配基本原则，综合权衡利益分配四要素，建立了基于SHAPE-LY 修正的 PPP 项目利益分配模型。张建军、赵启兰（2019）认为在两级物流服务商参与的供应链系统中存在一条由制造商与零售商构成的产品供应链（PSC）和另一条由物流服务集成商和物流服务提供商构成的物流服务供应链（LSSC），通过分析两方合作、多方合作等不同决策模式下的博弈情形，探讨两级物流服务商参与的供应链最优决策与利益分配策略。白晓娟、张英杰、靳杰（2019）针对新零售下供应链的收益分配问题，在传统 Shapley 值法的基础上，考虑风险承担、创新资源投入和业务执行度，引入综合修正因子，建立了运用改进 Shapley 值法来确定收益的利益分配机制。周业付（2019）综合考虑贡献因素、投入因素、风险因素和联盟成员满意度，运用 Raiffa 算法和不对称 Nash 协商模型建立了一种综合利益分配模型，对大数据农产品供应链联盟成员进行利益分配。

一、融合企业的利益分配要素及原则

在两业融合形成动态联盟的组建和运行过程中，面对众多伙伴企业（它们有着不同资源、能力、文化、目标等），如何进行联盟的利益分配，以确保联盟运行的通畅和目标的达成，成为两业融合和运行过程中的一个关键问题。

（一）利益分配要素

两业融合形成动态联盟的根本原因在于成员企业寻求自身的最大利益。尽管动态联盟有多种不同的组织结构，每种组织结构适应不同的环境，是为了达到不同的具体目的。但究其本质，都是为了在复杂多变、竞争激烈的商业环境中求得生存和发展，实现经济利益。动态联盟本质上是一种为追求经济利益而形成的契约合作关系，利益是各伙伴企业相互合作的基础，正是出于这种有相互利益的愿望，各伙伴才会合作。谈到利益分配，必然要确定利益分配的要素问题，两业融合涉及的利益分配要素应该是能对利益分配产生重大影响的因素，详见表8-2。

表8-2　两业融合的利益分配要素

要素维度	关注重点	主要内容
贡献	在联盟中各个伙伴企业的工作成效和贡献水平	贡献或者工作成效可以量化为各成员企业为联盟目标的达成所付出的有效工作时间（指能对联盟的发展或收益产生影响的有效工作时间），或者工作成果
投入	合作伙伴所投入的资本	投入的资本包括资金、人力资源、时间以及品牌知名度等，包括有形资本以及无形资产等
风险	合作伙伴企业在联盟中所承担的风险	这里的风险包括联盟目标达成的风险、市场的风险以及合作的风险、技术风险等等
收益	联盟总收益的大小，是联盟利益分配的基础	没有收益就没有利益分配
其他	关系、地位等其他一些影响利益分配的因素	比如伙伴企业之间的关系问题，各企业在联盟中的地位问题等都会对利益分配问题产生影响

（二）利益分配原则

毋庸置疑，利益产生的双重效应，即使合作各方产生合作的要求，又会因为利益分配的多少、偏向而影响动态联盟的健康运行。由于加入联盟的目的就是为了获得预期收益，所以利益分配必为合作各方所关注，利益分配的结果与各成员企业参与联盟的预期利益的对比形成各成员企业对参与联盟的价值评价（满意度）。通过上面的分析可知，联盟的运行与联盟的利益分配有直接的关联。一方面，各个联盟成员是否通过联盟实现一定的经济利益，对该利益是否满足或是否因此而受到激励，对联盟的稳定和有效运行将起决定性的作用。另一方面，联盟是否有效运行又决定着联盟的利益是否能够顺利实现或在多大程度上得以实现。两业动态联盟中各成员参与讨论该如何分享动态联盟的收益时，必然会考虑到一些收益分配原则，如表 8-3 所示。

表 8-3　两业融合中利益分配的基本原则

基本原则	核心思想	主要内容
利益共享原则	收益与贡献结合	从实际情况出发，全盘考虑成员的贡献因素，合理确定利益分配的最优结构，促进各成员企业能够实现最佳合作、协同发展
风险分担原则	风险与利益匹配	在制订分配方案时，应充分考虑成员企业所承担的风险大小，对承担风险大的成员企业给予适当的风险补偿，以增强合作的积极性
个体保障原则	保障个体利益	分配方案可使每个成员企业的基本利益得到充分保证，否则会影响成员企业合作的积极性，甚至导致合作的失败或分裂
协同共赢原则	整体大于部分和	各成员企业参与动态联盟所得到的利益应该大于单独行动所获得利益

二、基于贡献水平的利益分配策略

快速响应市场，抓住经营机遇，在竞争中谋求发展，已成为企业共同追求的目标。制造业将从单凭自身的资源设备为主的竞争，发展到多企业合作的内外部优势资源集成的生产体系间的竞争。动态联盟企业（Agile Virtual Enterprise，AVE）即是这样一个围绕新产品、新经营机遇为进行产品的经营、开发、生产在全球范围内动态建立的虚拟组织机构，它将成为制造业未来企业模式之一。两业融合形成动态联盟，是由两个以上的组织成员（单位）组成的一种有时限（暂时、非固定化）的相互依赖、信任、合作的组织，以便以最小的投资、最快的反应速度（最短的反应时间）对市场机遇做出反应。来自物流业或者制造业的成员以自身实力和社会信誉通过竞争被核心公司（企业）吸收加入。为了共同的利益，每个成员只做自己擅长的工作，把各成员的成长、知识和信息优势集中起来有效地用于以最短的时间和最小的投资为目标的满足用户需求的共同努力中去。

借鉴文献关于利益分配的方法，可以认为物流业与制造业融合的利益分配问题是一个 n 人合作对策问题，Shapley 值法是用于解决 n 人合作对策问题的一种数学方法。当 n 个人从事某项经济活动时，他们之中若干人组合的每一种合作形式，都会得到一定的效益，当人们之间的利益活动非对抗性时，合作中人数的增加不会引起效益的减少，这样，全体 n 个人的合作将带来最大效益。Shapley 值法是分配这个最大效益的一种方案，定义如下：

设集合，如果对于 $I = \{1, 2, \cdots, n\}$ 的任一子集都对应着一个实值函数 $v(s)$，满足

$$v(\phi) = 0 \tag{1}$$

$$v(s_1 \cup s_2) \geqslant v(s_1) + v(s_2), s_1 \cap s_2 = \phi \tag{2}$$

称 $[I, v]$ 为 n 人合作对策，v 称为对策的特征函数。在前面提到的经济活动当中，I 定义为 n 人集合，s 为 n 人集合中的任意一种合作，$v(s)$ 为合作的经济效益。通常情况下，我们用 x_i 表示 I 中的成员 i 从合作的最大效益 $v(I)$ 中应得到的一份收入。在合作 I 的基础下，合作对策的分配用 $x = (x_1, x_2, \cdots, x_n)$ 表示。显然，该合作成功必须满足如下条件：

$$\sum_{i=1}^{n} x_i = v(I) \tag{3}$$

$$x_i \geqslant v_i, i = 1, 2, \cdots, n \tag{4}$$

由上式定义的 n 人合作对策 $[I, v]$ 具有无穷多个分配。Shapley 值由特征函数确定，记作 $\Phi(v) = (\varphi_1(v), \varphi_2(v)), \cdots, \varphi_n(v))$ 是一种特定的分配，即 $\varphi_i(v) = x_i$。其中，

$$\varphi_1(v) = \sum_{i=1}^{n} \omega(|s|)[v(s) - v(s \setminus i)], i = 1, 2, \cdots \tag{5}$$

$$\omega(\mid s\mid) = \frac{(n-\mid s\mid)!(\mid s\mid-1)!}{n!} \tag{6}$$

其中 s_i 是 I 中包含的所有子集，$\mid s\mid$ 是 s 中元素的数目，ω（$\mid s\mid$）是加权因子。n 为集合 I 中元素的个数，v（s）为子集 s 的效益，v（$s\backslash i$）是子集 s 中没有 i 参与的情况下获得的收益。该分配方法考虑了各个参与主体对融合所产生的经济效益的重要程度，参与主体在合作中分配的利益 φ_i（v）中，已经包含了 $[v$（s）$-v$（$s\backslash i$）$]$ 这一项，可以看出其对合作贡献的大小。用 Shapley 值法进行物流业与制造业融合的利益分配，充分考虑了不同成员对合作过程的贡献，避免了平均分配、吃大锅饭的现象，是一种操作比较简便，相对公平合理的分配方法。

三、加入风险因素的利益分配策略

然而物流业与制造业融合中不同企业分担的风险是不同的。在上述用 Shapley 值法进行利益分配时，没有考虑企业在经营过程中承担的风险问题，即假设企业合作风险是均等的，分担的风险均为 $\frac{1}{n}$，这与实际是不符的，鉴于此，可以对原有模型进行适当调整和修正，使之更加符合实际。

在风险评估方面，专家评估法、层次分析法、主成分分析法、综合指数法等在风险评估领域有着较为广泛的应用，每种方法有着自身的优势和不足。如专家评估法、层次分析法操作比较简便，但易受主观因素影响。而主成分分析法、综合指数法虽然相对比较客观，但可能会因收集信息的不完全而使结果不准确。可结合二者的优势，先用层次分析法进行风险分析，再用熵权法对主观因素进行完善和修正，使风险分析结果更科学、准确，操作步骤简述如下。

（一）建立风险因素集 U

设 U 为产业融合风险因素所组成的集合，对于上述风险评价问题，则

$$U = \{U1, U2, \cdots, U_i\}, i = 1, 2, \cdots, m$$

（二）设定风险评价集

根据产业融合合作中各方风险分担能力的不同，设评价集因素 $V = \{$弱，较弱，一般，较强，强$\}$，并赋予数值，如可以设定 $V = \{0.1, 0.3, 0.5, 0.7, 0.9\}$。为了使评估更加细化，也可使用 1～9 标度法进行风险等级的划

定，风险等级越高，则风险评价对应的数值越高。

（三）建立风险分担模糊评价矩阵

R' 为集合 U 到集合 V 的模糊关系，矩阵 R' 中的元素 r'_{ij} 表示第 i 种风险由第 j（$j = 1$，2，$\cdots$，n）个参与方进行分担的能力评价系数。其值越大，说明第 i 种风险由第 j 个参与方进行分担的可能性越大。可以由参与各方代表组成评估小组对各种风险的分担进行评价，结果是每种风险都有 n 个风险分担能力评价系数。对 R' 标准化，m 个风险计算出的 $m \times n$ 矩阵便形成了风险分担的模糊评价矩阵 $R = (r_{ij})_{m \times n}$。

（四）用层次分析法计算风险因素主观权重

建立风险因素层次体系图，可以使用 $1 \sim 9$ 标度法构造判断矩阵，计算每个风险因素的最大特征值及特征向量，即为风险主观权重初值。在通过一致性检验后，确定每层元素对总体风险的主观权重 α。

（五）用熵权法修正风险因素权重

熵权法是一种客观赋权法，具体计算在其他章节有详细阐述，此处不再展开。应用熵权法可以计算风险的修正权重 β，在用主观赋权法和客观赋权法确定了权重后，便可以计算全部风险因素的综合权重 ω：

$$\omega_i = \frac{\alpha_i \beta_i}{\sum\limits_{i=1}^{m} \alpha_i \beta_i} \tag{10}$$

（六）计算各参与方的风险分担系数

把风险分担模糊矩阵与各风险的权重集进行模糊合成运算，得到各参与方的风险分担系数 $\lambda' = \omega R$，则第 j 个参与方的风险系数为：$\lambda'_j = \sum\limits_{i=1}^{m} \omega_i r_{ij} (i = 1, 2, \cdots, m, j = 1, 2, \cdots, n)$，进行归一化处理后得风险分担系数 λ 且 $\sum\limits_{j=1}^{n} \lambda_j = 1$。

四、结论及启示

设 实际情况中考虑风险分担情况下单个企业应分得的利益为 $v(i)'$，企业实际承担的风险为 λ_i，其与平均风险的差值为 $\Delta \lambda_i = \lambda_i - \frac{1}{n}$，易见 $\sum\limits_{i=1}^{n} \Delta \lambda_i = 0$，则应该给予企业的利益分配修正量为 $\Delta v(i) = v(I) \times \Delta \lambda_i$，则单个合作企业应得的实

际利益为 $v(i)' = v(i) + \Delta v(i)$。对于承担风险较多的企业,$\Delta \lambda_i = \lambda_i - \dfrac{1}{n} < 0 \Rightarrow$

$\Delta v_i > 0$,实际分配利益有所增加;反之对于风险承担较少的企业,$\Delta \lambda_i = \lambda_i - \dfrac{1}{n} <$

$0 \Rightarrow \Delta v_i < 0$,则实际分配利益有所减少。但是,由于有 $\displaystyle\sum_{i=1}^{n} v(i)' = \sum_{i=1}^{n} [v(i) + v(I) \times$

$\Delta \lambda_i] = \displaystyle\sum_{i=1}^{n} v(i) + v(I) \times \sum_{i=1}^{n} \Delta \lambda_i = \sum_{i=1}^{n} v(i) = v(I)$,可以确保合作的总收益没有变化。

　　用 Shapley 值法进行物流业与制造业融合合作企业间的利益分配,充分考虑了不同成员对合作过程的贡献,避免了平均分配、吃大锅饭的现象,有助于调动合作企业的积极性。物流业与制造业融合实际上是在一定时期内共享信息、共担风险、共同获利的一种协议关系,这意味着新客户的共同开发、信息和数据的交换、市场机会共享和风险共担。考虑风险分担的利益分配将更加有利于合作的成功。

　　其局限在于,尽管使用 Shapley 值法计算合作企业利益分配具有一定的合理性,考虑风险分担并使用熵权法进行修正分配也具有可操作性,但该方法面临的一个问题是需要首先确定合作企业所有合作组合的效益值。这会影响到每一合作企业的贡献,影响到分配权重,从而影响分配结果。如何从实际出发,通过企业自身的客观指标来估算有效的合作效益,是一个值得深入研究的问题。

第九章

物流业融合发展的风险评估及控制

第一节 引言

物流业与关联产业的融合发展已经不仅仅是理论界热衷研究的一个课题，还是产业发展的大势所趋，是产业发展的现实选择。物流业与关联产业融合发展的积极作用不容置疑，能够促使市场结构在企业竞争合作关系的变动中不断趋于合理化，促进传统产业创新，进而推进产业结构优化与产业发展。促进企业组织之间产权结构的重大调整，引发企业组织内部结构的创新，有助于推动区域经济一体化，催生许多新产品和新服务，满足人们收入和生活水平提高后，对更高层次消费和服务升级的需求。然而必须认识到，物流业与关联产业的融合发展并非一帆风顺，在带来正面积极效应的同时也内含诸多潜在风险。物流业与关联产业的融合发展不能等同于不同产业间简单的混合或者静态叠加，产业间是否互补兼容、协调发展尤为重要。同时，产业融合是一个动态的复杂过程，涉及产业之间的渗透、交叉、重叠等一系列活动，客观上增加了融合的不确定性和系统风险，对物流业与关联产业融合风险的探索非常必要。

从国内学术界的研究来看，相关研究主要关注产业融合的机理、方式、类型、动因以及措施等问题，对产业融合风险问题的研究较少。近年来随着我国产业融合研究的深入和产业融合实践活动的广泛开展，也陆续有学者关注到产业融合的风险问题，但总体来看仍然较少。如和龙（2018）综合运用产业融合理论、乡村振兴理论、农业风险管理理论等理论，构建我国农村产业融合发展风险管理的理论框架，为证实或证伪我国农村产业融合发展风险管理的各种理论命题提供新的经验和科学证据；在遵循农村产业融合发展规律、风险管理规律的基础上，提出农村产业融合发展各利益主体防范化解风险的措施。姜涛（2014）以分析东营市目前高新技术产业与风险投资发展现状为切入点，在逐步深入剖析二者共同发展所存问题的基础之上，开展东营市风险投资与高新技术产业融合路径研究。肖建勇（2012）以系统的结构与功能演化分析为视角，综合运用抽象理论演绎、定量数学模型、历史归纳方法和案例研究等手段，对饭店产业融合形成的前提条件、动力机制、形成过程、影响结果、路径选择和风险治理等问题进行了系统研究。本部分以物流业与地产业融合发展为研究对象，基于波特价值链模型和分析方法对物流地产开发和运营可能存在的风险进行研究。

第二节　物流地产发展概况

我国物流业的快速发展产生了对物流基础设施的巨大需求，从而带动了物流地产业的蓬勃发展。在中国政府鼓励资本投向物流领域政策的引导下，大批外资企业进入中国物流地产市场。如国际物流地产巨头普洛斯在我国十几个城市建成几十个物流园区，澳大利亚著名的投资机构麦格理集团在我国已经建成并运作了多个大型的物流中心项目，美国工业地产开发商安博置业有限公司、新加坡的丰树信托投资基金等国外机构也都在我国开始了物流地产的投资活动。与此同时，国内的诸多企业如和记黄浦、珠江地产、富力地产、恒大集团等也纷纷在物流地产领域投资拿地。

一、发展趋势

物流地产发展前景良好，备受投资者青睐。据2018年《中国物流年鉴》分析，2017年不仅是个人投资者对物流地产有着高昂的热情，各大物流企业、地产开发商、电商企业也相继布局物流地产（如表9－1所示）。物流地产市场投资热度高涨，反映出个人和企业投资者对物流地产市场发展前景的预期。世邦魏理仕（纽约证券交易所代号：CBRE）发布的《2017年亚太区投资者意向调查》报告显示，中国投资者考虑直接投资物业以获得更高回报的比例从 2016 年的 49% 上升到 2017 年的 61%，从投资业态上来看，2017 年亚洲投资者对物流地产的投资意愿占比达 20%。从中可以看出，物流地产受到了投资者比以往任何一年都更多的青睐。

表 9 - 1　物流地产 2017 年 10 强

排名	企业名称	仓库容积（万立方米）
1	普洛斯投资（上海）有限公司	3300
2	万科物流发展有限公司	646
3	上海宇培（集团）有限公司	400
4	安博（中国）房地产咨询有限公司	360
5	宝湾物流控股有限公司	204
6	新地物流发展有限公司	130
7	第一创建仓储服务（深圳）有限公司	65
8	北京京通易购电子商务有限公司	62
9	广州富力国际空港综合物流园有限公司	50
10	复星国药（香港）物流仓储发展有限公司	40

数据来源：2018 年《中国物流年鉴》。

与商业地产相比，我国物流地产仍处于发展扩张初期，根据戴德梁行测算，我国高端物流设施供给每年新增的缺口在 200 万平方米左右，预计至 2020 年，我国高标准物流仓储设施的需求将达到 1.4 亿~2.1 亿平方米，现代物流设施需求规模将达到 266 亿平方米，供应缺口或超过 1 亿平方米。因此，在相当长一段时期内，我国物流地产市场高端物流设施将维持供不应求的态势。

2014 年 9 月，国务院印发《物流业发展中长期规划（2014—2020 年）》，2017 年 8 月，国务院再次发布《关于进一步推进物流降本增效促进实体经济发展的意见》，强调着力降低物流成本，着力提升物流企业规模化，加强物流基础设施网络建设，培育经济发展新动能、提升国民经济整体运行效率，吸引各大企业纷纷布局物流地产行业（见表 9 - 2）。

表9－2 2017年国内各大企业布局物流地产事件

时间	参与公司	事件
2017 年 6 月	绿地、联想、普洛斯、德邦	东航物流混改
	设立物流仓储基金	菜鸟网络、中国人寿
2017 年 7 月	万科集团	收购普洛斯
2017 年 8 月	荣盛产业新城集团、菜鸟网络科技有限公司	在固安打造首个京津冀智慧物流示范新城
2017 年 11 月	苏宁云商、深创投不动产基金管理（深圳）有限公司	设立目标总规模为 300 亿元的物流地产基金
	建立长期合作伙伴关系，共同合作开发建设物流仓储设施	顺丰集团、嘉民房地产集团

数据来源：2018 年《中国物流年鉴》。

二、潜在风险

与此同时，物流地产供给侧结构性失衡，租金呈现下降趋势。2017 年，我国物流地产市场需求端稳中向好。全国社会物流总额 252.8 万亿元，按可比价格计算，同比增长 6.7%，增速比上年同期提高 0.6 个百分点。然而，在强劲的市场需求之下，物流仓储存量还存在较大缺口，当前我国物流仓储供给侧结构性短缺严重，存量仓储以传统低端仓储设施为主，高标准的现代物流仓储供不应求。据前瞻产业研究院《2017—2022 年中国物流地产行业发展模式与投资前景分析报告》数据显示，目前，我国高端物流设施面积为 0.2 亿平方米，与通用仓储面积总量 8.6 亿平方米相比，仅占仓储总量的 2.33%，远低于发达国家的占比。若以未来高标准仓库占仓储总量 2 侧测算，我国高标准仓库发展至少尚有 7—10 倍的增长空间。我国现有物流仓储设施供应结构性失衡，高端仓储供应显著不足，难以满足现代企业的需求。此外，在我国高端仓储市场供不应求的大背景下，各城市在租金面上表现分化。总体来说，一线城市土地有严格政策控制，高端仓储市场供不应求推动其高标仓库租金继续上涨，整体市场空置率维持在较低水平，部分二线城市继续放量，供应仓储面积不断增长，供需失衡使仓库租金出现了短期调整，呈现下降趋势。

以 2017 年部分城市物流仓储空置率及全年租金增长情况为例（见表 9 - 3），武汉市、重庆市和成都市优秀物流设施市场由于全年新增供应量创历史新高，全年租金呈下降态势。深圳由于受到个别园区跨境电商公司推出的影响，出现了罕见的个别季度下跌，整体市场租金全年下跌 0.7%，至每月每平方米 42.8 元。

表 9 - 3　部分城市物流地产空置率与租金增长情况

城市	全年租金增长（%）	年末空置率（%）	年末空置率与上年相比
北京市	5.2	0.3	——
上海市	1.6	5	历史新低
深圳市	- 0.7	4.9	历史低点
广州市	0.8	9.9	同比下降 2.3%
重庆市	- 1.9	27.5	同比上涨 3.3%
成都市	- 3.2	13.2	同比下降 12.3%
武汉市	- 1.4	13.7	同比下降 3.2%

数据来源：2018 年《中国物流年鉴》。

第三节　波特价值链理论

波特价值链模型是指由迈克尔·波特提出的"价值链分析法"（Michael Porter's Value Chain Model），把企业内外价值增加的活动分为基本活动和支持性活动，基本活动涉及企业生产、销售、进料后勤、发货后勤、售后服务，支持性活动涉及人事、财务、计划、研究与开发、采购等，基本活动和支持性活动构成了企业的价值链。基本活动是涉及产品的物质创造及销售、转移买方和售后服务的各种活动，支持性活动是辅助基本活动并通过提供采购投入、技术、人力资源以及各种公司范围的职能支持基本活动，见图 9 - 1。

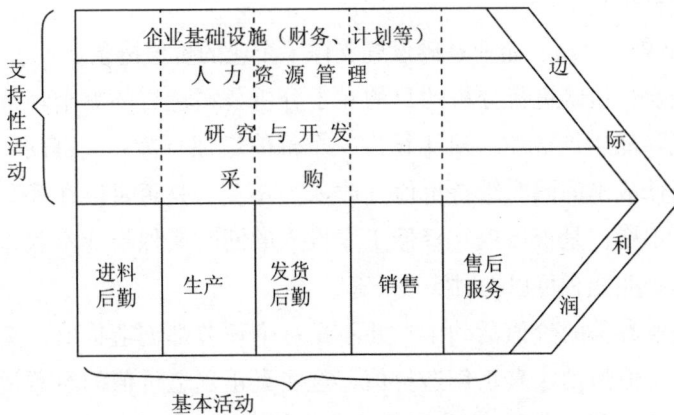

图 9 - 1　波特价值链模型

一、波特价值链的基本价值活动

1. 进料后勤：与接收、存储和分配相关联的各种活动，如原材料搬运、仓储、库存控制、车辆调度和向供应商退货。

2. 生产作业：与将投入转化为最终产品形式相关的各种活动，如机械加工、包装、组装、设备维护、检测等。

3. 发货后勤：与集中、存储和将产品发送给买方有关的各种活动，如产成品库存管理、原材料搬运、送货车辆调度等。

4. 销售：与提供买方购买产品的方式和引导它们进行购买相关的各种活动，如促销、销售队伍、渠道建设等。

5. 服务：与提供服务以增加或保持产品价值有关的各种活动，如安装、维修、培训、零部件供应等。

二、波特价值链的支持性活动

1. 采购：指购买用于企业价值链各种投入的活动，采购既包括企业生产原料的采购，也包括支持性活动相关的购买行为，如研发设备的购买等。

2. 研发：每项价值活动都包含着技术成分，无论是技术诀窍、程序，还是在工艺设备中所体现出来的技术。

3. 人力资源管理：包括各种涉及所有类型人员的招聘、雇佣、培训、开发和报酬等各种活动。人力资源管理不仅对基本和支持性活动起到辅助作用，而且支撑着整个价值链。

4. 企业基础设施：企业基础设施支撑了企业的价值链条。

对于企业价值链进行分析的目的在于分析公司运行的哪个环节可以提高客户价值或降低生产成本。对于任意一个价值增加行为，关键问题在于，是否可以在降低成本的同时维持价值（收入）不变；是否可以在提高价值的同时保持成本不变；是否可以在降低工序投入的同时又保持成本收入不变。更为重要的是企业能否可以同时实现三条。

不同企业参与的价值活动中，并不是每个环节都创造价值，实际上只有某些特定的价值活动才真正创造价值，这些真正创造价值的经营活动，就是价值链上的"战略环节"。企业要保持的竞争优势，实际上就是企业在价值链某些特定的战略环节上的优势。运用价值链的分析方法来确定核心竞争力，就是要求企业密切关注组织的资源状态，要求企业特别关注和培养在价值链的关键环节上的重要的核心竞争力，以形成和巩固企业在行业内的竞争优势。企业的优势既可以来源于价值活动所涉及的市场范围的调整，也可来源于企业间协调价值链所带来的最优化效益。

价值链一旦建立起来，就会非常有助于准确地分析价值链各个环节所增加的价值。价值链的应用不仅仅局限于企业内部，随着互联网的应用和普及，竞争的日益激烈，企业之间组合价值链联盟的趋势也越来越明显。企业更加关心自己核心能力的建设和发展，着力于发展整个价值链中一个环节，如研发、生产、物流等环节。

第四节　物流业与关联产业融合的价值链重构

价值链分解与整合是制造业与物流业融合的演化过程。制造业发展过程中形成了具有行业特色的价值链，其主要由研发、制造、营销、运输和相关服务构成，其中物流服务是制造业供应链得以顺利实施的基础性服务，物流服务涉及领域有生产设备采购、产品组装、原材料采购、零部件加工、产品销售等，产品整个寿命周期中都会诱发物流服务。物流业由仓储、交通运输、包装、流通加工、物流信息与咨询等系统构成，物流业提供物流服务要通过上述要素构成的有机体来完成。

物流业是为了保证制造业顺利生产的服务业，当制造业向物流业渗透并与之发生融合时，制造业的价值链中原有为生产服务的物流服务功能活动（即企业内部物流）一定会从制造业价值链中分离出来，如从内部物流分离出仓储物流服务，从生产运营中分离出设备维护管理和设备租赁服务，这样制造业原有的价值链断裂、分解。同样物流业价值链也会由于其向制造业活动延伸而导致价值链的分解与断裂。在这种情况下，断裂价值链通过市场选择，按照产业中一些最优或核心环节进行截取，并按照一定联系进行价值系统重构，整合成为新的价值链，在产业融合过程中创造出更多的价值。新的价值链不仅包含制造业价值链核心价值活动，还融合了物流业价值链核心功能，使物流服务贯穿制造业整个产品寿命周期中。价值链整合使产业结构"软化"和经济体系的服务化加深，呈现出制造业服务化和服务业制造化的发展趋势（周路，2015）。

从价值链的角度来看，物流业与关联产业融合的实质就是原有价值链的重构，以及对价值链各环节的选择和组合，表现为价值链分解、整合、共享、外包等类型。在价值链融合过程中，物流业与关联产业的价值链由原来稳定的链式结构分解为混沌的价值活动网络，散落的价值链条被截取出来，经过选择、取舍、重组等一系列活动形成新的产业形态。

以物流地产为例，其开发及经营过程就是物流业与地产业的融合过程。全球最大的物流地产开发商普洛斯对物流地产的解释是，根据顾客的需求选择合适的地点，建设、运营与管理专用物流设施，而且准备采用本地与全球的专业技能开发物流配送设施，与客户，如制造商、零售商、物流公司等建立密切的合作关系，为其在合适的时间与合适的地点，提供合适的现代物流设施。

因此从静态来看，物流地产属于工业地产的范畴，是开发商投资开发的物流设施，比如仓储中心、配送中心、分拨中心等，投资商可以是房地产开发商、物流商，也可以是专业投资商。现代物流地产的范畴包括物流园区、物流仓库、配送中心、分拨中心等物流业务的不动产载体。同传统的物流地产相比，它更强调管理的现代化、规模效应、协同效应。

而从动态来看，物流地产是由一系列价值活动组成的一个过程，是开发商整合政府、社会、利益相关者以及其他组织等各种资源，开发建设物流基础设施，交付客户使用并提供专业服务的过程。在实际运行中，这个过程包括开发商进行的项目决策、项目策划、规划设计、项目管理、招商销售以及物业管理等一系列价值活动，同时还包括最重要的资本运营以及人力资源等支持活动，其最终目的是通过开发过程中的一系列价值活动实现增值，从而在价值链上盈利，这实际上就是物流地产价值链（如图 9 - 2 所示）。

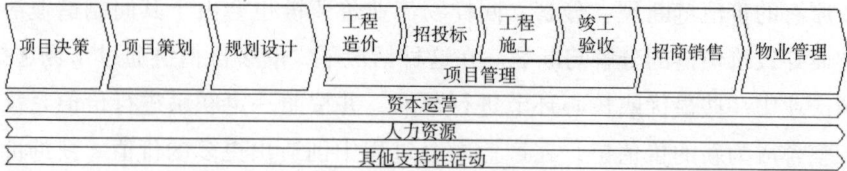

项目决策	项目策划	规划设计	工程造价	招投标	工程施工	竣工验收	招商销售	物业管理
					项目管理			
资本运营								
人力资源								
其他支持性活动								

图 9 - 2　物流地产价值链

按照迈克尔·波特的价值链理论，不同的企业参与的价值活动中，并不是每个环节都创造价值，实际上只有某些特定的价值活动才真正创造价值，这些真正创造价值的经营活动，就是价值链上的战略环节。企业要保持的竞争优势，实际上就是企业在价值链某些特定的战略环节上的优势。运用价值链的分析方法来确定核心能力，就是要求企业密切关注组织的资源状态，要求企业特别关注和培养在价值链的战略环节上的重要的核心能力，以形成和巩固企业在行业内的竞争优势。

这也就意味着，在物流地产价值链中，并不是每个环节都创造价值，只有某些特定的价值活动才真正创造价值，即并非每个环节的价值活动都是关键的，物流地产商不可能也没有必要在每个环节都培养核心能力。

第五节　融合价值链的风险因素分析

从物流地产开发价值链进行分析，其全程风险包括项目决策风险、策划设计风险、项目管理风险、后期的物业经营风险以及支持性活动风险，这五大风险涵盖了物流地产开发全过程。

一、项目决策风险

项目决策是物流地产商组织进行项目寻找、可行性分析、项目谈判、签订合作协议、取得项目或土地的一系列过程。通过各种渠道寻找项目，要经过现场考察、地域和环境分析、城市规划及发展预测、市政及配套条件的调查、市场的供给和需求分析、市场定位和预测、各种经济指标的测算等大量的调查、论证工作，在充分调研市场及掌握项目本身情况的前提下，完成可行性分析报告，作为决策的依据。由于物流地产市场的地域性和产品的不可流动性，拥有土地决定着物流地产企业占有市场，缺乏土地储备的开发商，即使拥有先进的机制、优秀的人才和充足的资金，也很难发展。而土地作为稀缺资源，具有不可替代、不可再生性，是物流地产企业的命脉。这一环节的风险因素可以归纳为项目调研风险、可研论证风险及土地获取风险。

二、策划设计风险

项目策划是物流地产开发商获得项目或土地后，根据初步可行性研究、地块属性、市场调查和预测提出项目定位、项目分期等总体构思，并对项目的运作方式、项目组织结构、资金计划、投资效益分析等方面进行分析、提出建议和计划的过程。规划设计则是依据项目可行性研究阶段提出的项目初步市场定位及规划设想，提出方案设计要求，对项目进行总体规划设计、组织方案设计，完成产品定型工作，在此基础上进一步进行初步设计及施工图设计，将项目产品策划转化为建筑语言，指导工程建设。策划设计环节的风险因素主要包括项目定位风险、项目策划风险、项目规划风险、方案设计风险。

三、项目管理风险

项目管理是将前期的设计转化为现实产品的过程，项目管理活动主要包括工程造价、招投标、工程施工以及竣工验收，既有明显的界限，又相互有机衔接。工程造价管理是根据设计阶段的设计方案及施工图，进行工程造价的概算和预算；在招投标活动中，通过施工单位及材料设备供应商的考察、邀标、投标、开标及评标等一系列活动，择优确定工程承包单位及材料设备的供应商。接下来的工程施工及竣工验收，要根据施工图进行施工，工程竣工验收完毕后，项目部向物业管理移交。项目管理有时间限制、功能要求、质量标准、投资收益、预算额度等目标的约束，这就要求项目管理必须在限定的时间内，善用条件（不超越客观条件限制），完成既定任务，达到预期的进度、质量、成本控制目标。这一环节的风险因素主要包括合同预算风险、工程招标风险、工程施工风险及竣工验收风险。

四、物业经营风险

这一环节的主要活动包括物业销售、物业招商、物业管理及物业资产经营等。招商或者销售的结果对物流地产商非常重要，而售后服务阶段更加重要，这是物流地产非常重要的关键环节。一般的住宅地产销售完毕资金回笼，就意味着开发结束。而物流地产项目具有长期经营的市场需求，不可能通过一次性的销售或者招商获得巨额回报，前期巨大的开发成本需要通过招商或其他经营方式在长期经营中实现资产增值，所以物流地产项目建成并不是开发工作的结束，恰恰是资产经营的开始。这一阶段的风险因素主要包括物业招商风险、物业管理风险及资产经营风险。

五、支持活动风险

物流地产的开发过程除了上述主要活动之外，还离不开开发报建、资本运营、人力资源管理及后勤保障等支持性活动。开发报建是贯穿全过程的主线，影响和决定着开发节奏。物流地产属于资金密集型产业，从前期决策拿地，到规划设计、项目管理以及后期的物业经营管理，整个开发过程需要持续投入大量资金，投资回收期长，仅仅依靠自有资金显然是不够的，需要以较小的自有资本运营较大的开发资本链，即资本运营。此外，物流地产开发的各个阶段都离不开优秀的人才，有价值、稀缺、难以模仿的人力资源将为物流地产企业带来长期竞争优势。支持性活动的风险因素主要包括开发报建风险、资本运营风险和人力资源风险。

第六节　风险评估实证研究

熵权法是一种客观赋权法，它利用各指标的熵值所提供信息量的大小来决定指标权重。用熵权法给各指标赋权可以避免各评价指标权重的人为因素干扰，使评价结果更加符合实际；通过对各指标熵值的计算，可以衡量各指标信息量的大小，从而确保所建立的指标能反映绝大部分的原始信息。

在信息论中，熵是系统无序程度的一个度量，一个系统有序程度越高，则熵就越小，所含的信息量就越大；反之无序程度越高，则熵就越大，信息量就越小。从信息熵角度看，它代表某一风险评价指标在该问题中提供有用信息量的多寡程度，当各评价对象在某一指标上的值变异大、熵值较小、熵权较大时，说明在该问题中各对象在该指标上有明显差异，应重点考察，即该指标向决策者提供了有价值的信息。

一、风险评估操作过程

（一）建立风险因素集

设 U 为物流地产风险因素所组成的集合，对于上述（ $m \times n$ ）风险评价问题，则 $U = \{U_1, U_2, \cdots, U_i\}$，$i = 1, 2, \cdots, n$。

（二）设立风险评价集

根据物流地产开发过程风险的大小，使用 $1 \sim 9$ 标度法对应不同的风险等级程度，数值越大表示的风险程度也越高。令评价集因素 $V = \{$ 极小风险，较小风险，一般风险，较大风险，极大风险 $\}$，赋值后设 $V = \{1, 3, 5, 7, 9\}$，在相邻两数之间分别插入 $\{2, 4, 6, 8\}$ 表示相邻两数之间对应的风险等级。

（三）建立风险模糊评价矩阵

R' 为集合 U 到集合 V 的模糊关系，矩阵 R' 中的元素 r'_{ij} 表示第 i 种风险由第 j（$j = 1, 2, \cdots, n$）个专家评价的结果，可以由 n 个专家对种风险进行评价，结果是每种风险都有 n 个风险评价结果。对 R' 标准化可以按照指标的性质采取相应的计算方法，$r_{ij} = [r'_{ij} - \min (r'_{ij})] / [\max (r'_{ij}) - \min r'_{ij}]$，$m$ 个风险计算出的 $m \times n$ 矩阵便形成了风险模糊评价矩阵 $R = (r_{ij})_{m \times n}$。

（四）风险值计算

用熵值的大小度量风险的高低，熵值越大，说明对应指标的不确定性也越大，风险值随之增大。分层次计算风险值，先分别计算各一级风险指标下二级风险指标的熵值 E_i 和熵权 ω_i，再计算各一级风险指标的 H_i 熵值和熵权 λ_i，最后计算总的开发风险 $H = \sum \lambda_i H_i$。

（五）风险等级判定

目前国际上采用较多的项目风险判据是 ALARP 原则（As Low As Reasonably Practice），该项目风险判据原则依据风险的严重程度将项目可能出现的风险进行分级，项目风险由不可容忍线和可忽略线分为风险严重区、ALARP 区和可忽略区。风险严重区和 ALARP 区是项目风险辨识的重点所在，项目风险辨识必须尽可能地找出该区所有的风险。同时该原则也提供了项目风险确定的判据标准，所以项目风险辨识也应该以此为原则。参考学者的有关研究文献，依据风险的严重程度将项目可能出现的风险进行分级，从而进行管理决策（如表 9－4 所示）。

表 9－4 风险决策 ALARP 准则

风险级别	风险大小	风险大小标准值	风险决策准则
1	1～4	0～0.16	可接受且不必进行管理审视
2	5～8	0.16～0.32	可接受，进行管理审视
3	9～12	0.32～0.48	不希望发生高层决策，接受或拒绝风险
4	13～16	0.48～0.64	不可接受
5	17～25	0.64～1.00	被拒绝

二、风险评估计算

以 H 实业集团有限公司为例，这是一家综合性企业集团，旗下分子公司主要涉及工程建设、房地产开发、装备制造、能源开发、材料贸易等业务板块。工程建设是集团的龙头板块，房地产开发是集团重点拓展领域。为夯实产业基础，优化产业结构，切实提高集团发展规模和效益，促进集团持续健康稳步发展，集团拟拓展新的业务领域，开发物流地产项目。从外部环境来看，资本纷纷进入物流地产，带来了行业的大发展，也为集团进入物流地产领域多元化发展提供了新路径。但同时也面临土地有效供应不足，投资周期较长，外资独大，电商物流企业积极布局，行业竞争加剧等风险。基于价值链对该物流地产开发项目建立风险指标体系，见图 9－3。

由专业人员对项目风险进行模糊综合评价，评价矩阵 R' 如表 9－5 所示。

物流地产开发风险

项目决策风险 — 策划设计风险 — 项目管理风险 — 物业经营风险 — 支持活动风险

项目调研风险　可研论证风险　土地获取风险　项目策划风险　项目规划风险　方案设计风险　合同预算风险　工程招标风险　工程施工风险　竣工验收风险　物业招商风险　物业管理风险　资产经营风险　开发报建风险　资本运营风险　人力资源风险

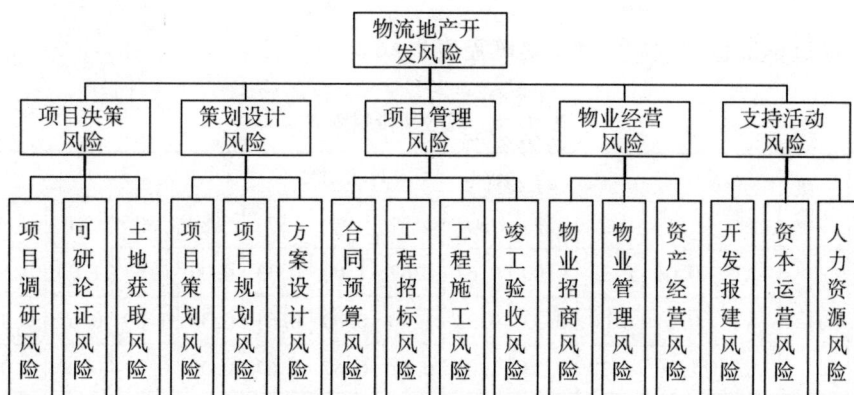

图 9-3　不同层次的风险因素

表 9-5　风险评价矩阵 R'

一级风险	二级风险	评价对象										
		$S1$	$S2$	$S3$	$S4$	$S5$	$S6$	$S7$	$S8$	$S9$	$S10$	$S11$
$I1$	$K1$	2	3	2	4	4	5	3	2	4	5	4
	$K2$	4	2	3	3	5	2	4	3	5	4	3
	$K3$	5	3	3	5	4	4	5	2	3	2	5
$I2$	$K4$	5	4	4	3	4	7	7	4	7	7	4
	$K5$	5	5	5	4	7	3	7	7	6	3	7
	$K6$	4	5	4	5	6	7	4	3	3	4	7
$I3$	$K7$	6	7	7	5	5	7	6	5	6	5	3
	$K8$	3	2	3	4	1	4	3	3	5	5	6
	$K9$	5	3	4	6	4	3	4	2	2	6	4
	$K10$	3	4	3	2	5	4	3	6	6	6	5
$I4$	$K11$	8	7	9	7	7	4	5	5	7	4	5
	$K12$	6	5	5	3	5	6	5	5	5	5	7
	$K13$	6	6	6	9	5	8	7	8	5	8	5
$I5$	$K14$	3	7	7	4	4	6	6	6	7	7	7
	$K15$	7	5	5	5	3	5	3	3	3	3	4
	$K16$	6	5	3	5	6	6	7	3	3	3	6

(风险因素)

经过标准化处理后的评价矩阵见表9－6。

表9－6　风险评价矩阵 R

一级风险	二级风险	评价对象										
		S1	S2	S3	S4	S5	S6	S7	S8	S9	S10	S11
I1	K1	0.00	0.33	0.00	0.67	0.67	1.00	0.33	0.00	0.67	1.00	0.67
	K2	0.67	0.00	0.33	0.33	1.00	0.00	0.67	0.33	1.00	0.67	0.33
	K3	1.00	0.33	0.33	1.00	0.67	0.67	0.67	0.00	0.33	0.00	1.00
I2	K4	0.50	0.25	0.25	0.00	0.00	1.00	1.00	0.25	1.00	1.00	0.25
	K5	0.50	0.50	0.50	0.25	1.00	0.00	1.00	1.00	0.75	0.00	1.00
	K6	0.25	0.50	0.25	0.50	0.75	1.00	0.25	0.00	0.00	0.25	1.00
I3	K7	0.75	1.00	1.00	0.50	0.50	1.00	0.75	0.50	0.75	0.50	0.00
	K8	0.40	0.20	0.40	0.60	0.00	0.60	0.40	0.40	0.80	0.80	1.00
	K9	0.75	0.25	0.50	1.00	0.50	0.25	0.25	0.00	0.00	1.00	0.50
	K10	0.25	0.50	0.25	0.00	0.75	0.50	0.25	1.00	1.00	1.00	0.75
I4	K11	0.80	0.60	1.00	0.00	0.60	0.00	0.20	0.20	0.60	0.00	0.20
	K12	0.75	0.50	0.50	0.00	0.50	0.75	0.50	0.50	0.50	0.50	1.00
	K13	0.25	0.25	0.25	1.00	0.00	0.00	0.50	0.75	0.00	0.75	0.00
I5	K14	0.00	1.00	1.00	0.25	0.25	0.75	0.75	0.75	1.00	1.00	1.00
	K15	1.00	1.00	0.50	0.50	0.50	0.00	0.75	0.00	0.00	0.00	0.25
	K16	0.75	0.50	0.00	0.50	0.75	0.75	1.00	0.00	0.00	0.00	0.75

（一级风险左侧为"风险因素"合并单元格）

以项目决策风险 H_1 为例说明计算过程，首先将项目决策风险评价矩阵 R'_1 阵标准化后形成 R_1，见表9－7。

表9-7 项目决策风险评价矩阵 R'_1 标准化后形成 R_1

矩阵	指标	S1	S2	S3	S4	S5	S6	S7	S8	S9	S10	S11
R'_1	K1	2	3	2	4	4	5	3	2	4	5	4
	K2	4	2	3	3	5	2	4	3	5	4	3
	K3	5	3	3	5	4	4	4	2	3	2	5
R_1	K1	0.00	0.33	0.00	0.67	0.67	1.00	0.33	0.00	0.67	1.00	0.67
	K2	0.67	0.00	0.33	0.33	1.00	0.00	0.67	0.33	1.00	0.67	0.33
	K3	1.00	0.33	0.33	1.00	0.67	0.67	0.67	0.00	0.33	0.00	1.00

然后根据上述公式分别计算项目决策风险指标下每个二级风险指标的熵值 E_i 以及熵权 ω_i，据此计算项目决策风险值 H_i，见表9-8。

表9-8 二级风险指标的熵权及熵值

E_i	0.8399	0.8761	0.8799
ω_i	0.0755	0.0584	0.0566
H_i	0.1644		

按照同样方法计算其余所有二级风险指标的熵值 E_i 及熵权 ω_i，再计算对应一级风险指标的熵值 H_i（风险值），综合上述计算结果计算对应一级风险指标的熵权 λ_i，计算结果整理如表9-9所示。

表9-9 熵值及熵权计算结果

一级指标	二级指标	E_i	ω_i	H_i	λ_i
I1	K1	0.8399	0.0755	0.1644	0.2012
	K2	0.8761	0.0584		
	K3	0.8799	0.0566		
I2	K4	0.8423	0.0743	0.1709	0.1997
	K5	0.8834	0.0550		
	K6	0.8513	0.0701		

一级指标	二级指标	E_i	ω_i	H_i	λ_i
I3	K7	0.9431	0.0268	0.1535	0.2039
	K8	0.9238	0.0359		
	K9	0.8626	0.0648		
	K10	0.9087	0.0431		
I4	K11	0.8034	0.0927	0.1695	0.2000
	K12	0.9458	0.0255		
	K13	0.8157	0.0869		
I5	K14	0.9261	0.0348	0.1894	0.1952
	K15	0.8399	0.0755		
	K16	0.8761	0.0584		

最后按照公式计算该物流地产开发的总体风险 $H = 0.1694$，根据风险评价 ALARP 准则，$0.16 < H = 0.1694 < 0.32$，项目可以接受但必须加强管理。

三、风险控制对策建议

以物流地产为例，从价值链视角来看，物流业与关联产业的融合发展就是价值链重构。从物流地产开发过程的价值活动出发构建价值链，通过对价值链活动各环节的分析，梳理开发风险因素，建立风险评价指标体系，能够比较系统地涵盖物流地产开发全程的风险因素。再运用熵权法对其风险进行定量评估，避免了主观因素的干扰，有助于客观理性地进行风险决策，从而更好地控制风险。

（一）科学合理的项目决策是资产经营成功的前提

项目决策包括项目寻找、价值研判、可行性分析、项目谈判、签订合作协议、取得项目或土地的一系列过程，任何一个环节都不可或缺。开发商必需组织进行现场考察、地域和环境分析、城市规划及发展预测、市政及配套条件的调查、市场的供给和需求分析、市场定位和预测、各种经济指标的测算等大量的调查、论证工作，在充分调研市场及掌握项目本身情况的前提下，完成可行性分析报告，作为决策的依据。

（二）多元化的融资渠道是资金的重要保障

可以毫不夸张地说，所有物流地产的成功项目无一例外的都是项目融资的典范，物流地产从前期决策拿地，到规划设计、项目管理以及后期的物业经营管理，整个开发过程需要持续投入大量资金，仅仅依靠自有资金显然是不够的。这需要拓展融资渠道，以较小的自有资本运营较大的开发资本链，为开发项目提供足够的资金支持和财务保障，规避融资困难带来的资产经营风险，获得预期收益。如普洛斯依靠三个资金渠道：一是普洛斯在纽约证券交易所上市，可在资本市场上进行融资；二是作为一家房地产投资信托基金（REIT）来运作（按季度向股东定期分红）；三是通过银行贷款，多渠道的融资平台为物流地产项目的经营提供了有力的保障。

（三）项目策划要未雨绸缪

项目策划是物流地产开发商获得项目或土地后，根据初步可行性研究、地块属性、市场调查和预测提出项目定位、项目分期等总体构思，对项目的运作方式、项目组织结构、资金计划、投资效益分析等进行分析、提出建议和计划，同时进行周密的市场调研，分析目标市场以及目标客户群，根据客户的需求进行开发的活动。项目未动，策划先行，策划必须在前期就完成，同时策划方案在制订时要整合不同专业领域的专家的意见和建议，保证策划方案的专业性和可操作性，降低资产经营风险。

（四）项目招商与资产经营应当整体思考

项目招商不仅要按照前期策划的一贯思路进行，而且要考虑后期的资产经营需要，如普洛斯在招商环节能以很快的速度找到好客户把物业填满，以其认可的租金租出物业，尽可能实现长期的租用。这不仅得益于其所管理的全球客户网络与市场网络，而且得益于策划、招商以及资产经营的通盘规划，从而能有效控制资产经营风险。

物流地产土地获取成本低，长期回报合理稳定，但开发商不能因此而忽略后期的资产经营风险。从价值链的角度分析，开发过程中项目决策、项目融资、项目策划以及项目招商环节存在的问题，是导致后期资产经营风险的深层原因。因此应当对这些环节进行有效控制，从而降低资产经营风险。

随着国家对房地产宏观调控的力度不断加大，住宅等物业类型的利润空间不再高涨而是逐渐回归理性，住宅地产投资者都在积极寻找各种新的投资机会甚至转型。业界普遍认为物流地产收入稳定、回报合理，投资风险低；

在国家政策鼓励下，开发商能够比较容易以低价格得到物流用地，开发成本低；物流地产经营过程除租金收入外，还有营运收入，等等。这些都是物流地产能够吸引众多开发商的重要原因，但不能因此而忽略其开发风险。现实中，我国物流地产发展中普遍存在定位不准确、规划不充分、征地难、融资难等困难，缺乏对这些风险的系统梳理和客观评估常常会导致开发失败。

附 录

附录3-1 重庆物流业发展统计数据（一）

代号	L1	L2	L3	L4	L5	L6
指标	物流业固定资产投资	物流业固定资产投资力度	物流业人力资源投入	物流业人力资源投入力度	物流业产值	物流业人均产值
定义	统计指标	物流业固定资产投资/第三产业固定资产投资×100%	物流业从业人数	物流业从业人数/全社会从业人数×100%	统计指标	物流业产值/物流业从业人数
单位	亿元	%	万人	%	亿元	万元/人
2000	131.33	26.03	40.23	2.42	101.25	2.52
2001	188.14	29.18	40.93	2.53	128.26	3.13
2002	170.71	21.86	41.02	2.64	151.54	3.69
2003	182.28	19.40	42.11	2.81	167.22	3.97
2004	206.21	17.84	43.25	2.94	190.62	4.41
2005	251.24	18.26	44.29	3.04	218.97	4.94
2006	280.77	17.07	45.05	3.10	259.59	5.76
2007	353.49	17.53	46.17	3.14	293.63	6.36
2008	458.84	18.21	47.25	3.17	377.32	7.99
2009	690.24	21.39	48.42	3.20	427.88	8.84
2010	791.13	18.63	50.12	3.25	501.47	10.01
2011	833.51	18.03	53.49	3.37	592.24	11.07

代号	L1	L2	L3	L4	L5	L6
2012	1054.60	17.75	56.88	3.48	604.08	10.62
2013	1350.37	18.68	61.27	3.64	659.65	10.77
2014	1436.21	16.76	64.93	3.83	705.83	10.87
2015	1739.05	17.48	67.03	3.93	761.31	11.36
2016	2003.39	17.99	69.45	4.04	848.22	12.21
2017	1954.61	17.67	73.17	4.27	939.46	12.84

附录 3 - 2 重庆物流业发展统计数据（二）

代号	L7	L8	L9	L10	L11	L12
指标	单位产值流通额	物流业贡献率	港口货物吞吐量	公路线路里程	货运量	货物周转量
定义	社会消费品流通总额/物流业产值	物流业增加值/GDP增加值×100%	统计指标	达到《公路工程技术标准JTG B01-2003》规定等级	统计指标	∑货物运输量×运输距离
单位	元/元	%	万吨	公里	亿吨	亿吨公里
2000	7.11	5.37	2448.00	30354	2.69	306.39
2001	6.10	14.53	2839.87	30654	2.82	325.32
2002	5.63	9.09	3004.00	31060	2.98	337.63
2003	5.59	4.86	3243.76	31407	3.26	368.03
2004	5.60	4.75	4539.00	32344	3.64	518.03
2005	5.61	6.47	5251.30	98218	3.92	624.90
2006	5.51	9.16	5420.43	100299	4.28	821.39
2007	5.83	4.40	6433.54	104705	5.00	1049.80
2008	5.69	7.43	7892.80	108632	6.37	1486.43
2009	5.88	6.77	8611.62	110951	6.85	1644.30
2010	6.08	5.23	9668.42	116949	8.14	2010.40
2011	6.39	4.32	11605.67	118562	9.68	2530.28
2012	7.29	0.84	12502.40	120728	8.64	2648.06
2013	7.66	4.00	13676.00	122846	8.71	2293.26
2014	8.09	3.08	14664.78	127392	9.73	2588.87
2015	8.44	3.75	15680.00	140551	10.37	2706.34
2016	8.57	4.65	17372.00	142921	10.78	2964.77
2017	8.59	5.19	19722.00	147881	11.53	3370.76

附录 3 - 3 重庆物流业发展统计数据（三）

代号	L13	L14	L15	L16	L17	L18
指标	物流业产值占第三产业比重	物流业产值占 GDP 比重	物流业固定资产投资增长率	货运量增长率	货物周转量增长率	物流业产值增长率
定义	物流业产值/第三产业产值×100%	物流业产值/GDP×100%	（当期投资额－上期投资额）/当期物流业固定资产投资额×100%	（当期货运量－上期货运量）/当期货运量×100%	（当期货物周转量－上期货物周转量）/当期货物周转量×100%	（当期产值－上期产值）/当期产值×100%
单位	%	%	%	%	%	%
2000	13.57	5.65	2.30	6.19	10.51	6.78
2001	15.27	6.49	30.20	4.82	5.82	21.06
2002	15.85	6.79	－10.21	5.29	3.65	15.36
2003	15.46	6.54	6.35	8.53	8.26	9.38
2004	15.46	6.25	11.60	10.62	28.96	12.28
2005	15.15	6.28	17.92	7.06	17.10	12.95
2006	15.68	6.61	10.52	8.43	23.92	15.65
2007	14.54	6.24	20.57	14.34	21.76	11.59
2008	14.29	6.47	22.96	21.49	29.37	22.18
2009	14.28	6.51	33.52	7.07	9.60	11.82
2010	13.46	6.28	12.75	15.84	18.21	14.67
2011	12.54	5.87	5.08	15.91	20.55	15.33
2012	11.36	5.25	20.96	－12.02	4.45	1.96
2013	11.01	5.12	21.90	0.82	－15.47	8.42
2014	10.54	4.90	5.98	10.46	11.42	6.54
2015	10.11	4.80	17.41	6.22	4.34	7.29
2016	9.93	4.78	13.19	3.80	8.72	10.25
2017	9.82	4.82	－2.50	6.51	12.04	9.71

附录 3－4 重庆物流业统计数据标准化计算结果（一）

年份	L1	L2	L3	L4	L5	L6	L7	L8	L9
2000	0.0000	0.7467	0.0000	0.0000	0.0000	0.0000	0.5194	0.3309	0.0000
2001	0.0303	1.0000	0.0213	0.0601	0.0322	0.0598	0.1903	1.0000	0.0227
2002	0.0210	0.4107	0.0240	0.1201	0.0600	0.1141	0.0385	0.6029	0.0322
2003	0.0272	0.2127	0.0571	0.2089	0.0787	0.1409	0.0244	0.2936	0.0461
2004	0.0400	0.0872	0.0917	0.2805	0.1066	0.1832	0.0293	0.2860	0.1210
2005	0.0641	0.1206	0.1233	0.3356	0.1404	0.2351	0.0302	0.4113	0.1623
2006	0.0798	0.0251	0.1463	0.3656	0.1889	0.3144	0.0000	0.6078	0.1721
2007	0.1187	0.0618	0.1803	0.3909	0.2295	0.3723	0.1018	0.2599	0.2307
2008	0.1749	0.1171	0.2131	0.4032	0.3294	0.5298	0.0573	0.4817	0.3152
2009	0.2986	0.3725	0.2486	0.4218	0.3897	0.6123	0.1182	0.4331	0.3568
2010	0.3524	0.1504	0.3002	0.4512	0.4775	0.7255	0.1854	0.3209	0.4180
2011	0.3751	0.1024	0.4026	0.5161	0.5858	0.8288	0.2837	0.2540	0.5301
2012	0.4932	0.0798	0.5055	0.5749	0.5999	0.7850	0.5774	0.0000	0.5821
2013	0.6512	0.1545	0.6387	0.6597	0.6662	0.7992	0.6996	0.2308	0.6500
2014	0.6970	0.0000	0.7498	0.7609	0.7213	0.8093	0.8383	0.1639	0.7072
2015	0.8588	0.0579	0.8136	0.8149	0.7875	0.8565	0.9514	0.2128	0.7660
2016	1.0000	0.0989	0.8871	0.8787	0.8911	0.9394	0.9951	0.2786	0.8640
2017	0.9739	0.0734	1.0000	1.0000	1.0000	1.0000	1.0000	0.3175	1.0000

附录 3 – 5　重庆物流业统计数据标准化计算结果（二）

年份	L10	L11	L12	L13	L14	L15	L16	L17	L18
2000	0.0000	0.0000	0.0000	0.6219	0.4348	0.2859	0.5434	0.5793	0.2381
2001	0.0026	0.0154	0.0062	0.9037	0.8510	0.9239	0.5026	0.4747	0.9445
2002	0.0060	0.0332	0.0102	1.0000	1.0000	0.0000	0.5165	0.4263	0.6628
2003	0.0090	0.0646	0.0201	0.9360	0.8784	0.3787	0.6133	0.5292	0.3668
2004	0.0169	0.1083	0.0691	0.9351	0.7343	0.4988	0.6756	0.9907	0.5102
2005	0.5774	0.1395	0.1039	0.8843	0.7478	0.6433	0.5693	0.7263	0.5434
2006	0.5951	0.1803	0.1681	0.9726	0.9098	0.4739	0.6102	0.8784	0.6769
2007	0.6326	0.2613	0.2426	0.7830	0.7284	0.7039	0.7866	0.8301	0.4764
2008	0.6660	0.4158	0.3851	0.7406	0.8431	0.7584	1.0000	1.0000	1.0000
2009	0.6858	0.4705	0.4366	0.7392	0.8599	1.0000	0.5696	0.5591	0.4875
2010	0.7368	0.6162	0.5561	0.6043	0.7479	0.5250	0.8315	0.7510	0.6288
2011	0.7505	0.7902	0.7257	0.4504	0.5434	0.3497	0.8335	0.8031	0.6611
2012	0.7690	0.6729	0.7642	0.2543	0.2342	0.7128	0.0000	0.4442	0.0000
2013	0.7870	0.6810	0.6484	0.1969	0.1668	0.7343	0.3832	0.0000	0.3197
2014	0.8257	0.7959	0.7448	0.1195	0.0612	0.3701	0.6707	0.5996	0.2266
2015	0.9376	0.8688	0.7832	0.0484	0.0076	0.6316	0.5443	0.4418	0.2635
2016	0.9578	0.9152	0.8675	0.0185	0.0000	0.5352	0.4722	0.5394	0.4098
2017	1.0000	1.0000	1.0000	0.0000	0.0182	0.1764	0.5529	0.6136	0.3834

附录 3 - 6 　重庆物流业不同年份的特征比重矩阵 P（一）

年份	L1	L2	L3	L4	L5	L6	L7	L8	L9
2000	0.0000	0.1929	0.0000	0.0000	0.0000	0.0000	0.0782	0.0510	0.0000
2001	0.0049	0.2583	0.0033	0.0073	0.0044	0.0064	0.0287	0.1542	0.0033
2002	0.0034	0.1061	0.0037	0.0146	0.0082	0.0123	0.0058	0.0930	0.0046
2003	0.0044	0.0549	0.0089	0.0253	0.0108	0.0151	0.0037	0.0453	0.0066
2004	0.0064	0.0225	0.0143	0.0340	0.0146	0.0197	0.0044	0.0441	0.0174
2005	0.0102	0.0312	0.0192	0.0407	0.0193	0.0253	0.0045	0.0634	0.0233
2006	0.0128	0.0065	0.0229	0.0444	0.0259	0.0338	0.0000	0.0937	0.0247
2007	0.0190	0.0160	0.0282	0.0474	0.0315	0.0400	0.0153	0.0401	0.0331
2008	0.0280	0.0302	0.0333	0.0489	0.0452	0.0569	0.0086	0.0743	0.0452
2009	0.0477	0.0962	0.0388	0.0512	0.0535	0.0658	0.0178	0.0668	0.0511
2010	0.0563	0.0388	0.0469	0.0547	0.0655	0.0780	0.0279	0.0495	0.0599
2011	0.0600	0.0264	0.0629	0.0626	0.0804	0.0891	0.0427	0.0392	0.0760
2012	0.0788	0.0206	0.0789	0.0697	0.0823	0.0844	0.0869	0.0000	0.0834
2013	0.1041	0.0399	0.0998	0.0800	0.0915	0.0859	0.1054	0.0356	0.0932
2014	0.1114	0.0000	0.1171	0.0923	0.0990	0.0870	0.1262	0.0253	0.1014
2015	0.1373	0.0149	0.1271	0.0989	0.1081	0.0920	0.1433	0.0328	0.1098
2016	0.1598	0.0256	0.1385	0.1066	0.1223	0.1009	0.1499	0.0430	0.1238
2017	0.1557	0.0190	0.1562	0.1213	0.1373	0.1075	0.1506	0.0490	0.1433

附录 3－7　重庆物流业不同年份的特征比重矩阵 P（二）

年份	L10	L11	L12	L13	L14	L15	L16	L17	L18
2000	0.0000	0.0000	0.0000	0.0609	0.0445	0.0295	0.0509	0.0518	0.0271
2001	0.0003	0.0019	0.0008	0.0885	0.0871	0.0952	0.0471	0.0424	0.1073
2002	0.0006	0.0041	0.0014	0.0980	0.1024	0.0000	0.0484	0.0381	0.0753
2003	0.0009	0.0080	0.0027	0.0917	0.0899	0.0390	0.0574	0.0473	0.0417
2004	0.0017	0.0135	0.0092	0.0916	0.0752	0.0514	0.0633	0.0886	0.0580
2005	0.0580	0.0174	0.0138	0.0866	0.0766	0.0663	0.0533	0.0649	0.0617
2006	0.0598	0.0225	0.0223	0.0953	0.0932	0.0488	0.0572	0.0785	0.0769
2007	0.0635	0.0325	0.0322	0.0767	0.0746	0.0725	0.0737	0.0742	0.0541
2008	0.0669	0.0518	0.0511	0.0725	0.0863	0.0782	0.0937	0.0894	0.1136
2009	0.0689	0.0586	0.0580	0.0724	0.0880	0.1031	0.0534	0.0500	0.0554
2010	0.0740	0.0767	0.0738	0.0592	0.0766	0.0541	0.0779	0.0671	0.0715
2011	0.0754	0.0984	0.0964	0.0441	0.0556	0.0360	0.0781	0.0718	0.0751
2012	0.0772	0.0838	0.1015	0.0249	0.0240	0.0735	0.0000	0.0397	0.0000
2013	0.0790	0.0848	0.0861	0.0193	0.0171	0.0757	0.0359	0.0000	0.0363
2014	0.0829	0.0991	0.0989	0.0117	0.0063	0.0382	0.0628	0.0536	0.0258
2015	0.0942	0.1082	0.1040	0.0047	0.0008	0.0651	0.0510	0.0395	0.0299
2016	0.0962	0.1140	0.1152	0.0018	0.0000	0.0552	0.0442	0.0482	0.0466
2017	0.1004	0.1245	0.1328	0.0000	0.0019	0.0182	0.0518	0.0548	0.0436

附录 3 - 8　重庆物流业的（$p_{ij} \ln p_{ij}$）计算值（一）

年份	L1	L2	L3	L4	L5	L6	L7	L8	L9
2000	0.0000	− 0.3174	0.0000	0.0000	0.0000	0.0000	− 0.1993	− 0.1518	0.0000
2001	− 0.0258	− 0.3496	− 0.0189	− 0.0359	− 0.0240	− 0.0324	− 0.1018	− 0.2883	− 0.0186
2002	− 0.0192	− 0.2380	− 0.0209	− 0.0616	− 0.0395	− 0.0540	− 0.0299	− 0.2208	− 0.0248
2003	− 0.0237	− 0.1594	− 0.0421	− 0.0931	− 0.0489	− 0.0634	− 0.0206	− 0.1401	− 0.0331
2004	− 0.0323	− 0.0855	− 0.0608	− 0.1150	− 0.0618	− 0.0773	− 0.0239	− 0.1376	− 0.0703
2005	− 0.0469	− 0.1081	− 0.0760	− 0.1303	− 0.0761	− 0.0929	− 0.0245	− 0.1749	− 0.0875
2006	− 0.0557	− 0.0327	− 0.0864	− 0.1382	− 0.0947	− 0.1145	0.0000	− 0.2219	− 0.0913
2007	− 0.0752	− 0.0661	− 0.1005	− 0.1446	− 0.1089	− 0.1288	− 0.0641	− 0.1289	− 0.1127
2008	− 0.1000	− 0.1058	− 0.1133	− 0.1476	− 0.1400	− 0.1632	− 0.0410	− 0.1931	− 0.1399
2009	− 0.1452	− 0.2253	− 0.1261	− 0.1521	− 0.1566	− 0.1790	− 0.0717	− 0.1807	− 0.1521
2010	− 0.1620	− 0.1262	− 0.1435	− 0.1590	− 0.1786	− 0.1989	− 0.0999	− 0.1487	− 0.1686
2011	− 0.1687	− 0.0961	− 0.1739	− 0.1735	− 0.2027	− 0.2154	− 0.1347	− 0.1269	− 0.1958
2012	− 0.2003	− 0.0800	− 0.2004	− 0.1857	− 0.2056	− 0.2086	− 0.2124	0.0000	− 0.2072
2013	− 0.2355	− 0.1285	− 0.2299	− 0.2021	− 0.2187	− 0.2108	− 0.2371	− 0.1187	− 0.2211
2014	− 0.2445	0.0000	− 0.2512	− 0.2199	− 0.2290	− 0.2124	− 0.2613	− 0.0930	− 0.2320
2015	− 0.2726	− 0.0628	− 0.2621	− 0.2288	− 0.2405	− 0.2196	− 0.2784	− 0.1121	− 0.2426
2016	− 0.2931	− 0.0937	− 0.2738	− 0.2386	− 0.2570	− 0.2315	− 0.2844	− 0.1352	− 0.2587
2017	− 0.2896	− 0.0752	− 0.2900	− 0.2559	− 0.2726	− 0.2397	− 0.2851	− 0.1477	− 0.2784

附录 3-9　重庆物流业的（$p_{ij}\,lnp_{ij}$）计算值（二）

年份	L10	L11	L12	L13	L14	L15	L16	L17	L18
2000	0.0000	0.0000	0.0000	-0.1705	-0.1385	-0.1039	-0.1516	-0.1533	-0.0977
2001	-0.0021	-0.0120	-0.0058	-0.2146	-0.2126	-0.2239	-0.1439	-0.1341	-0.2396
2002	-0.0045	-0.0227	-0.0089	-0.2276	-0.2333	0.0000	-0.1465	-0.1245	-0.1948
2003	-0.0063	-0.0388	-0.0158	-0.2191	-0.2166	-0.1266	-0.1641	-0.1443	-0.1325
2004	-0.0108	-0.0581	-0.0430	-0.2189	-0.1946	-0.1526	-0.1747	-0.2147	-0.1651
2005	-0.1651	-0.0704	-0.0591	-0.2119	-0.1967	-0.1799	-0.1563	-0.1775	-0.1720
2006	-0.1684	-0.0852	-0.0848	-0.2240	-0.2211	-0.1475	-0.1636	-0.1998	-0.1973
2007	-0.1751	-0.1115	-0.1107	-0.1970	-0.1936	-0.1903	-0.1922	-0.1930	-0.1579
2008	-0.1809	-0.1533	-0.1520	-0.1903	-0.2115	-0.1992	-0.2218	-0.2159	-0.2471
2009	-0.1843	-0.1663	-0.1651	-0.1901	-0.2139	-0.2342	-0.1564	-0.1497	-0.1603
2010	-0.1927	-0.1970	-0.1924	-0.1673	-0.1968	-0.1578	-0.1988	-0.1813	-0.1886
2011	-0.1949	-0.2282	-0.2254	-0.1377	-0.1607	-0.1198	-0.1991	-0.1891	-0.1945
2012	-0.1978	-0.2078	-0.2321	-0.0920	-0.0895	-0.1918	0.0000	-0.1281	0.0000
2013	-0.2006	-0.2093	-0.2111	-0.0762	-0.0695	-0.1954	-0.1194	0.0000	-0.1204
2014	-0.2065	-0.2291	-0.2288	-0.0521	-0.0318	-0.1246	-0.1739	-0.1568	-0.0942
2015	-0.2225	-0.2406	-0.2354	-0.0254	-0.0056	-0.1778	-0.1517	-0.1276	-0.1051
2016	-0.2252	-0.2475	-0.2489	-0.0114	0.0000	-0.1598	-0.1379	-0.1462	-0.1428
2017	-0.2308	-0.2594	-0.2681	0.0000	-0.0117	-0.0729	-0.1533	-0.1592	-0.1365

附录 3-10   综合评价 MATLAB 运算程序代码

```
% 清空内存变量与工作空间, 以防干扰
clear;
clc;


% 从 Excel 文件读取原始数据
% 将原始数据按规定格式输入指定文件当中
% 将原始数据文件 LOGISTICS. xlsx 存放到 Matlab 当前工作目录下


disp (请在弹出的文件选择指标值)
% X 存放各指标的具体数值
X = xlsread (LOGISTICS. xlsx´, -1);


% 计算评价的时间点数和指标数
% m 表示时间点个数
% n 表示指标个数
[m, n] = size (X);


% 标准化 X 后得到 R
R = zeros (m, n);
for i = 1: m
    for j = 1: n
R (i, j) = (X (i, j) - min (X (:, j))) / (max (X (:, j)) -
min (X (:, j)));
        end
end


% 对第 j 项指标列向量求和, 得 sumR
sumR = sum (R);
% 初始化特征比重矩阵 p
```

```
p = zeros (m, n);
%计算第 i 个时间点第 j 个指标的 p
for i = 1：m
    for j = 1：n
        p (i, j) = R (i, j) /sumR (j);
    end
end


%若 p 中的元素为 0, p (i, j) *lnp (i, j) = 0
%用 tp 表示 p (i, j) *lnp (i, j)


tp = zeros (m, n);
for i = 1：m
    for j = 1：n
        %根据 p (i, j) 是否小于等于 0 给 tp 赋值
        if p (i, j) < =0
            tp (i, j) =0;
        else
            tp (i, j) = p (i, j) *log (p (i, j));
        end
    end
end


%计算第 j 项指标条件熵
H = - sum (tp);


%计算熵值
E = H/log (m);


%计算差异系数
G = 1 - E;
```

％计算熵权

W＝G/sum（G）；

％定义 A 为历年物流业的发展水平

％物流业发展水平 A 运算如下

A＝（R＊W'）；

附录4-1 重庆制造业统计数据（一）

代号	M1	M2	M3	M4	M5	M6
指标	制造业固定资产投资	制造业固定资产投资力度	制造业人力资源投入	制造业人力资源投入力度	制造业总资产贡献率	制造业资本保值增值率
计算	原始统计指标	制造业固定资产投资/第二产业固定资产投资×100%	制造业从业人数	制造业从业人数/全社会从业人数×100%	(利润总额+税金总额+利息支出)/平均资产总额×100%	报告期期末所有者权益/上期同期期末所有者权益×100%
单位	亿元	%	万人	%	%（工业）	%（工业）
2000	72.02	50.58	156.02	9.39	6.30	112.10
2001	82.93	56.71	152.59	9.44	6.90	108.30
2002	122.44	62.57	149.91	9.66	7.82	120.72
2003	163.26	53.81	146.38	9.76	9.91	115.83
2004	251.91	58.56	144.23	9.80	10.57	120.15
2005	338.37	57.73	144.46	9.92	9.98	116.19
2006	440.13	58.27	145.72	10.02	10.54	114.40
2007	750.44	69.16	148.33	10.10	12.57	118.22
2008	1035.02	72.02	152.11	10.19	12.20	117.60
2009	1380.53	72.99	159.37	10.53	12.10	114.60
2010	1766.29	72.89	168.67	10.95	13.57	125.00
2011	2069.47	74.31	190.51	12.02	13.70	120.50
2012	2403.85	78.17	206.49	12.64	12.56	121.10
2013	2790.00	78.94	216.36	12.85	14.19	118.00
2014	3388.56	81.30	224.97	13.26	15.40	115.80
2015	4156.30	83.16	236.13	13.83	14.85	112.50
2016	4906.09	86.58	247.09	14.39	14.67	112.70
2017	5257.21	89.30	238.92	13.93	13.39	114.20

附录 4 - 2　重庆制造业统计数据（二）

代号	M7	M8	M9	M10	M11	M12
指标	制造业成本费用利润率	制造业全员劳动生产率	企业数量	资产规模	经营收入	工业产值
计算	利润总额/成本费用总额×100%	工业增加值/全部从业人员平均人数	原始统计指标	年末固定资产净值	主营业务收入，是"营业收入"的本期累计数	原始统计指标
单位	%	元/人年	个	亿元	亿元	亿元
2000	1.70	31081	2040	784.84	959	633.98
2001	2.30	37750	2054	795.82	1073	695.44
2002	3.42	46464	2072	828.25	1236	787.94
2003	5.71	55957	2243	857.63	1595	933.75
2004	5.82	66148	2634	973.85	2109	1142.59
2005	4.85	77511	2946	1100.12	2515	1307.42
2006	5.19	87750	3214	1355.14	3201	1583.33
2007	6.08	127993	3942	1642.10	4263	1838.30
2008	5.80	156167	6119	2082.90	5668	2162.57
2009	5.80	159484	6412	2275.78	6625	2441.83
2010	6.13	183031	7130	2963.96	9039	2912.60
2011	6.00	213463	4778	3034.17	11382	3666.10
2012	5.35	223843	4985	3610.13	12880	4249.83
2013	6.22	230218	5559	4630.16	15582	4719.46
2014	7.00	270083	6158	5427.62	18689	5283.50
2015	7.18	297050	6608	6540.16	20902	5683.15
2016	7.48	300204	6782	8000.15	23467	6183.80
2017	7.71	318885	6684	7241.17	20772	6587.08

附录4-3 重庆制造业统计数据（三）

代号	M13	M14	M15	M16	M17	M18
指标	制造业产值占第二产业比重	制造业产值占GDP比重	制造业固定资产投资增长率	制造业利润增长率	主营业务收入增长率	制造业产值增长率
计算	制造业产值/第二产业产值×100%	制造业产值/GDP×100%	（当期投资额－上期投资额）/当期投资额×100%	（当期利润－上期利润）/当期利润×100%	（当期资产贡献率－上期资产贡献率）/当期资产贡献率×100%	（当期产值－上期产值）/当期产值×100%
单位	%	%	%	%	%	%
2000	83.42	35.40	－3.76	143.14	10.92	7.01
2001	82.60	35.18	10.81	34.31	10.61	8.84
2002	82.17	35.29	9.38	41.25	13.15	11.74
2003	82.25	36.54	－16.29	52.84	22.53	15.62
2004	82.39	37.49	8.11	25.63	24.36	18.28
2005	82.87	37.50	－1.43	0.00	16.16	12.61
2006	83.85	40.29	0.92	25.79	21.42	17.43
2007	83.47	39.08	15.74	35.24	24.92	13.87
2008	82.75	37.09	3.98	22.07	24.78	14.99
2009	82.12	37.13	1.32	13.30	14.45	11.44
2010	81.49	36.48	－0.13	31.35	26.71	16.16
2011	81.13	36.34	1.91	21.47	20.59	20.55
2012	81.04	36.94	4.94	－2.32	11.63	13.74
2013	79.99	36.60	0.97	28.89	17.34	9.95
2014	79.60	36.71	17.66	26.19	16.62	10.68
2015	78.99	35.81	18.47	12.91	10.59	7.03
2016	78.29	34.86	15.28	14.35	10.93	8.10
2017	76.62	33.78	6.68	－9.75	－12.97	6.12

附录 4 - 4　重庆制造业统计数据标准化结果（一）

年份	M1	M2	M3	M4	M5	M6	M7	M8	M9
2000	0. 0000	0. 0000	0. 1146	0. 0000	0. 0000	0. 2275	0. 0000	0. 0000	0. 0000
2001	0. 0021	0. 1583	0. 0813	0. 0100	0. 0659	0. 0000	0. 0998	0. 0232	0. 0028
2002	0. 0097	0. 3098	0. 0552	0. 0537	0. 1670	0. 7437	0. 2862	0. 0534	0. 0063
2003	0. 0176	0. 0835	0. 0209	0. 0734	0. 3967	0. 4509	0. 6672	0. 0864	0. 0399
2004	0. 0347	0. 2061	0. 0000	0. 0822	0. 4692	0. 7096	0. 6855	0. 1218	0. 1167
2005	0. 0514	0. 1848	0. 0022	0. 1056	0. 4044	0. 4725	0. 5241	0. 1613	0. 1780
2006	0. 0710	0. 1987	0. 0145	0. 1250	0. 4659	0. 3653	0. 5807	0. 1969	0. 2306
2007	0. 1308	0. 4799	0. 0399	0. 1414	0. 6890	0. 5940	0. 7288	0. 3367	0. 3737
2008	0. 1857	0. 5539	0. 0766	0. 1602	0. 6484	0. 5569	0. 6822	0. 4346	0. 8014
2009	0. 2524	0. 5788	0. 1472	0. 2285	0. 6374	0. 3772	0. 6822	0. 4461	0. 8589
2010	0. 3268	0. 5763	0. 2376	0. 3125	0. 7989	1. 0000	0. 7371	0. 5280	1. 0000
2011	0. 3852	0. 6130	0. 4499	0. 5258	0. 8132	0. 7305	0. 7155	0. 6337	0. 5379
2012	0. 4497	0. 7128	0. 6053	0. 6511	0. 6879	0. 7665	0. 6073	0. 6698	0. 5786
2013	0. 5242	0. 7326	0. 7012	0. 6927	0. 8670	0. 5808	0. 7521	0. 6919	0. 6914
2014	0. 6396	0. 7935	0. 7850	0. 7739	1. 0000	0. 4491	0. 8819	0. 8304	0. 8090
2015	0. 7877	0. 8415	0. 8934	0. 8886	0. 9396	0. 2515	0. 9118	0. 9241	0. 8974
2016	0. 9323	0. 9299	1. 0000	1. 0000	0. 9198	0. 2635	0. 9617	0. 9351	0. 9316
2017	1. 0000	1. 0000	0. 9206	0. 9096	0. 7791	0. 3533	1. 0000	1. 0000	0. 9124

附录 4-5 重庆制造业统计数据标准化结果（二）

年份	M10	M11	M12	M13	M14	M15	M16	M17	M18
2000	0.0000	0.0000	0.0000	0.9394	0.2486	0.3603	1.0000	0.6020	0.0617
2001	0.0015	0.0051	0.0103	0.8264	0.2149	0.7795	0.2882	0.5943	0.1882
2002	0.0060	0.0123	0.0259	0.7677	0.2317	0.7384	0.3336	0.6582	0.3892
2003	0.0101	0.0282	0.0504	0.7777	0.4232	0.0000	0.4094	0.8946	0.6578
2004	0.0262	0.0511	0.0854	0.7973	0.5692	0.7018	0.2314	0.9408	0.8423
2005	0.0437	0.0691	0.1131	0.8641	0.5717	0.4275	0.0638	0.7340	0.4494
2006	0.0790	0.0996	0.1595	1.0000	1.0000	0.4952	0.2325	0.8667	0.7833
2007	0.1188	0.1468	0.2023	0.9467	0.8139	0.9216	0.2943	0.9548	0.5369
2008	0.1799	0.2092	0.2568	0.8477	0.5091	0.5830	0.2082	0.9514	0.6148
2009	0.2066	0.2517	0.3037	0.7608	0.5140	0.5066	0.1508	0.6910	0.3683
2010	0.3020	0.3590	0.3828	0.6735	0.4149	0.4649	0.2688	1.0000	0.6958
2011	0.3117	0.4631	0.5093	0.6230	0.3937	0.5236	0.2042	0.8457	1.0000
2012	0.3916	0.5296	0.6074	0.6106	0.4857	0.6107	0.0486	0.6200	0.5276
2013	0.5329	0.6497	0.6863	0.4656	0.4333	0.4966	0.2528	0.7638	0.2653
2014	0.6435	0.7877	0.7810	0.4122	0.4498	0.9768	0.2351	0.7458	0.3155
2015	0.7977	0.8860	0.8482	0.3269	0.3111	1.0000	0.1482	0.5938	0.0631
2016	1.0000	1.0000	0.9323	0.2300	0.1654	0.9083	0.1576	0.6023	0.1368
2017	0.8948	0.8803	1.0000	0.0000	0.0000	0.6607	0.0000	0.0000	0.0000

附录 4 - 6 重庆制造业各指标不同年份的特征比重矩阵 P (一)

年份	M1	M2	M3	M4	M5	M6	M7	M8	M9
2000	0.0000	0.0000	0.0187	0.0000	0.0000	0.0256	0.0000	0.0000	0.0000
2001	0.0004	0.0177	0.0132	0.0015	0.0061	0.0000	0.0087	0.0029	0.0003
2002	0.0017	0.0346	0.0090	0.0080	0.0155	0.0836	0.0249	0.0066	0.0007
2003	0.0030	0.0093	0.0034	0.0109	0.0369	0.0507	0.0580	0.0107	0.0044
2004	0.0060	0.0230	0.0000	0.0122	0.0437	0.0798	0.0596	0.0151	0.0130
2005	0.0089	0.0206	0.0004	0.0157	0.0376	0.0531	0.0456	0.0200	0.0199
2006	0.0122	0.0222	0.0024	0.0186	0.0433	0.0411	0.0505	0.0244	0.0257
2007	0.0226	0.0536	0.0065	0.0210	0.0641	0.0668	0.0633	0.0417	0.0417
2008	0.0320	0.0619	0.0125	0.0238	0.0603	0.0626	0.0593	0.0538	0.0894
2009	0.0435	0.0646	0.0240	0.0339	0.0593	0.0424	0.0593	0.0553	0.0958
2010	0.0563	0.0644	0.0387	0.0464	0.0743	0.1125	0.0641	0.0654	0.1115
2011	0.0664	0.0685	0.0732	0.0781	0.0756	0.0821	0.0622	0.0785	0.0600
2012	0.0775	0.0796	0.0985	0.0967	0.0640	0.0862	0.0528	0.0830	0.0645
2013	0.0904	0.0818	0.1141	0.1029	0.0807	0.0653	0.0654	0.0857	0.0771
2014	0.1103	0.0886	0.1277	0.1149	0.0930	0.0505	0.0767	0.1029	0.0902
2015	0.1358	0.0940	0.1454	0.1320	0.0874	0.0283	0.0793	0.1145	0.1001
2016	0.1607	0.1039	0.1627	0.1485	0.0856	0.0296	0.0836	0.1158	0.1039
2017	0.1724	0.1117	0.1498	0.1351	0.0725	0.0397	0.0869	0.1239	0.1018

附录 4 - 7　重庆制造业各指标不同年份的特征比重矩阵 P（二）

年份	M10	M11	M12	M13	M14	M15	M16	M17	M18
2000	0.0000	0.0000	0.0000	0.0791	0.0321	0.0323	0.2209	0.0461	0.0078
2001	0.0003	0.0008	0.0015	0.0696	0.0277	0.0699	0.0637	0.0455	0.0238
2002	0.0011	0.0019	0.0037	0.0647	0.0299	0.0662	0.0737	0.0504	0.0493
2003	0.0018	0.0044	0.0072	0.0655	0.0546	0.0000	0.0904	0.0685	0.0833
2004	0.0047	0.0079	0.0123	0.0672	0.0734	0.0629	0.0511	0.0720	0.1067
2005	0.0079	0.0108	0.0163	0.0728	0.0738	0.0383	0.0141	0.0562	0.0569
2006	0.0143	0.0155	0.0229	0.0842	0.1290	0.0444	0.0513	0.0664	0.0992
2007	0.0214	0.0228	0.0291	0.0798	0.1050	0.0826	0.0650	0.0731	0.0680
2008	0.0324	0.0325	0.0369	0.0714	0.0657	0.0523	0.0460	0.0729	0.0779
2009	0.0373	0.0392	0.0437	0.0641	0.0663	0.0454	0.0333	0.0529	0.0466
2010	0.0545	0.0558	0.0550	0.0567	0.0535	0.0417	0.0594	0.0766	0.0881
2011	0.0562	0.0720	0.0732	0.0525	0.0508	0.0469	0.0451	0.0648	0.1266
2012	0.0706	0.0824	0.0873	0.0514	0.0627	0.0547	0.0107	0.0475	0.0668
2013	0.0961	0.1011	0.0987	0.0392	0.0559	0.0445	0.0558	0.0585	0.0336
2014	0.1160	0.1225	0.1123	0.0347	0.0580	0.0876	0.0519	0.0571	0.0400
2015	0.1438	0.1378	0.1220	0.0275	0.0401	0.0896	0.0327	0.0455	0.0080
2016	0.1803	0.1556	0.1341	0.0194	0.0213	0.0814	0.0348	0.0461	0.0173
2017	0.1613	0.1369	0.1438	0.0000	0.0000	0.0592	0.0000	0.0000	0.0000

附录 4 − 8　重庆制造业统计数据的 （ $p_{ij} \ln p_{ij}$ ） 计算值 （一）

年份	M1	M2	M3	M4	M5	M6	M7	M8	M9
2000	0.0000	0.0000	− 0.0743	0.0000	0.0000	− 0.0938	0.0000	0.0000	0.0000
2001	− 0.0029	− 0.0713	− 0.0572	− 0.0096	− 0.0312	0.0000	− 0.0412	− 0.0168	− 0.0025
2002	− 0.0107	− 0.1164	− 0.0423	− 0.0385	− 0.0647	− 0.2075	− 0.0919	− 0.0332	− 0.0051
2003	− 0.0176	− 0.0436	− 0.0193	− 0.0492	− 0.1218	− 0.1512	− 0.1651	− 0.0486	− 0.0241
2004	− 0.0306	− 0.0868	0.0000	− 0.0538	− 0.1367	− 0.2017	− 0.1681	− 0.0633	− 0.0565
2005	− 0.0419	− 0.0801	− 0.0029	− 0.0652	− 0.1234	− 0.1559	− 0.1407	− 0.0782	− 0.0778
2006	− 0.0539	− 0.0845	− 0.0143	− 0.0740	− 0.1360	− 0.1311	− 0.1507	− 0.0906	− 0.0942
2007	− 0.0855	− 0.1569	− 0.0327	− 0.0811	− 0.1761	− 0.1808	− 0.1748	− 0.1325	− 0.1324
2008	− 0.1102	− 0.1722	− 0.0547	− 0.0889	− 0.1694	− 0.1735	− 0.1675	− 0.1573	− 0.2158
2009	− 0.1364	− 0.1771	− 0.0894	− 0.1148	− 0.1675	− 0.1341	− 0.1675	− 0.1600	− 0.2247
2010	− 0.1620	− 0.1766	− 0.1258	− 0.1425	− 0.1932	− 0.2457	− 0.1761	− 0.1783	− 0.2446
2011	− 0.1801	− 0.1836	− 0.1914	− 0.1991	− 0.1953	− 0.2053	− 0.1727	− 0.1997	− 0.1688
2012	− 0.1982	− 0.2015	− 0.2283	− 0.2259	− 0.1759	− 0.2113	− 0.1553	− 0.2065	− 0.1768
2013	− 0.2172	− 0.2048	− 0.2477	− 0.2339	− 0.2031	− 0.1782	− 0.1783	− 0.2106	− 0.1976
2014	− 0.2431	− 0.2148	− 0.2628	− 0.2486	− 0.2209	− 0.1508	− 0.1969	− 0.2339	− 0.2170
2015	− 0.2711	− 0.2222	− 0.2804	− 0.2672	− 0.2130	− 0.1008	− 0.2009	− 0.2481	− 0.2304
2016	− 0.2938	− 0.2352	− 0.2955	− 0.2832	− 0.2104	− 0.1043	− 0.2075	− 0.2497	− 0.2353
2017	− 0.3031	− 0.2448	− 0.2844	− 0.2704	− 0.1902	− 0.1282	− 0.2123	− 0.2587	− 0.2325

附录4-9 重庆制造业统计数据的（$p_{ij} lnp_{ij}$）计算值（二）

年份	M10	M11	M12	M13	M14	M15	M16	M17	M18
2000	0.0000	0.0000	0.0000	− 0.2007	− 0.1103	− 0.1109	− 0.3336	− 0.1418	− 0.0379
2001	− 0.0022	− 0.0056	− 0.0097	− 0.1855	− 0.0994	− 0.1859	− 0.1753	− 0.1406	− 0.0890
2002	− 0.0074	− 0.0120	− 0.0208	− 0.1771	− 0.1049	− 0.1797	− 0.1922	− 0.1506	− 0.1484
2003	− 0.0115	− 0.0238	− 0.0357	− 0.1786	− 0.1588	0.0000	− 0.2173	− 0.1837	− 0.2070
2004	− 0.0253	− 0.0384	− 0.0540	− 0.1814	− 0.1918	− 0.1740	− 0.1520	− 0.1895	− 0.2387
2005	− 0.0382	− 0.0487	− 0.0670	− 0.1907	− 0.1923	− 0.1250	− 0.0601	− 0.1618	− 0.1631
2006	− 0.0606	− 0.0646	− 0.0866	− 0.2084	− 0.2642	− 0.1383	− 0.1525	− 0.1800	− 0.2292
2007	− 0.0823	− 0.0863	− 0.1029	− 0.2017	− 0.2367	− 0.2060	− 0.1777	− 0.1912	− 0.1828
2008	− 0.1112	− 0.1115	− 0.1218	− 0.1885	− 0.1789	− 0.1542	− 0.1416	− 0.1908	− 0.1988
2009	− 0.1226	− 0.1269	− 0.1367	− 0.1761	− 0.1800	− 0.1404	− 0.1133	− 0.1555	− 0.1430
2010	− 0.1585	− 0.1611	− 0.1596	− 0.1628	− 0.1567	− 0.1324	− 0.1677	− 0.1968	− 0.2140
2011	− 0.1618	− 0.1895	− 0.1914	− 0.1547	− 0.1514	− 0.1436	− 0.1398	− 0.1772	− 0.2617
2012	− 0.1871	− 0.2057	− 0.2129	− 0.1526	− 0.1736	− 0.1590	− 0.0487	− 0.1447	− 0.1808
2013	− 0.2251	− 0.2316	− 0.2285	− 0.1270	− 0.1612	− 0.1385	− 0.1611	− 0.1660	− 0.1140
2014	− 0.2499	− 0.2572	− 0.2456	− 0.1167	− 0.1652	− 0.2132	− 0.1536	− 0.1635	− 0.1287
2015	− 0.2789	− 0.2731	− 0.2566	− 0.0989	− 0.1291	− 0.2162	− 0.1119	− 0.1405	− 0.0386
2016	− 0.3089	− 0.2895	− 0.2694	− 0.0764	− 0.0821	− 0.2042	− 0.1169	− 0.1419	− 0.0703
2017	− 0.2943	− 0.2723	− 0.2789	0.0000	0.0000	− 0.1674	0.0000	0.0000	0.0000

附录5-1 全国物流业统计数据（2017年）

指标	LC1	LC2	LC3	LC4	LC5	LC6	LC7	LC8	LC9	LC10
名称	物流业固定资产投入	物流业人力资源投入	物流业产值	物流业产值比	物流业贡献率	货物运输量	货物周转量	社会消费品零售总额	投资增长	业务增长
备注	物流业固定资产投资额	物流业从业人数	统计年鉴叫做物流业增加值	物流业产值/国内生产总值×100%	物流业增加值/GDP增加值×100%	原始统计指标	Σ货物运输量×运距	原始统计指标	（当期投资额－上期投资额）/上期投资额×100%	（当期货运量－上期货运量）/上期货运量×100%
单位	亿元	万人	亿元	%	%	万吨	亿吨公里	亿元	%	%
北京	1129.1	57.7	1208.40	4.31	6.28	20110	958.42	11575.4	48.25	-3.01
天津	537.0	14.5	780.40	4.21	8.30	51800	2169.54	5729.7	-26.95	2.56
河北	2135.5	24.3	2497.88	7.34	6.61	228854	13381.59	15907.6	1.92	8.67
山西	425.5	23.5	1052.14	6.78	4.90	189516	4185.03	6918.1	-53.38	13.43
内蒙古	1180.2	21.1	1050.02	6.52	4.53	213318	5146.76	7160.2	-17.34	14.24
辽宁	602.0	35.6	1310.02	5.60	5.57	216135	12757.20	13807.2	-8.95	4.38
吉林	1211.7	16.2	603.12	4.04	26.67	49903	1634.65	7855.8	3.57	10.75
黑龙江	1200.5	27.0	801.33	5.04	8.39	56398	1657.69	9099.2	5.81	5.28
上海	960.3	51.1	1344.54	4.39	4.37	96850	24998.71	11830.3	1.63	9.65
江苏	2891.0	48.1	3097.67	3.61	3.07	220532	9057.60	31737.4	13.33	9.14
浙江	2967.5	31.8	1938.17	3.74	3.63	242504	10106.23	24308.5	14.93	12.50
安徽	1667.8	24.2	875.38	3.24	1.86	403426	11429.77	11192.6	2.42	10.66
福建	2808.9	23.9	1889.69	5.87	5.93	132227	6779.76	13013.0	12.11	9.87
江西	734.6	20.5	866.30	4.33	4.63	154437	4217.34	7448.1	-23.91	11.82
山东	3955.0	47.7	3268.01	4.50	11.77	327006	9719.46	33649.0	32.62	14.58
河南	2498.5	45.2	2162.85	4.85	5.51	230114	8228.70	19666.8	27.83	11.66
湖北	2939.9	35.4	1420.01	4.00	4.36	188107	6344.76	17394.1	3.77	15.79
湖南	2104.3	23.4	1496.01	4.41	5.93	225551	4300.74	14854.9	8.23	9.21

指标	LC1	LC2	LC3	LC4	LC5	LC6	LC7	LC8	LC9	LC10
广东	3759.6	83.3	3580.94	3.99	4.19	392381	27919.79	38200.1	23.98	6.96
广西	2005.6	19.0	955.70	5.16	48.65	174642	4613.32	7813.0	8.42	8.63
海南	486.0	7.1	248.94	5.58	11.98	21351	864.26	1618.8	4.06	−1.99
重庆	1954.8	27.0	939.46	4.84	5.42	115536	3374.34	8067.7	19.88	7.01
四川	4492.6	38.9	1595.80	4.32	3.05	172922	2696.17	17480.5	20.19	7.42
贵州	2334.3	12.2	1070.22	7.90	4.69	96242	1656.48	4154.0	31.15	7.50
云南	3741.7	17.9	366.59	2.24	2.40	129298	1824.96	6423.1	45.17	11.94
西藏	581.7	0.9	34.08	2.60	1.77	2203	136.30	523.3	7.27	11.81
陕西	1891.2	28.0	832.62	3.80	2.43	163079	3760.64	8236.4	19.34	9.42
甘肃	956.6	13.3	293.50	3.93	8.57	66204	2439.66	3426.6	−13.04	9.14
青海	730.5	4.7	103.69	3.95	16.62	17923	519.46	839.0	23.82	6.17
宁夏	330.1	3.7	199.31	5.79	−2.34	38187	753.72	930.4	−10.22	−11.73
新疆	1978.5	16.7	668.15	6.14	8.16	84395	2176.35	3044.6	136.62	17.28

附录 5-2　全国制造业统计数据（2017 年）

指标	MC1	MC2	MC3	MC4	MC5	MC6	MC7	MC8	MC9	MC10
名称	制造业固定资产投资	制造业人力资源投入	工业总产值	制造业成本费用利润率	制造业总资产贡献率	企业数量	资产规模	经营收入	制造业利润增长	制造业净资产增长
备注	原始统计指标	制造业从业人数	原始统计指标	利润总额/成本费用总额×100%	利润总额/资产总额×100%	规模以上工业企业数量	资产×总额	主营业务收入	（当期利润-上期利润）/上期利润×100%	（当期净资产-上期净资产）/上期净资产×100%
单位	亿元	万人	亿元	%	%	个	亿元	亿元	%	%
北京	381.86	82.38	4274.00	10.38	4.40	3231.00	45985.76	20722.04	25.83	8.67
天津	2830.20	78.24	6863.98	7.08	5.12	4286.00	20739.07	16144.06	-48.14	-13.57
河北	13875.93	102.55	13757.84	6.99	6.00	14790.00	45213.57	41949.97	-3.63	-5.01
山西	884.99	63.99	5771.22	6.23	2.89	3835.00	35714.23	17852.40	249.95	14.77
内蒙古	3234.70	36.31	5109.00	11.86	4.74	2801.00	30608.01	13983.14	7.98	-7.40
辽宁	1529.22	117.78	7302.41	4.87	2.93	6626.00	36324.65	23476.40	84.79	-0.65
吉林	5254.21	70.94	6057.29	5.39	5.33	5971.00	19288.77	20405.79	-18.96	-5.91
黑龙江	3133.35	45.67	3332.59	5.26	2.87	3731.00	14540.71	8654.30	41.00	-8.44
上海	793.30	172.09	8392.84	9.43	7.66	8122.00	42355.44	37910.50	11.32	7.43
江苏	24433.65	543.21	34013.60	7.27	8.61	45414.00	116706.58	148996.61	-4.94	1.00
浙江	7993.09	315.02	19474.48	7.53	6.46	39949.00	71263.09	65760.08	3.04	3.13
安徽	11434.23	119.77	10916.31	5.86	6.71	18883.00	35039.74	43110.37	4.91	5.40
福建	7566.85	213.12	12674.89	7.64	9.31	17348.00	34591.63	45658.46	11.51	8.62
江西	10791.26	130.97	7789.59	7.58	10.93	10889.00	21557.67	33751.65	-3.62	-6.24
山东	22704.15	383.22	28705.69	6.17	7.53	38147.00	107932.86	140856.78	-7.84	-0.35
河南	16742.06	353.24	18452.06	7.24	8.78	22023.00	60984.13	79909.12	2.13	-0.20
湖北	11257.74	168.40	13060.08	6.50	6.76	15097.00	38585.32	43210.52	-3.89	1.65
湖南	9472.24	109.04	11879.94	5.91	7.54	15201.00	27766.56	38934.23	3.22	15.30
广东	10311.22	929.36	35291.83	7.10	7.69	47203.00	115201.19	133924.37	5.74	9.19
广西	5582.26	66.87	5822.93	7.43	9.19	5723.00	17531.99	23805.05	15.62	8.31

指标	MC1	MC2	MC3	MC4	MC5	MC6	MC7	MC8	MC9	MC10
海南	134.72	7.80	528.28	6.83	3.85	335.00	2858.40	1799.52	8.01	5.29
重庆	5257.22	83.78	6587.08	7.80	7.60	6684.00	19760.50	20772.41	-8.89	3.80
四川	6916.50	147.28	11576.16	7.38	6.53	13904.00	43253.61	41631.26	20.70	4.94
贵州	1713.20	39.12	4260.48	9.65	5.93	5311.00	15228.11	10647.55	6.66	9.17
云南	1840.69	64.50	4089.37	7.62	3.87	4186.00	20241.46	11684.53	133.64	9.13
西藏	79.13	0.89	102.16	14.06	1.91	116.00	1393.75	214.98	57.02	10.01
陕西	3782.90	100.22	8691.79	11.28	6.98	6271.00	32602.70	23081.68	43.14	10.48
甘肃	540.79	31.51	1763.44	3.12	1.99	1905.00	12312.42	8434.49	236.46	2.03
青海	731.14	10.13	777.56	5.18	1.56	569.00	6466.92	2080.59	26.36	8.82
宁夏	815.81	12.49	1096.30	3.83	1.54	1223.00	9495.50	4067.16	1.96	7.90
新疆	1691.36	35.57	3254.18	8.38	3.55	2955.00	20365.22	9730.75	86.91	5.70

附录 5-3　全国物流业统计数据标准化结果

地区	LC1	LC2	LC3	LC4	LC5	LC6	LC7	LC8	LC9	LC10
北京	0.1920	0.6890	0.3311	0.3663	0.1692	0.0446	0.0296	0.2933	0.5349	0.3005
天津	0.0497	0.1655	0.2104	0.3475	0.2087	0.1236	0.0732	0.1382	0.1391	0.4927
河北	0.4337	0.2836	0.6946	0.9011	0.1756	0.5649	0.4767	0.4083	0.2910	0.7034
山西	0.0229	0.2737	0.2870	0.8009	0.1420	0.4669	0.1457	0.1697	0.0000	0.8673
内蒙古	0.2042	0.2451	0.2864	0.7564	0.1347	0.5262	0.1803	0.1762	0.1897	0.8953
辽宁	0.0653	0.4205	0.3597	0.5927	0.1552	0.5332	0.4543	0.3526	0.2338	0.5553
吉林	0.2118	0.1863	0.1604	0.3172	0.5690	0.1189	0.0539	0.1946	0.2997	0.7749
黑龙江	0.2091	0.3168	0.2163	0.4943	0.2104	0.1351	0.0548	0.2276	0.3115	0.5864
上海	0.1514	0.6096	0.3695	0.3796	0.1316	0.2359	0.8949	0.3001	0.2895	0.7371
江苏	0.6152	0.5731	0.8637	0.2416	0.1062	0.5442	0.3211	0.8285	0.3511	0.7193
浙江	0.6336	0.3747	0.5368	0.2657	0.1171	0.5989	0.3588	0.6313	0.3595	0.8353
安徽	0.3214	0.2829	0.2372	0.1768	0.0824	1.0000	0.4065	0.2832	0.2936	0.7718
福建	0.5955	0.2793	0.5232	0.6414	0.1622	0.3241	0.2391	0.3315	0.3447	0.7445
江西	0.0972	0.2385	0.2346	0.3692	0.1368	0.3794	0.1469	0.1838	0.1551	0.8117
山东	0.8708	0.5677	0.9118	0.3991	0.2768	0.8095	0.3449	0.8792	0.4526	0.9071
河南	0.5209	0.5372	0.6002	0.4618	0.1540	0.5680	0.2913	0.5081	0.4274	0.8062
湖北	0.6270	0.4182	0.3907	0.3114	0.1314	0.4633	0.2235	0.4478	0.3008	0.9486
湖南	0.4262	0.2737	0.4122	0.3838	0.1622	0.5567	0.1499	0.3804	0.3242	0.7219
广东	0.8239	1.0000	1.0000	0.3095	0.1282	0.9725	1.0000	1.0000	0.4072	0.6443
广西	0.4025	0.2199	0.2598	0.5156	1.0000	0.4298	0.1611	0.1935	0.3253	0.7020
海南	0.0375	0.0750	0.0606	0.5896	0.2809	0.0477	0.0262	0.0291	0.3023	0.3355
重庆	0.3903	0.3169	0.2553	0.4586	0.1522	0.2825	0.1165	0.2002	0.3855	0.6460
四川	1.0000	0.4612	0.4403	0.3666	0.1057	0.4255	0.0921	0.4501	0.3872	0.6603
贵州	0.4815	0.1368	0.2921	1.0000	0.1379	0.2344	0.0547	0.0964	0.4449	0.6629
云南	0.8196	0.2059	0.0937	0.0000	0.0931	0.3168	0.0608	0.1566	0.5187	0.8160
西藏	0.0605	0.0000	0.0000	0.0638	0.0806	0.0000	0.0000	0.0000	0.3192	0.8116
陕西	0.3750	0.3283	0.2251	0.2760	0.0937	0.4010	0.1304	0.2047	0.3827	0.7289
甘肃	0.1505	0.1506	0.0731	0.2993	0.2141	0.1595	0.0829	0.0771	0.2123	0.7193
青海	0.0962	0.0461	0.0196	0.3022	0.3719	0.0392	0.0138	0.0084	0.4063	0.6171
宁夏	0.0000	0.0347	0.0466	0.6265	0.0000	0.0897	0.0222	0.0108	0.2271	0.0000
新疆	0.3960	0.1916	0.1788	0.6887	0.2061	0.2049	0.0734	0.0669	1.0000	1.0000

附录5-4 全国制造业统计数据标准化结果

地区	MC1	MC2	MC3	MC4	MC5	MC6	MC7	MC8	MC9	MC10
北京	0.0124	0.0878	0.1186	0.6639	0.3049	0.0662	0.3867	0.1378	0.2481	0.7703
天津	0.1130	0.0833	0.1922	0.3619	0.3813	0.0886	0.1678	0.1071	0.0000	0.0000
河北	0.5665	0.1095	0.3881	0.3542	0.4753	0.3116	0.3800	0.2805	0.1493	0.2965
山西	0.0331	0.0680	0.1611	0.2843	0.1438	0.0790	0.2976	0.1185	1.0000	0.9819
内蒙古	0.1296	0.0381	0.1423	0.7986	0.3414	0.0570	0.2533	0.0925	0.1883	0.2136
辽宁	0.0595	0.1259	0.2046	0.1603	0.1480	0.1383	0.3029	0.1563	0.4459	0.4475
吉林	0.2125	0.0754	0.1692	0.2075	0.4039	0.1243	0.1552	0.1357	0.0979	0.2651
黑龙江	0.1254	0.0482	0.0918	0.1955	0.1414	0.0768	0.1140	0.0567	0.2990	0.1775
上海	0.0293	0.1844	0.2356	0.5772	0.6519	0.1700	0.3552	0.2534	0.1995	0.7276
江苏	1.0000	0.5841	0.9637	0.3798	0.7536	0.9620	1.0000	1.0000	0.1449	0.5046
浙江	0.3249	0.3383	0.5505	0.4036	0.5245	0.8459	0.6059	0.4405	0.1717	0.5784
安徽	0.4662	0.1280	0.3073	0.2509	0.5513	0.3986	0.2918	0.2883	0.1780	0.6570
福建	0.3074	0.2286	0.3573	0.4132	0.8282	0.3660	0.2879	0.3054	0.2001	0.7685
江西	0.4398	0.1401	0.2185	0.4080	1.0000	0.2288	0.1749	0.2254	0.1494	0.2538
山东	0.9290	0.4118	0.8128	0.2793	0.6383	0.8077	0.9239	0.9453	0.1352	0.4581
河南	0.6842	0.3795	0.5215	0.3772	0.7710	0.4652	0.5168	0.5356	0.1687	0.4632
湖北	0.4590	0.1804	0.3682	0.3096	0.5561	0.3182	0.3225	0.2890	0.1485	0.5273
湖南	0.3857	0.1165	0.3347	0.2554	0.6394	0.3204	0.2287	0.2602	0.1723	1.0000
广东	0.4201	1.0000	1.0000	0.3640	0.6557	1.0000	0.9869	0.8987	0.1808	0.7885
广西	0.2260	0.0711	0.1626	0.3939	0.8149	0.1191	0.1400	0.1586	0.2139	0.7580
海南	0.0023	0.0074	0.0121	0.3398	0.2462	0.0047	0.0127	0.0107	0.1884	0.6533
重庆	0.2126	0.0893	0.1843	0.4282	0.6457	0.1395	0.1593	0.1382	0.1317	0.6016
四川	0.2807	0.1577	0.3261	0.3898	0.5316	0.2928	0.3630	0.2784	0.2310	0.6412
贵州	0.0671	0.0412	0.1182	0.5966	0.4681	0.1103	0.1200	0.0701	0.1838	0.7877
云南	0.0723	0.0685	0.1133	0.4119	0.2480	0.0864	0.1634	0.0771	0.6098	0.7863
西藏	0.0000	0.0000	0.0000	1.0000	0.0395	0.0000	0.0000	0.0000	0.3528	0.8169
陕西	0.1521	0.1070	0.2441	0.7462	0.5792	0.1307	0.2706	0.1537	0.3062	0.8330
甘肃	0.0190	0.0330	0.0472	0.0000	0.0477	0.0380	0.0947	0.0552	0.9547	0.5405
青海	0.0268	0.0100	0.0192	0.1883	0.0027	0.0096	0.0440	0.0125	0.2499	0.7756
宁夏	0.0302	0.0125	0.0283	0.0654	0.0000	0.0235	0.0703	0.0259	0.1681	0.7436
新疆	0.0662	0.0374	0.0896	0.4808	0.2141	0.0603	0.1645	0.0640	0.4530	0.6675

附录5－5 全国物流业序参量有序度

地区	LC1	LC2	LC3	LC4	LC5	LC6	LC7	LC8	LC9	LC10
北京	0.1852	0.6561	0.3155	0.3543	0.1633	0.0427	0.0284	0.2797	0.5228	0.3055
天津	0.0507	0.1580	0.2007	0.3371	0.2009	0.1179	0.0699	0.1321	0.1459	0.4885
河北	0.4137	0.2703	0.6614	0.8452	0.1694	0.5380	0.4541	0.3890	0.2906	0.6891
山西	0.0254	0.2609	0.2736	0.7532	0.1374	0.4447	0.1390	0.1621	0.0134	0.8453
内蒙古	0.1968	0.2337	0.2730	0.7124	0.1305	0.5011	0.1719	0.1682	0.1940	0.8719
辽宁	0.0655	0.4006	0.3428	0.5621	0.1500	0.5078	0.4327	0.3360	0.2361	0.5481
吉林	0.2040	0.1778	0.1531	0.3093	0.5441	0.1134	0.0516	0.1858	0.2988	0.7572
黑龙江	0.2014	0.3019	0.2063	0.4718	0.2026	0.1288	0.0524	0.2172	0.3100	0.5777
上海	0.1469	0.5805	0.3520	0.3666	0.1275	0.2248	0.8521	0.2861	0.2891	0.7212
江苏	0.5853	0.5457	0.8223	0.2399	0.1033	0.5182	0.3059	0.7886	0.3477	0.7043
浙江	0.6027	0.3570	0.5113	0.2620	0.1137	0.5704	0.3418	0.6011	0.3558	0.8147
安徽	0.3075	0.2697	0.2262	0.1804	0.0806	0.9521	0.3872	0.2700	0.2930	0.7543
福建	0.5666	0.2663	0.4983	0.6068	0.1567	0.3087	0.2279	0.3160	0.3416	0.7283
江西	0.0956	0.2274	0.2237	0.3570	0.1325	0.3614	0.1401	0.1755	0.1611	0.7923
山东	0.8269	0.5406	0.8680	0.3844	0.2658	0.7708	0.3286	0.8369	0.4445	0.8832
河南	0.4962	0.5116	0.5715	0.4420	0.1488	0.5410	0.2775	0.4839	0.4205	0.7871
湖北	0.5964	0.3984	0.3723	0.3039	0.1273	0.4413	0.2130	0.4266	0.2998	0.9227
湖南	0.4067	0.2609	0.3926	0.3704	0.1567	0.5301	0.1429	0.3625	0.3222	0.7067
广东	0.7825	0.9519	0.9520	0.3022	0.1243	0.9259	0.9522	0.9518	0.4012	0.6329
广西	0.3842	0.2097	0.2477	0.4914	0.9546	0.4094	0.1536	0.1847	0.3232	0.6878
海南	0.0392	0.0718	0.0581	0.5593	0.2697	0.0457	0.0252	0.0283	0.3013	0.3388
重庆	0.3727	0.3020	0.2433	0.4390	0.1471	0.2691	0.1112	0.1911	0.3806	0.6345
四川	0.9490	0.4393	0.4194	0.3546	0.1028	0.4053	0.0879	0.4287	0.3821	0.6481
贵州	0.4589	0.1307	0.2784	0.9360	0.1335	0.2234	0.0523	0.0923	0.4371	0.6506
云南	0.7785	0.1964	0.0897	0.0181	0.0908	0.3018	0.0581	0.1496	0.5073	0.7964
西藏	0.0609	0.0005	0.0005	0.0766	0.0790	0.0003	0.0002	0.0007	0.3174	0.7922
陕西	0.3582	0.3129	0.2147	0.2715	0.0914	0.3819	0.1244	0.1954	0.3779	0.7134
甘肃	0.1460	0.1438	0.0701	0.2929	0.2061	0.1521	0.0792	0.0740	0.2156	0.7043
青海	0.0947	0.0444	0.0191	0.2955	0.3564	0.0376	0.0134	0.0086	0.4004	0.6070
宁夏	0.0037	0.0335	0.0448	0.5932	0.0022	0.0856	0.0214	0.0109	0.2297	0.0193
新疆	0.3781	0.1828	0.1706	0.6502	0.1984	0.1953	0.0701	0.0643	0.9658	0.9716

附录5-6　全国制造业序参量有序度

地区	MC1	MC2	MC3	MC4	MC5	MC6	MC7	MC8	MC9	MC10
北京	0.0120	0.0836	0.1130	0.6288	0.2936	0.0631	0.3684	0.1313	0.2440	0.7560
天津	0.1077	0.0794	0.1831	0.3488	0.3652	0.0844	0.1602	0.1020	0.0077	0.0224
河北	0.5395	0.1043	0.3696	0.3416	0.4534	0.2968	0.3621	0.2672	0.1499	0.3047
山西	0.0317	0.0648	0.1535	0.2768	0.1426	0.0753	0.2837	0.1130	0.9601	0.9575
内蒙古	0.1235	0.0364	0.1356	0.7537	0.3278	0.0544	0.2416	0.0882	0.1870	0.2258
辽宁	0.0568	0.1199	0.1950	0.1618	0.1464	0.1318	0.2887	0.1489	0.4324	0.4486
吉林	0.2025	0.0719	0.1613	0.2056	0.3864	0.1185	0.1482	0.1293	0.1009	0.2749
黑龙江	0.1196	0.0460	0.0875	0.1944	0.1403	0.0732	0.1090	0.0541	0.2925	0.1915
上海	0.0281	0.1756	0.2245	0.5484	0.6190	0.1620	0.3385	0.2413	0.1977	0.7153
江苏	0.9522	0.5563	0.9177	0.3654	0.7144	0.9161	0.9519	0.9523	0.1457	0.5030
浙江	0.3095	0.3222	0.5243	0.3874	0.4995	0.8056	0.5770	0.4196	0.1712	0.5733
安徽	0.4441	0.1220	0.2927	0.2458	0.5246	0.3796	0.2781	0.2746	0.1772	0.6481
福建	0.2929	0.2177	0.3403	0.3963	0.7843	0.3486	0.2744	0.2909	0.1983	0.7543
江西	0.4189	0.1335	0.2081	0.3915	0.9454	0.2180	0.1669	0.2147	0.1499	0.2641
山东	0.8846	0.3922	0.7741	0.2722	0.6062	0.7692	0.8795	0.9002	0.1364	0.4586
河南	0.6516	0.3614	0.4966	0.3630	0.7307	0.4431	0.4922	0.5101	0.1683	0.4635
湖北	0.4372	0.1718	0.3507	0.3003	0.5292	0.3031	0.3074	0.2753	0.1491	0.5246
湖南	0.3674	0.1110	0.3188	0.2500	0.6073	0.3052	0.2181	0.2479	0.1718	0.9748
广东	0.4002	0.9523	0.9523	0.3507	0.6226	0.9523	0.9394	0.8559	0.1798	0.7734
广西	0.2153	0.0677	0.1549	0.3785	0.7718	0.1135	0.1337	0.1511	0.2114	0.7443
海南	0.0023	0.0071	0.0117	0.3283	0.2385	0.0045	0.0127	0.0102	0.1871	0.6445
重庆	0.2026	0.0851	0.1756	0.4102	0.6132	0.1329	0.1521	0.1316	0.1331	0.5953
四川	0.2674	0.1502	0.3106	0.3746	0.5062	0.2789	0.3459	0.2651	0.2276	0.6330
贵州	0.0640	0.0393	0.1126	0.5664	0.4466	0.1052	0.1147	0.0668	0.1828	0.7725
云南	0.0690	0.0653	0.1080	0.3952	0.2403	0.0824	0.1561	0.0735	0.5885	0.7712
西藏	0.0002	0.0000	0.0001	0.9404	0.0447	0.0001	0.0006	0.0001	0.3437	0.8004
陕西	0.1449	0.1019	0.2325	0.7051	0.5508	0.1246	0.2580	0.1464	0.2993	0.8157
甘肃	0.0182	0.0314	0.0451	0.0132	0.0524	0.0363	0.0906	0.0527	0.9170	0.5371
青海	0.0256	0.0095	0.0184	0.1878	0.0102	0.0093	0.0424	0.0120	0.2457	0.7611
宁夏	0.0290	0.0119	0.0270	0.0738	0.0077	0.0225	0.0674	0.0247	0.1678	0.7305
新疆	0.0632	0.0356	0.0854	0.4590	0.2084	0.0575	0.1571	0.0610	0.4392	0.6581

附录 5－7　全国物流业序参量特征比重矩阵

地区	LC1	LC2	LC3	LC4	LC5	LC6	LC7	LC8	LC9	LC10
北京	0.0170	0.0696	0.0313	0.0267	0.0278	0.0038	0.0044	0.0318	0.0504	0.0140
天津	0.0044	0.0167	0.0199	0.0254	0.0343	0.0107	0.0110	0.0150	0.0131	0.0229
河北	0.0384	0.0286	0.0657	0.0658	0.0288	0.0487	0.0714	0.0442	0.0274	0.0327
山西	0.0020	0.0276	0.0272	0.0584	0.0233	0.0403	0.0218	0.0184	0.0000	0.0403
内蒙古	0.0181	0.0248	0.0271	0.0552	0.0221	0.0454	0.0270	0.0191	0.0179	0.0416
辽宁	0.0058	0.0425	0.0340	0.0433	0.0255	0.0460	0.0680	0.0382	0.0220	0.0258
吉林	0.0188	0.0188	0.0152	0.0232	0.0934	0.0103	0.0081	0.0211	0.0282	0.0360
黑龙江	0.0185	0.0320	0.0205	0.0361	0.0345	0.0116	0.0082	0.0247	0.0293	0.0272
上海	0.0134	0.0616	0.0350	0.0277	0.0216	0.0203	0.1340	0.0325	0.0273	0.0342
江苏	0.0545	0.0579	0.0817	0.0176	0.0174	0.0469	0.0481	0.0898	0.0331	0.0334
浙江	0.0562	0.0378	0.0508	0.0194	0.0192	0.0516	0.0537	0.0684	0.0339	0.0388
安徽	0.0285	0.0286	0.0224	0.0129	0.0135	0.0862	0.0609	0.0307	0.0277	0.0359
福建	0.0528	0.0282	0.0495	0.0468	0.0266	0.0279	0.0358	0.0359	0.0325	0.0346
江西	0.0086	0.0241	0.0222	0.0269	0.0225	0.0327	0.0220	0.0199	0.0146	0.0377
山东	0.0772	0.0573	0.0863	0.0291	0.0455	0.0698	0.0516	0.0953	0.0426	0.0421
河南	0.0462	0.0542	0.0568	0.0337	0.0253	0.0490	0.0436	0.0551	0.0403	0.0375
湖北	0.0556	0.0422	0.0370	0.0227	0.0216	0.0400	0.0335	0.0485	0.0283	0.0441
湖南	0.0378	0.0276	0.0390	0.0280	0.0266	0.0480	0.0224	0.0412	0.0305	0.0335
广东	0.0730	0.1010	0.0946	0.0226	0.0211	0.0839	0.1497	0.1084	0.0384	0.0299
广西	0.0357	0.0222	0.0246	0.0376	0.1642	0.0371	0.0241	0.0210	0.0306	0.0326
海南	0.0033	0.0076	0.0057	0.0430	0.0461	0.0041	0.0039	0.0032	0.0285	0.0156
重庆	0.0346	0.0320	0.0241	0.0335	0.0250	0.0244	0.0174	0.0217	0.0363	0.0300
四川	0.0886	0.0466	0.0417	0.0268	0.0174	0.0367	0.0138	0.0488	0.0365	0.0307
贵州	0.0427	0.0138	0.0276	0.0730	0.0226	0.0202	0.0082	0.0104	0.0419	0.0308
云南	0.0726	0.0208	0.0089	0.0000	0.0153	0.0273	0.0091	0.0170	0.0489	0.0379
西藏	0.0054	0.0000	0.0000	0.0047	0.0132	0.0000	0.0000	0.0000	0.0301	0.0377
陕西	0.0332	0.0332	0.0213	0.0201	0.0154	0.0346	0.0195	0.0222	0.0360	0.0339
甘肃	0.0133	0.0152	0.0069	0.0218	0.0352	0.0138	0.0124	0.0084	0.0200	0.0334
青海	0.0085	0.0047	0.0019	0.0221	0.0611	0.0034	0.0021	0.0009	0.0383	0.0287
宁夏	0.0000	0.0035	0.0044	0.0457	0.0000	0.0077	0.0033	0.0012	0.0214	0.0000
新疆	0.0351	0.0194	0.0169	0.0503	0.0338	0.0177	0.0110	0.0073	0.0942	0.0465

附录5-8　全国制造业序参量特征比重矩阵

地区	MC1	MC2	MC3	MC4	MC5	MC6	MC7	MC8	MC9	MC10
北京	0.0016	0.0177	0.0140	0.0549	0.0222	0.0084	0.0413	0.0182	0.0298	0.0417
天津	0.0144	0.0168	0.0227	0.0299	0.0277	0.0113	0.0179	0.0141	0.0000	0.0000
河北	0.0721	0.0221	0.0457	0.0293	0.0346	0.0398	0.0406	0.0370	0.0179	0.0160
山西	0.0042	0.0137	0.0190	0.0235	0.0105	0.0101	0.0318	0.0157	0.1202	0.0531
内蒙古	0.0165	0.0077	0.0168	0.0661	0.0248	0.0073	0.0271	0.0122	0.0226	0.0116
辽宁	0.0076	0.0254	0.0241	0.0133	0.0108	0.0176	0.0324	0.0206	0.0536	0.0242
吉林	0.0271	0.0152	0.0200	0.0172	0.0294	0.0159	0.0166	0.0179	0.0118	0.0143
黑龙江	0.0160	0.0097	0.0108	0.0162	0.0103	0.0098	0.0122	0.0075	0.0359	0.0096
上海	0.0037	0.0372	0.0278	0.0478	0.0474	0.0217	0.0380	0.0335	0.0240	0.0394
江苏	0.1273	0.1177	0.1136	0.0314	0.0548	0.1227	0.1069	0.1321	0.0174	0.0273
浙江	0.0414	0.0682	0.0649	0.0334	0.0382	0.1079	0.0648	0.0582	0.0206	0.0313
安徽	0.0594	0.0258	0.0362	0.0208	0.0401	0.0508	0.0312	0.0381	0.0214	0.0355
福建	0.0392	0.0461	0.0421	0.0342	0.0602	0.0467	0.0308	0.0403	0.0240	0.0416
江西	0.0560	0.0282	0.0258	0.0338	0.0727	0.0292	0.0187	0.0298	0.0180	0.0137
山东	0.1183	0.0830	0.0958	0.0231	0.0464	0.1030	0.0988	0.1248	0.0162	0.0248
河南	0.0871	0.0765	0.0615	0.0312	0.0561	0.0593	0.0552	0.0707	0.0203	0.0251
湖北	0.0584	0.0364	0.0434	0.0256	0.0405	0.0406	0.0345	0.0382	0.0178	0.0285
湖南	0.0491	0.0235	0.0395	0.0211	0.0465	0.0409	0.0244	0.0344	0.0207	0.0541
广东	0.0535	0.2015	0.1179	0.0301	0.0477	0.1276	0.1055	0.1187	0.0217	0.0427
广西	0.0288	0.0143	0.0192	0.0326	0.0593	0.0152	0.0150	0.0209	0.0257	0.0410
海南	0.0003	0.0015	0.0014	0.0281	0.0179	0.0006	0.0014	0.0014	0.0226	0.0353
重庆	0.0271	0.0180	0.0217	0.0354	0.0470	0.0178	0.0170	0.0182	0.0158	0.0325
四川	0.0357	0.0318	0.0384	0.0323	0.0387	0.0374	0.0388	0.0368	0.0278	0.0347
贵州	0.0085	0.0083	0.0139	0.0494	0.0340	0.0141	0.0128	0.0093	0.0221	0.0426
云南	0.0092	0.0138	0.0134	0.0341	0.0180	0.0110	0.0175	0.0102	0.0733	0.0425
西藏	0.0000	0.0000	0.0000	0.0827	0.0029	0.0000	0.0000	0.0000	0.0424	0.0442
陕西	0.0194	0.0216	0.0288	0.0617	0.0421	0.0167	0.0289	0.0203	0.0368	0.0451
甘肃	0.0024	0.0066	0.0056	0.0000	0.0035	0.0048	0.0101	0.0073	0.1147	0.0292
青海	0.0034	0.0020	0.0023	0.0156	0.0002	0.0012	0.0047	0.0017	0.0300	0.0420
宁夏	0.0039	0.0025	0.0033	0.0054	0.0000	0.0030	0.0075	0.0034	0.0202	0.0402
新疆	0.0084	0.0075	0.0106	0.0398	0.0156	0.0077	0.0176	0.0084	0.0544	0.0361

附录 6-1　重庆物流业序参量功效系数（一）

年份	L1	L2	L3	L4	L5	L6	L7	L8	L9
2000	0.0033	0.6871	0.0521	0.0555	0.0057	0.0113	0.4954	0.3162	0.0067
2001	0.0320	0.9009	0.0702	0.1064	0.0360	0.0670	0.2278	0.9498	0.0280
2002	0.0232	0.4035	0.0726	0.1572	0.0622	0.1175	0.1043	0.5738	0.0369
2003	0.0291	0.2364	0.1008	0.2324	0.0798	0.1425	0.0928	0.2809	0.0499
2004	0.0412	0.1306	0.1303	0.2930	0.1061	0.1818	0.0968	0.2737	0.1204
2005	0.0639	0.1587	0.1573	0.3397	0.1379	0.2302	0.0975	0.3924	0.1592
2006	0.0788	0.0781	0.1769	0.3651	0.1835	0.3040	0.0730	0.5784	0.1684
2007	0.1156	0.1091	0.2059	0.3864	0.2218	0.3579	0.1558	0.2490	0.2235
2008	0.1688	0.1557	0.2339	0.3969	0.3158	0.5045	0.1195	0.4590	0.3029
2009	0.2858	0.3713	0.2642	0.4126	0.3726	0.5812	0.1691	0.4130	0.3420
2010	0.3368	0.1839	0.3082	0.4375	0.4552	0.6866	0.2238	0.3067	0.3994
2011	0.3582	0.1433	0.3955	0.4925	0.5572	0.7827	0.3038	0.2434	0.5048
2012	0.4699	0.1243	0.4833	0.5422	0.5705	0.7420	0.5426	0.0029	0.5536
2013	0.6194	0.1873	0.5970	0.6140	0.6329	0.7552	0.6420	0.2214	0.6175
2014	0.6628	0.0569	0.6918	0.6997	0.6848	0.7646	0.7548	0.1581	0.6712
2015	0.8158	0.1058	0.7462	0.7454	0.7471	0.8085	0.8468	0.2044	0.7265
2016	0.9494	0.1404	0.8089	0.7994	0.8447	0.8857	0.8824	0.2667	0.8185
2017	0.9247	0.1189	0.9052	0.9021	0.9472	0.9421	0.8864	0.3036	0.9464

附录6-2　重庆物流业序参量功效系数（二）

年份	L10	L11	L12	L13	L14	L15	L16	L17	L18
2000	0.0120	0.0140	0.0047	0.5799	0.4300	0.2834	0.5346	0.5681	0.2293
2001	0.0144	0.0283	0.0105	0.8122	0.7531	0.8911	0.4957	0.4686	0.8959
2002	0.0176	0.0447	0.0143	0.8916	0.8687	0.0111	0.5090	0.4224	0.6301
2003	0.0203	0.0738	0.0237	0.8389	0.7743	0.3717	0.6012	0.5204	0.3507
2004	0.0277	0.1143	0.0699	0.8381	0.6624	0.4861	0.6605	0.9599	0.4860
2005	0.5487	0.1432	0.1028	0.7962	0.6729	0.6238	0.5592	0.7082	0.5173
2006	0.5652	0.1809	0.1633	0.8690	0.7987	0.4624	0.5982	0.8530	0.6434
2007	0.6000	0.2559	0.2336	0.7127	0.6579	0.6815	0.7662	0.8070	0.4541
2008	0.6311	0.3990	0.3680	0.6777	0.7469	0.7334	0.9695	0.9688	0.9482
2009	0.6494	0.4496	0.4166	0.6766	0.7599	0.9635	0.5595	0.5489	0.4646
2010	0.6969	0.5844	0.5293	0.5654	0.6730	0.5112	0.8090	0.7317	0.5980
2011	0.7096	0.7455	0.6894	0.4385	0.5143	0.3442	0.8109	0.7813	0.6284
2012	0.7268	0.6369	0.7256	0.2768	0.2743	0.6900	0.0171	0.4394	0.0046
2013	0.7435	0.6444	0.6164	0.2295	0.2220	0.7104	0.3821	0.0164	0.3063
2014	0.7795	0.7508	0.7074	0.1657	0.1400	0.3636	0.6559	0.5875	0.2184
2015	0.8835	0.8183	0.7436	0.1071	0.0984	0.6127	0.5355	0.4372	0.2532
2016	0.9023	0.8612	0.8231	0.0824	0.0925	0.5208	0.4668	0.5301	0.3913

附录 6 – 3　重庆制造业序参量功效系数（一）

年份	M1	M2	M3	M4	M5	M6	M7	M8	M9
2000	0.0007	0.0553	0.1552	0.0760	0.0309	0.3249	0.0131	0.0051	0.0184
2001	0.0027	0.1894	0.1272	0.0840	0.0898	0.1909	0.1057	0.0269	0.0209
2002	0.0099	0.3177	0.1053	0.1194	0.1802	0.6288	0.2785	0.0555	0.0242
2003	0.0174	0.1260	0.0765	0.1352	0.3854	0.4564	0.6319	0.0866	0.0550
2004	0.0337	0.2299	0.0589	0.1423	0.4502	0.6087	0.6489	0.1200	0.1254
2005	0.0495	0.2118	0.0608	0.1613	0.3922	0.4691	0.4992	0.1572	0.1817
2006	0.0682	0.2236	0.0711	0.1769	0.4472	0.4060	0.5517	0.1907	0.2300
2007	0.1251	0.4618	0.0924	0.1901	0.6465	0.5406	0.6890	0.3225	0.3612
2008	0.1773	0.5245	0.1233	0.2053	0.6102	0.5188	0.6458	0.4148	0.7535
2009	0.2407	0.5456	0.1826	0.2605	0.6004	0.4130	0.6458	0.4257	0.8063
2010	0.3114	0.5435	0.2585	0.3284	0.7447	0.7797	0.6967	0.5028	0.9357
2011	0.3671	0.5746	0.4369	0.5007	0.7575	0.6210	0.6766	0.6025	0.5119
2012	0.4284	0.6590	0.5675	0.6018	0.6456	0.6422	0.5763	0.6365	0.5492
2013	0.4992	0.6758	0.6481	0.6355	0.8056	0.5329	0.7106	0.6574	0.6526
2014	0.6090	0.7274	0.7184	0.7011	0.9244	0.4553	0.8310	0.7879	0.7606
2015	0.7498	0.7681	0.8096	0.7937	0.8704	0.3390	0.8587	0.8763	0.8417
2016	0.8874	0.8430	0.8991	0.8837	0.8527	0.3460	0.9050	0.8866	0.8730
2017	0.9518	0.9023	0.8324	0.8106	0.7270	0.3989	0.9405	0.9478	0.8554

附录6-4 重庆制造业序参量功效系数（二）

年份	M10	M11	M12	M13	M14	M15	M16	M17	M18
2000	0.0051	0.0020	0.0050	0.6964	0.3238	0.3655	0.9554	0.5889	0.0759
2001	0.0066	0.0068	0.0148	0.6429	0.3023	0.7647	0.2775	0.5816	0.1917
2002	0.0108	0.0137	0.0294	0.6150	0.3130	0.7255	0.3208	0.6425	0.3757
2003	0.0146	0.0288	0.0525	0.6198	0.4351	0.0223	0.3929	0.8676	0.6216
2004	0.0298	0.0505	0.0856	0.6291	0.5282	0.6907	0.2234	0.9116	0.7905
2005	0.0463	0.0676	0.1117	0.6607	0.5298	0.4295	0.0638	0.7146	0.4308
2006	0.0796	0.0965	0.1554	0.7251	0.8028	0.4939	0.2244	0.8410	0.7364
2007	0.1171	0.1412	0.1958	0.6999	0.6841	0.9000	0.2833	0.9249	0.5109
2008	0.1747	0.2004	0.2471	0.6529	0.4899	0.5775	0.2013	0.9217	0.5822
2009	0.1999	0.2408	0.2913	0.6118	0.4930	0.5048	0.1466	0.6736	0.3565
2010	0.2898	0.3425	0.3659	0.5704	0.4298	0.4650	0.2591	0.9679	0.6563
2011	0.2990	0.4413	0.4852	0.5465	0.4163	0.5210	0.1975	0.8210	0.9348
2012	0.3742	0.5044	0.5777	0.5406	0.4749	0.6039	0.0494	0.6060	0.5023
2013	0.5075	0.6182	0.6521	0.4718	0.4416	0.4952	0.2438	0.7430	0.2623
2014	0.6117	0.7492	0.7414	0.4465	0.4520	0.9526	0.2269	0.7259	0.3082
2015	0.7570	0.8425	0.8047	0.4061	0.3637	0.9747	0.1442	0.5811	0.0771
2016	0.9477	0.9506	0.8840	0.3602	0.2708	0.8873	0.1532	0.5892	0.1446
2017	0.8486	0.8370	0.9478	0.2512	0.1653	0.6516	0.0030	0.0156	0.0194

参考文献

第一章

[1] CONHEN S S, ZYSMAN J. Manufacturing Matters: The Myth of the Post – Industrial Economy [M]. New York: Basic Books, 1987.

[2] GUERRIERI P, MELICIANI V. Technology and international competitiveness: The interdependence between manufacturing and producer services [J]. Structural Change and Economic Dynamics, 2005 (16): 489 – 502.

[3] 张世贤. 工业投资效率与产业结构变动的实证研究——兼与郭克莎博士商榷 [J]. 管理世界, 2000 (05): 79 – 85, 115.

[4] 江小涓, 李辉. 服务业与中国经济: 相关性和加快增长的潜力 [J]. 经济研究, 2004 (01): 4 – 15.

[5] 刘培林, 宋湛. 服务业和制造业企业法人绩效比较 [J]. 经济研究, 2007 (01): 89 – 101.

[6] HANSEN N. The Strategic Role of Producer Service in Regional Development [J]. International Regional Science Review, 1994, 23 (01): 13 – 20.

[7] JULEFF – TRANTER L E. Advanced Producer Services: Just a Service to Manufacturing? [J]. The Service Industries Journal, 1996, 16 (03): 389 – 400.

[8] PAPPAS N, SHEEHAN P. The new manufacturing: Linkages between production and service activities [M]. Melbourne: Victoria University Press, 1998.

[9] BATHLA S. Inter – sectoral growth Linkages in India: Implications for Policy and Liberalized Reforms [J]. Indian Journal of Quatitative Economic, 2007 (01).

[10] 顾乃华，毕斗斗，任旺兵. 中国转型期生产性服务业发展与制造业竞争力关系研究——基于面板数据的实证分析 [J]. 中国工业经济，2006 (09): 14 – 21.

[11] 植草益. 信息通讯业的产业融合 [J]. 中国工业经济，2001 (02): 24 – 27.

[12] LUNDVALL B A, BORRAS S. The Globalising Learning Economy: Implications for Innovation Policy [R]. DG XII, Commission of the European Union, 1997.

[13] 张小兵. 论生产性服务业与制造业的互动和融合 [D]. 南昌: 南昌大学，2008.

[14] 周振华. 产业融合: 产业发展及经济增长的新动力 [J]. 中国工业经济，2003 (04): 46 – 52.

[15] 朱瑞博. 价值模块整合与产业融合 [J]. 中国工业经济，2003 (08): 24 – 31.

[16] 马健. 产业融合理论研究评述 [J]. 经济学动态，2002 (05): 78 – 81.

[17] 聂清. 生产者服务业与制造业关联效应研究 [J]. 国际商务研究，2006 (01): 6 – 12.

[18] 陈宪，黄建锋. 分工、互动与融合: 服务业与制造业关系演进的实证研究 [J]. 中国软科学，2004 (10): 65 – 71, 76.

[19] 王珍珍，陈功玉. 我国制造业不同子行业与物流业联动发展协调度实证研究——基于灰色关联模型 [J]. 上海财经大学学报，2010, 12 (03): 65 – 74.

[20] 韦琦. 制造业与物流业联动关系演化与实证分析 [J]. 中南财经政法大学学报，2011 (01): 115 – 119.

[21] 梁红艳，王健. 物流业与制造业的产业关联研究——基于投入产出表的比较分析 [J]. 福建师范大学学报 (哲学社会科学版)，2013 (02): 70 – 78.

[22] PRAHALAD C K, HAMEL G. The Core Competence of the Corporation [J]. Harvard Business Review, 1990, 68 (03): 79 – 91.

[23] TSCHETTER J. Producer Services Industries: Why Are They Growing So Rapidly [J]. Monthly Lab. Review, 1987, 110 (12): 31.

[24] GRUBEL H G, WALKER M. Service Industry Growth: Causes and

Effects［M］. Vancouver：Fraser Institute，1989.

［25］戴建平，骆温平. 核心竞争力视角下物流业与制造业联动机理的评述及思考［J］. 管理现代化，2017，37（01）：9－11.

［26］张快娟. 制造业与物流业协调发展的计量分析［D］. 杭州：浙江工商大学，2011.

［27］杨勇. 广东省制造业与物流业联动发展研究［D］. 广州：华南理工大学，2012.

［28］刘志彪. 发展现代生产者服务业与调整优化制造业结构［J］. 南京大学学报（哲学人文社会科学版），2006（05）：36－44.

［29］王晓艳. 制造业与物流业联动发展的机理和模式研究［J］. 物流技术，2009，28（07）：6－8.

［30］郭淑娟，董千里. 基于制造业与物流业联动发展的合作模式研究［J］. 物流技术，2010，29（13）：13－16.

［31］王佐. 制造业与物流业联动发展的本源和创新［J］. 中国流通经济，2009，23（02）：16－19.

［32］何黎明. 2008年中国物流发展特点与2009年展望［J］. 中国物流与采购，2009（02）：14－17.

［33］苏秦，张艳. 制造业与物流业联动现状分析及国际比较［J］. 中国软科学，2011（05）：37－45.

［34］王茂林，刘秉镰. 制造业与物流业联动发展中存在的问题与趋势［J］. 现代管理科学，2009（03）：59－61.

［35］黄福华，谷汉文. 中国现代制造业与物流业协同发展对策探讨［J］. 中国流通经济，2009，23（08）：17－20.

［36］王珍珍，陈功玉. 制造业与物流业联动发展的竞合模型研究——基于产业生态系统的视角［J］. 经济与管理，2009，23（07）：28－34.

［37］丁俊发. 中国物流业首先从制造业突破［J］. 中国流通经济，2008（05）：7－11.

［38］王成东，綦良群，蔡渊渊. 装备制造业与生产性服务业融合影响因素研究［J］. 工业技术经济，2015，34（02）：134－142.

［39］李美云. 国外产业融合研究新进展［J］. 外国经济与管理，2005（12）：12－20，27.

[40] 桂黄宝，刘奇祥，郝铖文. 河南省生产性服务业与装备制造业融合发展影响因素 [J]. 科技管理研究，2017, 37 (11)：92 – 97.

[41] 綦良群，张庆楠. 我国装备制造业与生产性服务业网式融合影响因素研究 [J]. 科技进步与对策，2018, 35 (13)：64 – 71.

[42] 童洁，张旭梅，但斌. 制造业与生产性服务业融合发展的模式与策略研究 [J]. 软科学，2010, 24 (02)：75 – 78.

[43] 杨仁发，刘纯彬. 生产性服务业与制造业融合背景的产业升级 [J]. 改革，2011 (01)：40 – 46.

[44] 王珍珍. 自贸试验区框架下制造业与物流业互动融合分析——以上海、天津、福建、广东为例 [J]. 福建师范大学学报 (哲学社会科学版)，2015 (04)：15 – 23, 170 – 171.

[45] 彭本红. 现代物流业与先进制造业的协同演化研究 [J]. 中国软科学，2009 (S1)：149 – 153, 192.

[46] 黄有方，严伟. 我国制造业与物流业联动发展的趋势及建议 [J]. 上海海事大学学报，2010, 31 (01)：1 – 6.

[47] 周娜. 制造业与物流业联动发展对制造业核心竞争力的影响研究 [D]. 济南：山东大学，2014.

[48] 王成东. 我国装备制造业与生产性服务业融合机理及保障策略研究 [D]. 哈尔滨：哈尔滨理工大学，2014.

[49] 王玉玲. 中国生产性服务业与制造业的互动融合：理论分析和经验研究 [D]. 上海：上海社会科学院，2017.

[50] 尹洪涛. 生产性服务业与制造业融合的主要价值增值点 [J]. 管理学报，2015, 12 (08)：1204 – 1209.

[51] 楚明钦. 上海生产性服务业与装备制造业融合程度研究——基于长三角及全国投入产出表的比较分析 [J]. 上海经济研究，2015 (02)：94 – 100.

[52] FRANCOIS J, WOERZ J. Producer Services, Manufacturing Linkages, and Trade [J]. Journal of Industry, Competition and Trade, 2008 (08)：199 – 229.

[53] GEO W. The Growth of Producer Services Industries：Sorting Through the Externalization Debate [J]. Growth and Change, 1991, 22 (04)：118 – 141.

第二章

[1] 植草益. 信息通讯业的产业融合 [J]. 中国工业经济, 2001 (02): 24 - 27.

[2] 马健. 产业融合理论研究评述 [J]. 经济学动态, 2002 (05): 78 - 81.

[3] 周振华. 产业融合：产业发展及经济增长的新动力 [J]. 中国工业经济, 2003 (04): 46 - 52.

[4] 胡汉辉, 邢华. 产业融合理论以及对我国发展信息产业的启示 [J]. 中国工业经济, 2003 (02): 23 - 29.

[5] 朱瑞博. 价值模块整合与产业融合 [J]. 中国工业经济, 2003 (08): 24 - 31.

[6] 厉无畏. 产业融合与产业创新 [J]. 上海管理科学, 2002 (04): 4 - 6.

[7] 李美云. 国外产业融合研究新进展 [J]. 外国经济与管理, 2005 (12): 12 - 20, 27.

[8] 胡金星. 产业融合的内在机制研究 [D]. 上海：复旦大学, 2007.

[9] 陈柳钦. 产业融合问题研究 [J]. 长安大学学报（社会科学版）, 2008 (01): 1 - 10.

[10] 高凌江, 夏杰长. 中国旅游产业融合的动力机制、路径及政策选择 [J]. 首都经济贸易大学学报, 2012, 14 (02): 52 - 57.

[11] 沈满洪, 张兵兵. 交易费用理论综述 [J]. 浙江大学学报（人文社会科学版）, 2013, 43 (02): 44 - 58.

[12] 王洪涛. 威廉姆森交易费用理论述评 [J]. 经济经纬, 2004 (04): 11 - 14.

[13] 黄家明, 方卫东. 交易费用理论：从科斯到威廉姆森 [J]. 合肥工业大学学报（社会科学版）, 2000 (01): 33 - 36.

[14] 林桦. 交易费用理论与物流联盟形成的研究 [J]. 武汉理工大学学报（信息与管理工程版）, 2003 (05): 129 - 131, 145.

[15] 汤喆. 交易费用理论综述 [D]. 长春：吉林大学, 2006.

[16] 许宪春, 齐舒畅, 杨翠红, 等. 我国目前产业关联度分析——2002年投入产出表系列分析报告之一 [J]. 统计研究, 2006 (11): 3 - 8.

[17] 刘志迎, 丰志培. 产业关联理论的历史演变及评述 [J]. 产业与

科技论坛, 2006 (01): 6-9.

[18] 丰志培, 刘志迎. 产业关联理论的历史演变及评述 [J]. 温州大学学报, 2005 (01): 51-56.

[19] 黄群慧, 贺俊. 中国制造业的核心能力、功能定位与发展战略——兼评《中国制造2025》[J]. 中国工业经济, 2015 (06): 5-17.

[20] 王毅, 陈劲, 许庆瑞. 企业核心能力: 理论溯源与逻辑结构剖析 [J]. 管理科学学报, 2000 (03): 24-32, 43.

[21] 魏江. 企业核心能力的内涵与本质 [J]. 管理工程学报, 1999 (01): 59-61, 5-6.

[22] 李东红. 企业核心能力理论评述 [J]. 经济学动态, 1999 (01): 61-64.

第三章

[1] 高健智, 赵耀, 马鹤龄, 等. 区域物流系统协调理论的研究 [J]. 华中科技大学学报 (城市科学版), 2008 (09): 222-225.

[2] 麦强盛. 广东省物流业综合评价指标的构建研究 [J]. 科技管理研究, 2011, (05): 70-73.

[3] 金凤花, 李全喜, 孙磐石, 等. 基于场论的区域物流发展水平评价及聚类分析 [J]. 经济地理, 2010, 30 (07): 1138-1143.

[4] 徐青青, 缪立新. 区域物流发展及研究综述 [J]. 物流技术, 2006 (04): 1-11.

[5] SKJOTT - LARSEN T, PAULSSON U, WANDEL S. Logistics in the Oresund region after the bridge [J]. European Journal of Operational Research, 2003, 144 (02): 247-256.

[6] ALBERTO D, CARLO R. System Dynamics Simulation: an Application to Regional Logistics Policy Making [J]. International Journal of Computers, 2007, 1 (04): 255-262.

[7] BANOMYONG R, COOK P, KENT P. Formulating regional logistics development policy: the case of ASEAN [J]. International Journal of Logistics Research and Applications, 2008, 11 (05): 359-379.

［8］ WAGNER T. Regional traffic impacts of logistics – related land use ［J］. Transport Policy, 2010, 17 (04): 224 – 229.

［9］ LINDSEYA C, MULLARKEY M, NASH T, et al. Regional logistics hubs, freight activity and industrial space demand: Econometric analysis ［J］. Research in Transportation Business & Management, 2014 (11): 98 – 104.

［10］ BENSASSI S, MARQUEZ – RAMOS L, MARTÍNEZ – ZARZOSO I, et al. Relationship between logistics infrastructure and trade: Evidence from Spanish regional exports ［J］. Transportation Research Part A: Policy and Practice, 2015 (72): 47 – 61.

［11］ 刘国新, 孙春梅, 罗险峰. 武汉地区物流业发展水平综合评价 ［J］. 工业技术经济, 2004, (02): 101 – 104.

［12］ 汪波, 杨天剑, 赵艳彬, 等. 区域物流发展水平的综合评价 ［J］. 工业工程, 2005, 8 (01): 83 – 86, 93.

［13］ 舒良友, 李金华. 对河南省物流业发展的综合评价 ［J］. 经济论坛, 2009, (16): 71 – 73.

［14］ 王新安, 解芳, 魏修建, 等. 陕西物流发展水平评价指标体系、模型与发展对策研究 ［J］. 统计与信息论坛, 2009, 24 (05): 68 – 74.

［15］ 张亚明, 王媛媛, 唐朝生, 等. 河北省物流业发展水平评价研究 ［J］. 生态经济, 2011, (12): 121 – 125.

［16］ 张崇甫, 陈述云, 胡希铃. 统计分析方法及其应用 ［M］. 重庆: 重庆大学出版社, 1995: 57 – 59.

［17］ 何逢标. 综合评价方法 MATLAB 实现 ［M］. 北京: 中国社会科学出版社, 2010: 326 – 328.

［18］ 郭存芝, 陈红兵. 证券投资风险的熵权系数评价方法研究 ［J］. 数量经济技术经济研究, 2002, 19 (05): 41 – 44.

［19］ 周梅华. 可持续消费测度中的熵权法及其实证研究 ［J］. 系统工程理论与实践, 2003 (12): 25 – 31.

［20］ 彭张林, 张爱萍, 王素凤, 等. 综合评价指标体系的设计原则与构建流程 ［J］. 科研管理, 2017, 38 (S1): 209 – 215.

［21］ 贺玉德, 马祖军. 基于 CRITIC – DEA 的区域物流与区域经济协同发展模型及评价——以四川省为例 ［J］. 软科学, 2015, 29 (03): 102 – 106.

[22] 李虹. 关于我国区域物流竞争力的分析与评价——以辽宁为例 [J]. 技术经济与管理研究, 2012 (04): 108 - 111.

[23] 崔晓迪. 区域物流供需耦合系统的协同发展评价研究 [J]. 科技管理研究, 2010, 30 (19): 53 - 56, 44.

[24] 崔国辉, 李显生. 区域物流与经济协调性的评价方法 [J]. 统计与决策, 2010 (15): 46 - 48.

[25] 高秀丽, 王爱虎. 区域物流竞争力综合评价体系及实证研究 [J]. 工业工程与管理, 2010, 15 (04): 41 - 45.

[26] 金凤花, 李全喜, 孙磐石. 基于场论的区域物流发展水平评价及聚类分析 [J]. 经济地理, 2010, 30 (07): 1138 - 1143.

[27] 周泰, 王亚玲. 基于模糊物元的区域物流发展水平评价 [J]. 北京交通大学学报 (社会科学版), 2010, 9 (03): 37 - 41.

[28] 欧阳小迅, 黄福华. 区域物流竞争力评价指标、方法和实证——以湖南省为例 [J]. 湖南商学院学报, 2010, 17 (02): 69 - 74.

[29] 刘建文. 区域物流规划的理论基础与评价体系研究 [J]. 管理世界, 2009 (08): 178 - 179.

[30] 理勇, 王韵, 徐广印. 区域物流规划的综合评价研究 [J]. 河南农业大学学报, 2009, 43 (02): 210 - 214.

[31] 朱帮助, 李军. 基于主成分分析的区域物流发展水平综合评价——以广东省江门市为例 [J]. 工业技术经济, 2008 (05): 105 - 107.

[32] 王圣云, 沈玉芳. 我国省级区域物流竞争力评价及特征研究 [J]. 中国软科学, 2007 (10): 104 - 110.

[33] 王振锋, 王淮东, 徐广印, 等. 基于非线性主成分分析法的区域物流发展综合评价模型 [J]. 河南农业大学学报, 2006 (05): 545 - 548, 552.

[34] 冯君霞, 隽志才, 毛薇. 应用多级模糊评价方法进行区域物流系统规划 [J]. 技术经济, 2003 (03): 61 - 63.

[35] 李潘, 彭会萍. 丝绸之路经济带区域物流产业竞争力评价 [J]. 西安财经学院学报, 2018, 31 (03): 99 - 103.

[36] 中国物流与采购联合会. 中国物流年鉴 (2018) [M]. 北京: 中国财富出版社, 2018.

［37］重庆市统计局，国家统计局重庆调查总队．重庆统计年鉴（2018）［M］．北京：中国统计出版社，2018.

第四章

［1］ABERNATHY W J, UTTERBACK J M. Patterns of Industrial Innovation［J］. Technology Review, 1989, 80（07）：41 - 47.

［2］MALERBA F, ORSENIGO L. Technological Reigns and Firm Behavior［J］. Industrial and Corporate Change, 1993, 2（1）：45 - 71.

［3］KRUGMAN P. The Myth of Asia's Miracle［J］. Foreign Affairs, 1994, 73（4）：62 - 78.

［4］周五七．长三角城市制造业竞争力动态评价研究［J］．经济问题探索，2018（04）：66 - 72.

［5］和军．制造业发展水平评价与比较研究综述［J］．经济学动态，2012（08）：83 - 87.

［6］段婕，刘勇．基于因子分析的我国制造业技术创新能力评价研究［J］．科技进步与对策，2011, 28（20）：122 - 126.

［7］吴雷，陈伟．基于 DEA 的制造业技术创新能力的评价研究［J］．科技管理研究，2009, 29（06）：45 - 46, 61.

［8］王章豹，孙陈．基于主成分分析的制造业行业技术创新能力评价研究［J］．工业技术经济，2007（12）：63 - 68.

［9］明娟，王子成，张建武．广东制造业产业竞争力评价与分析［J］．经济地理，2007（04）：565 - 570.

［10］王子龙．中国制造业系统演化与评价研究［D］．南京：南京航空航天大学，2007.

［11］徐静霞．我国制造业核心竞争力评价［J］．商业研究，2006（10）：138 - 139.

［12］赵彦云，张明倩．中国制造业产业竞争力评价分析［J］．经济理论与经济管理，2005（05）：23 - 30.

［13］中国人民大学"中国产业竞争力研究"课题组．中国 30 省市汽车制造业产业竞争力评价分析报告［J］．管理世界，2004（10）：68 - 78.

[14] 刘国亮，薛欣欣 . 比较优势、竞争优势与区域产业竞争力评价——以山东省制造业为例 [J] . 产业经济研究，2004 (03)：35－41.

[15] 陈立敏，谭力文 . 评价中国制造业国际竞争力的实证方法研究——兼与波特指标及产业分类法比较 [J] . 中国工业经济，2004 (05)：30－37.

[16] 陈修素，吴小芳，陈睿 . 重庆制造业在长江经济带中的比较优势研究 [J] . 重庆工商大学学报（自然科学版），2019，36 (01)：78－86.

[17] 刘天元 . 重庆制造业企业转型升级影响因素研究 [D] . 重庆：西南大学，2017.

[18] 黄大勇，谌可佼，陈芳 . 重庆制造业集聚与区域经济发展 [J] . 重庆工商大学学报（社会科学版），2013，30 (01)：59－65.

[19] 刘军跃，万侃，钟升，等 . 重庆生产服务业与制造业耦合协调度分析 [J] . 武汉理工大学学报（信息与管理工程版），2012，34 (04)：485－489.

[20] 王浩天 . 重庆制造业与物流业联动发展模式及实现路径研究 [D] . 重庆：重庆交通大学，2011.

[21] 范卿泽 . 重庆振兴制造业路径与发展战略 [J] . 探索，2007 (03)：159－162.

[22] 张晓昱 . 重庆制造业发展与金融支持研究 [D] . 重庆：重庆大学，2004.

[23] 王溥 . 重庆与上海等省市制造业结构与竞争力比较 [J] . 重庆工商大学学报（西部经济论坛），2004 (03)：58－62.

[24] 李健 . 重庆制造业竞争力的数量分析 [J] . 重庆工商大学学报（西部经济论坛），2003 (02)：23－26.

[25] 周剑，陈杰 . 制造业企业两化融合评估指标体系构建 [J] . 计算机集成制造系统，2013，19 (09)：2251－2263.

[26] 郭巍，林汉川，付子墨 . 我国先进制造业评价指标体系的构建 [J] . 科技进步与对策，2011，28 (12)：125－129.

[27] 李平，王钦，贺俊，等 . 中国制造业可持续发展指标体系构建及目标预测 [J] . 中国工业经济，2010 (05)：5－15.

[28] 龚唯平，薛白，董华 . 先进制造业发展的动力模型与评价指标体系 [J] . 产经评论，2010 (02)：34－42.

[29] 唐榕 . 制造业企业核心竞争力评价指标体系构建 [J] . 东北财经

大学学报, 2009 (04): 36-38.

[30] 杨华峰, 申斌. 制造业原始创新能力评价指标体系研究 [J]. 工业技术经济, 2007 (11): 85-89.

第五章

[1] 赵阳, 夏雪, 韩增林. 物流业与区域经济融合协同度研究——以苏州为例 [J]. 资源开发与市场, 2013, (11): 1137-1140, 1172.

[2] GUERRIERI P, MELICIANI V. Technology and international competitiveness: The interdependence between manufacturing and producer services [J]. Structural Change and Economic Dynamics, 2005 (16): 489-502.

[3] 陈宪, 黄建锋. 分工互动与融合: 服务业与制造业关系演进的实证研究 [J]. 中国软科学, 2004 (10): 65-76.

[4] 吕政, 刘勇, 王钦. 中国生产性服务业发展的战略选择——基于产业互动的研究视角 [J]. 中国工业经济, 2006 (08): 5-12.

[5] 顾乃华, 毕斗斗, 任旺兵. 生产性服务业与制造业互动发展: 文献综述 [J]. 经济学家, 2006 (06): 35-41.

[6] 高传胜, 刘志彪. 生产者服务与长三角制造业集聚和发展——理论、实证与潜力分析 [J]. 上海经济研究, 2005 (08): 35-42.

[7] 赵曼. 江苏省物流业与制造业协调发展研究 [D]. 镇江: 江苏大学, 2010.

[8] 沙颖, 陈圻. 物流业提升制造业竞争力的成本中介效应实证研究 [J]. 软科学, 2014, 28 (09): 39-43.

[9] 王晶晶. 河北省物流业与制造业联动发展分析 [D]. 石家庄: 河北师范大学, 2014.

[10] 王晓艳. 制造业与物流业联动发展的机理和模式研究 [J]. 物流技术, 2009, 28 (07): 6-8.

[11] 白华, 韩文秀. 复合系统及其协调的一般理论 [J]. 运筹与管理, 2000, 9 (03): 1-7.

[12] 陆远权, 刘建锋, 杨丹, 等. 城镇化与产业结构协调度测度研究——以三峡库区为个案分析 [J]. 重庆大学学报 (社会科学版), 2007, 13 (06):

1 – 5.

[13] 刘耀彬，宋学锋. 城市化与生态环境的耦合度及其预测模型研究 [J]. 中国矿业大学学报，2005，34（01）：91 – 96.

[14] 何格，赵媛. 土地市场和区域经济融合协同度分析 [J]. 重庆大学学报（社会科学版），2015，21（01）：23 – 27.

[15] 张沛东. 区域制造业与生产性服务业融合协同度分析——基于中国 29 个省级区域的实证研究 [J]. 开发研究，2010（02）：46 – 49.

[16] 章穗，张梅，迟国泰，等. 基于熵权法的科学技术评价模型及其实证研究 [J]. 管理学报，2010，7（01）：34 – 42.

[17] 弓宪文. 制造业与物流业协调发展测度方法及实证分析 [J]. 北京交通大学学报（社会科学版），2016，（04）：74 – 84.

[18] 陈宪，黄建锋. 分工、互动与融合：服务业与制造业关系演进的实证研究 [J]. 中国软科学，2004（10）：65 – 71，76.

[19] 霍景东，夏杰长. 制造业与生产性服务业：分化、互动与融合的实证分析 [J]. 经济研究参考，2007（41）：22 – 25，30.

[20] 李靖华. 服务大规模定制实现机理分析：制造业与服务业融合视角 [J]. 科技管理研究，2008（02）：143 – 145，169.

[21] 刘鹏，刘宇翔. 基于产业价值链的生产性服务业与制造业的融合 [J]. 科技情报开发与经济，2008（17）：113 – 115.

[22] 陆小成. 生产性服务业与制造业融合的知识链模型研究 [J]. 情报杂志，2009，28（02）：117 – 120，124.

[23] 童洁，张旭梅，但斌. 制造业与生产性服务业融合发展的模式与策略研究 [J]. 软科学，2010，24（02）：75 – 78.

[24] 汪德华，江静，夏杰长. 生产性服务业与制造业融合对制造业升级的影响——基于北京市与长三角地区的比较分析 [J]. 首都经济贸易大学学报，2010（02）：15 – 22.

[25] 杨仁发，刘纯彬. 生产性服务业与制造业融合背景的产业升级 [J]. 改革，2011（01）：40 – 46.

[26] 李美云. 基于价值链重构的制造业和服务业间产业融合研究 [J]. 广东工业大学学报（社会科学版），2011，11（05）：34 – 40.

[27] 李文秀，夏杰长. 基于自主创新的制造业与服务业融合：机理与路

径 [J]. 南京大学学报（哲学·人文科学·社会科学版），2012，49（02）：60－67，159.

[28] 董千里. 基于集成场理论的制造业与物流业网链融合发展机理研究[J]. 物流技术，2013，32（05）：1－3，8.

[29] 王成东，綦良群，蔡渊渊. 装备制造业与生产性服务业融合影响因素研究 [J]. 工业技术经济，2015，34（02）：134－142.

[30] 王珍珍. 自贸试验区框架下制造业与物流业互动融合分析——以上海、天津、福建、广东为例 [J]. 福建师范大学学报（哲学社会科学版），2015（04）：15－23，170－171.

[31] 霍鹏，魏修建. 制造业与物流业互动融合的研究——基于八大综合经济区数据的实证分析 [J]. 华东经济管理，2017，31（04）：66－73.

[32] 綦良群，张庆楠. 我国装备制造业与生产性服务业网式融合影响因素研究 [J]. 科技进步与对策，2018，35（13）：64－71.

[33] 高智，鲁志国. 系统耦合理论下装备制造业与高技术服务业融合发展的实证研究 [J]. 系统科学学报，2019，27（02）：63－68.

[34] 罗月江. 互联网产业与传统零售业产业融合度测算及影响因素分析[D]. 广州：华南理工大学，2014.

[35] 李美云. 服务业的产业融合与发展 [M]. 北京：经济科学出版社，2007.

[36] 徐盈之，孙剑. 信息产业与制造业的融合——基于绩效分析的研究[J]. 中国工业经济，2009（07）：56－66.

第六章

[1] 陈宪，黄建锋. 分工、互动与融合：服务业与制造业关系演进的实证研究 [J]. 中国软科学，2004（10）.

[2] ROWTHOM R，RAMASWAMY R. Growth，Trade，and Deindustrialization [J]. IMF Staff Papers，1999，46（01）：18－41

[3] GUERRIERI P，MELICIANI V. Technology and international competitiveness：The interdependence between manufacturing and producer services [J]. Structural Change and Economic Dynamics，2005，（16）489－502.

［4］ HANSEN N. The Strategic Role of Producer Service in Regional Development ［J］. International Regional Science Review, 1994, 23 （01）: 13 – 20.

［5］ KAKAOMERLIOGLU D C, CARLSSON B. Manufacturing in Decline? A Matter of Definition ［J］. Economy of Innovation and New Technology, 1999 （08）: 175 – 196.

［6］ JULEFF – TRANTER L E. Advanced Producer Services: Just a Service to Manufacturing? ［J］. The Service Industries Journal, 1996, 16 （03）: 389 – 400.

［7］ MUKESH E, ASHOK K. The role of the Service Sector in the Process of Industrialization ［J］. Journal of Development Economics, 2002 （68）: 401 – 420.

［8］ PARK S H, CHAN K S. A Cross – Country Input – Output Analysis of Intersectoral Relationships between Manufacturing and Services and their Employment Implications ［J］. World Development, 1989 （02）.

［9］ LUNDVALL B A, BORRAS S. The Globalising Learning Economy: Implications for Innovation Policy ［R］. DG XII, Commission of the European Union, 1997.

［10］ 植草益. 信息通讯业的产业融合 ［J］. 中国工业经济, 2001, （02）. 24 – 27.

［11］ FRANCOIS J, WOERZ J. Producer Services, Manufacturing Linkages, and Trade ［J］. Journal of Industry, Competition and Trade, 2008, 8: 199 – 229.

［12］ 高传胜, 刘志彪. 生产者服务与长三角制造业集聚和发展——理论、实证与潜力分析 ［J］. 上海经济研究, 2005 （08）: 35 – 42.

［13］ 吕政, 刘勇, 王钦. 中国生产性服务业发展的战略选择——基于产业互动的研究视角 ［J］. 中国工业经济, 2006 （08）: 5 – 12.

［14］ 郑吉昌, 夏晴. 论生产性服务业的发展与分工的深化 ［J］. 科技进步与对策, 2005 （02）: 13 – 15.

［15］ 韦琦. 制造业与物流业联动关系演化与实证分析 ［J］. 中南财经政法大学学报, 2011 （01）: 115 – 119.

［16］ 顾乃华, 毕斗斗, 任旺兵. 生产性服务业与制造业互动发展: 文献综述 ［J］. 经济学家, 2006 （06）: 35 – 41.

［17］ 王晓艳. 制造业与物流业联动发展的机理和模式研究 ［J］. 物流技术, 2009 （07）: 6 – 8.

［18］王佐. 制造业与物流业联动发展的本源和创新［J］. 中国流通经济, 2009（02）. 16 – 19.

［19］苏秦, 张艳. 制造业与物流业联动现状分析及国际比较［J］. 中国软科学, 2011（05）: 37 – 45.

［20］王茂林, 刘秉镰. 制造业与物流业联动发展中存在的问题与趋势［J］. 现代管理科学, 2009（03）: 59 – 61.

［21］江小涓, 李辉. 服务业与中国经济: 相关性和加快增长的潜力［J］. 经济研究, 2004（01）: 4 – 15.

［22］王珍珍, 陈功玉. 我国制造业不同子行业与物流业联动发展协调度实证研究——基于灰色关联模型［J］. 上海财经大学学报, 2010（03）: 65 – 74.

［23］黄有方, 严伟. 我国制造业与物流业联动发展的趋势及建议［J］. 上海海事大学学报, 2010（01）: 1 – 6.

［24］丁俊发. 中国物流业首先从制造业突破［J］. 中国流通经济, 2008（05）: 7 – 11.

［25］孟庆松, 韩文秀. 复合系统协调度模型研究［J］. 天津大学学报, 2000, 33（04）: 444 – 446.

［26］章穗, 张梅, 迟国泰, 等. 基于熵权法的科学技术评价模型及其实证研究［J］. 管理学报, 2010, 7（01）: 34 – 42.

［27］白华, 韩文秀. 复合系统及其协调的一般理论［J］. 运筹与管理, 2000（03）: 1 – 7.

［28］曹炳汝, 芮进松. 制造业集聚对物流业空间演化的影响研究——以江苏省为例［J］. 地域研究与开发, 2019, 38（02）: 44 – 49.

［29］赵晓敏, 佟洁. 区域制造业与物流业的协调度——以上海市为例［J］. 系统工程, 2018, 36（05）: 95 – 103.

［30］王珍珍. 基于共生度模型的长江经济带制造业与物流业协同发展研究［J］. 管理学刊, 2017, 30（05）: 34 – 46.

［31］霍鹏, 魏修建. 制造业与物流业互动融合的研究——基于八大综合经济区数据的实证分析［J］. 华东经济管理, 2017, 31（04）: 66 – 73.

［32］王珍珍. 我国制造业与物流业联动发展效率评价——基于超效率 CCR – DEA 模型［J］. 中国流通经济, 2017, 31（02）: 20 – 30.

［33］朱慧, 周根贵, 任国岩. 制造业与物流业的空间共同集聚研究——

以中部六省为例 [J]. 经济地理, 2015, 35 (11): 117-124.

[34] 梁红艳. 物流业发展对制造业效率影响机制研究 [J]. 东南学术, 2015 (01): 88-97.

第七章

[1] 原毅军, 耿殿贺, 张乙明. 技术关联下生产性服务业与制造业的研发博弈 [J]. 中国工业经济, 2007 (11): 80-87.

[2] 孙军, 薛永平, 张永第. 制造企业与物流企业间供应链博弈分析 [J]. 长春工业大学学报 (自然科学版), 2009, 30 (05): 591-595.

[3] 王润珏. 产业融合趋势下中国传媒产业发展研究 [D]. 武汉: 武汉大学, 2010.

[4] 李敏, 张圣忠, 吴群琪. 物流产业融合主要影响因素的博弈分析 [J]. 经济与管理, 2010, 24 (05): 23-27.

[5] 王珍珍, 陈功玉. 制造业与物流业联动发展的演化博弈分析 [J]. 中国经济问题, 2012 (02): 86-97.

[6] 刘宗秋. 基于博弈分析的物流产业融合模式选择研究 [D]. 沈阳: 沈阳工业大学, 2012.

[7] 李壮阔, 刘亮, 马艳楠. 基于博弈论的制造业与物流业联动发展稳定性分析 [J]. 物流科技, 2014, 37 (02): 3-6.

[8] 李正锋, 朱亚萍. 基于博弈分析视角的制造业与物流业动态联动信任研究 [J]. 物流工程与管理, 2015, 37 (03): 25-27, 12.

[9] 涂粤强, 严广乐. 制造企业选择第三方物流合作激励的博弈分析 [J]. 科技与管理, 2015, 17 (02): 70-74.

[10] 蒋丹, 宋永辉, 蔡冬冬. 制造业与物流业联动中的博弈探析 [J]. 金融经济, 2015 (14): 32-35.

[11] 孙鹏. 基于演化博弈模型的现代物流业与制造业协同合作研究 [J]. 湖南商学院学报, 2016, 23 (01): 46-50.

[12] 徐黎明. 制造企业物流外包的竞合博弈机制研究 [D]. 昆明: 云南财经大学, 2016.

[13] 金雯雯. 制造企业物流外包策略的演化博弈模型与仿真研究 [D].

南昌：江西财经大学，2018.

[14] 于丽静，于娟，王玉梅. 制造企业与物流企业协同创新的演化博弈分析 [J]. 科技管理研究，2019，39（06）：1-10.

[15] 张维迎. 博弈论与信息经济学 [M]. 上海：上海人民出版社，1999.

[16] 哈尔·瓦里安. 微观经济学（高级教程）[M]. 北京：经济科学出版社，1997

[17] AKERLOF G. The Market for Lemons [J]. Quarterly Journal of Economics，1970，8.

[18] ARROW K J. The Economic of Agency In Principals and Medical Care [M]. Boston：Harvard Business School Press，1985.

[19] SPENCE A. Market Signalling：Information Transfer in Hiring and Related Processing [M]. Cambridge，Mass：Harvard University Press，1973.

[20] STIGLITZ W. Credit Rationing in Markets With Imperfect Information [J]. American Economic Review，1981，71：393-409.

[21] 张维迎. 博弈论与信息经济学 [M]. 上海：上海人民出版社，1999.

[22] 张维迎. 詹姆斯·莫里斯论文精选——非对称信息下的激励理论 [M]. 北京：商务印书馆，1997.

第八章

[1] 刘秉镰，林坦. 物流业与制造业融合发展趋势及我国的对策研究 [J]. 中国流通经济，2009（12）：17-20.

[2] 姜启源. 数学模型（第2版）[M]. 北京：高等教育出版社，2002：363-366.

[3] 刘学，庄乾志. 合作创新的风险分摊与利益分配 [J]. 科研管理，1998（05）：32-36.

[4] 孙东川，叶飞. 动态联盟利益分配的谈判模型研究 [J]. 科研管理，2001（02）：91-95.

[5] 罗利，鲁若愚. Shapley 值在产学研合作利益分配博弈分析中的应用

[J] . 软科学, 2001 (02)：17 – 19, 73.

[6] 叶飞. 虚拟企业利益分配新方法研究 [J] . 工业工程与管理, 2003 (06)：44 – 46, 58.

[7] 戴建华, 薛恒新. 基于 Shapley 值法的动态联盟伙伴企业利益分配策略 [J] . 中国管理科学, 2004 (04)：34 – 37.

[8] 卢少华, 陶志祥. 动态联盟企业的利益分配博弈 [J] . 管理工程学报, 2004 (03)：65 – 68.

[9] 魏修建. 供应链利益分配研究——资源与贡献率的分配思路与框架 [J] . 南开管理评论, 2005 (02)：78 – 83.

[10] 胡丽, 张卫国, 叶晓甦. 基于 SHAPELY 修正的 PPP 项目利益分配模型研究 [J] . 管理工程学报, 2011, 25 (02)：149 – 154.

[11] 张建军, 赵启兰. 两级物流服务商参与的供应链最优决策与利益分配研究——基于多种合作模式视角 [J] . 商业经济与管理, 2019 (06)：15 – 29.

[12] 白晓娟, 张英杰, 靳杰. 基于改进 Shapley 值法的新零售下供应链的利益分配策略 [J] . 数学的实践与认识, 2019, 49 (14)：88 – 96.

[13] 周业付. 大数据农产品供应链联盟创新体系构建及利益分配研究 [J] . 统计与决策, 2019 (23)：47 – 50.

[14] 赵健. 基于改进 Partnering 模式的工程项目风险分担理论与实证研究 [D] . 西安：长安大学, 2011.

[15] 郭存芝, 陈红兵. 证券投资风险的熵权系数评价方法研究 [J] . 数量经济技术经济研究, 2002, 19 (05)：41 – 44.

[16] 刘炳南, 李雪成. 基于熵度量法的代建制项目风险评价 [J] . 企业经济, 2010, 12：33 – 35.

[17] 刘敏. 物流业与制造业融合中委托代理的合作风险研究 [J] . 武汉理工大学学报 (信息与管理工程版), 2008, 5：808 – 815.

第九章

[1] 陈建校, 方静. 我国物流地产的发展现状、问题与对策 [J] . 物流技术, 2009, 28 (04)：26 – 27, 36.

[2] 毕晓娜. 2006 物流地产关键词 [J] . 中国物流与采购, 2007 (01)：

24 – 27.

[3] 弓宪文. 物流地产价值链及核心能力分析 [J]. 商业时代, 2010 (10): 18 – 19.

[4] 张英, 王锋军. 物流地产运营模式研究 [J]. 财贸经济, 2006 (09): 60 – 62.

[5] 弓宪文. 价值链视角下的物流地产资产经营风险 [J]. 中国物流与采购, 2010 (05): 74 – 75.

[6] 赵健. 基于改进 Partnering 模式的工程项目风险分担理论与实证研究 [D]. 西安: 长安大学, 2011.

[7] 章穗, 张梅, 迟国泰, 等. 基于熵权法的科学技术评价模型及其实证研究 [J]. 管理学报, 2010, 7 (01): 34 – 42.

[8] 郭存芝, 陈红兵. 证券投资风险的熵权系数评价方法研究 [J]. 数量经济技术经济研究, 2002, 19 (05): 41 – 44.

[9] 刘炳南, 李雪成. 基于熵度量法的代建制项目风险评价 [J]. 企业经济, 2010, 12: 33 – 35.

[10] 刘国庆. 我国物流地产理论研究现状及趋势 [J]. 商业时代, 2007 (36): 21 – 22.

[11] 和龙. 我国农村产业融合发展风险管理研究 [D]. 北京: 北京交通大学, 2018.

[12] 姜涛. 东营市风险投资与高新技术产业融合路径研究 [D]. 济南: 山东大学, 2014.

[13] 肖建勇. 饭店产业融合的机理、路径与风险研究 [D]. 泉州: 华侨大学, 2012.

[14] 刘鹏, 刘宇翔. 基于产业价值链的生产性服务业与制造业的融合 [J]. 科技情报开发与经济, 2008 (17): 113 – 115.

[15] 李美云. 基于价值链重构的制造业和服务业间产业融合研究 [J]. 广东工业大学学报 (社会科学版), 2011, 11 (05): 34 – 40.

[16] 綦良群, 赵龙双. 基于产品价值链的生产性服务业与装备制造业的融合研究 [J]. 工业技术经济, 2013, 43 (12): 118 – 124.

[17] 刘洪民, 杨艳东. 生产性服务业与制造业融合促进我国制造业转型升级的战略思考——基于制造业价值链微笑曲线视角 [J]. 经济界, 2014

（06）：29 – 35.

[18] 赵辉，董骅，邱玮婷，等．基于 ALARP 准则的工程建设项目事故风险评估标准研究 [J]．工业安全与环保，2017，43（08）：39 – 42.

[19] 李涛．基于 ALARP 原则的房地产开发项目成本风险管理 [J]．项目管理技术，2013，11（11）：77 – 80.

[20] 吴煜，李从东．二拉平原则（ALARP）应用分析——以工业系统风险评价为例 [J]．山东财政学院学报，2005（03）：47 – 49.

后 记

　　将日常教学科研活动的零星构思整理成书稿并不是一件轻松的事，在众多的鼓励和支持下，本书脱稿时已然是寒冷的冬季。抬头望去，窗外一片阴雨绵绵，而内心的感恩却像火一样温暖。

　　首先要感谢教育部人文社科基金、重庆市社科基金、重庆市教委人文社科基金以及重庆第二师范学院科研基金的资助，为本研究提供了有力保障。感谢光明日报出版社给予的出版机会和编辑老师们的辛勤劳动。感谢学校科技处为营造良好科研环境所做出的不懈努力，感谢经济与工商管理学院的领导对科研工作的极大帮助。感谢我的同仁们，与大家在一起的每一次交流都让我收获良多，我的很多想法都得益于此，这本书里凝聚着集体智慧和汗水。

　　其次要感谢我的家人，本书的写作需要大量时间，工作一向繁忙的妻子主动承担了大部分家务，用实际行动默默支持着我。孩子还是个天真烂漫、活泼可爱的小学生，每当我想懈怠偷懒时，那孜孜不倦、奋发向上的小小身影总是激励和鼓舞着我，给我带来前行的动力。

　　最后要感谢文献的作者们，本书在研究过程中查阅了大量的国内外相关研究成果，参考并引用了其中的部分资料和数据，在此谨向所有的作者表示感谢。

弓宪文

2019 年 12 月于重庆